牧草地流转研究

张裕凤 等 著

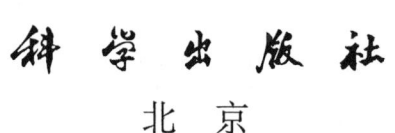

北 京

内 容 简 介

牧草地流转是当前内蒙古草牧场流转制度改革亟待解决的关键科学问题。本书选择内蒙古锡林郭勒盟典型草原区为研究区，基于"3S"技术定量评估流转情况及影响因素，研究草原"三权"权能价格；运用多模型耦合技术评估不同流转模式的牧户生计、社会经济及生态保护效益，分区域建立草地适度经营规模模型，提出草原经营管理对象和优化模式。本书共九章内容，主要阐述牧草地流转影响因素与定级估价、效益评估与适度规模经营、流转模式绩效评估及对策研究，旨在为牧草地流转提供决策支持和科学依据。

本书可供从事相关自然资源管理的专业技术和管理人员使用和参考，也可作为自然资源管理及人文地理、资源环境技术的高等院校师生学习和参考用书。

图书在版编目（CIP）数据

牧草地流转研究／张裕凤等著 .—北京：科学出版社，2023.10
ISBN 978-7-03-076608-3

Ⅰ.①牧… Ⅱ.①张… Ⅲ.①草场–土地流转–研究–内蒙古
Ⅳ.①F321.1

中国国家版本馆 CIP 数据核字（2023）第 193145 号

责任编辑：林 剑／责任校对：樊雅琼
责任印制：徐晓晨／封面设计：无极书装

科学出版社 出版
北京东黄城根北街 16 号
邮政编码：100717
http://www.sciencep.com

北京中石油彩色印刷有限责任公司 印刷
科学出版社发行 各地新华书店经销
*
2023 年 10 月第 一 版 开本：720×1000 1/16
2023 年 10 月第一次印刷 印张：12
字数：250 000
定价：138.00 元
（如有印装质量问题，我社负责调换）

前言

牧草地流转是土地市场的重要组成部分，笔者自2014年至今，一直持续进行牧草地流转的研究，本书是这一段时间研究的总结。牧草地流转是近年来关注度较高的土地流转类型之一，牧草地流转问题是草原治理与牧区工业化、城镇化进程中亟待解决的关键科学问题。

本书选取的内蒙古锡林郭勒草原是我国具有典型代表的草原，该区域的草原"三权分置"改革、草地确权等政策措施均为全国的试点工作，研究数据资料典型且充裕，对于牧草地流转研究具有较强的理论和应用价值。

本书以内蒙古自治区锡林郭勒盟为例，针对内蒙古牧草地相关的新政策法规与特殊性，从现实性和可行性角度出发，基于当前草原"三权分置"改革的背景，将草场自然状况、区域政策与农牧区居民情况集于一体化，对牧草地流转特征进行研究，并揭示牧草地流转的形成机理，对实现集体草地所有权权能及落实承包权和经营权权能，有较强的理论与实践意义。

本书的研究结果对于当前正在进行的全民所有自然资源资产清查及资产产权制度改革具有重要推动作用，并从生态、社会及经济角度，丰富了牧草地市场理论与实践内容。本书提出了较为完整的优化对策和适度经营模型，可为政府合理制定引导政策、提高牧草地生产效率、增加牧民收入提供理论支撑及实证依据。

本书在前期牧草地流转软件系统的基础上，进行牧草地定级与牧草地流转区片价格测算，并加入新功能：影响因素、效益评估及适度经营规模评估等模块，实现基于草地确权——精确的草牧场界线的微观（牧户）尺度研究。该平台的建立可为地区社会经济发展决策提供理论数据和科学依据。

本书以国家"三权分置"改革为契机，确定不同土地流转模式的优化路径，寻找每种模式发展的突破点。本书选择内蒙古锡林郭勒盟典型草原区为研究区，准确分析锡林郭勒草原牧草地流转模式及其形成分化原因，并且在评估不同草原承包流转模式的效益基础之上，有针对性地提出草原承包流转优化对策，最终研究形成技术体系和理论，提出较为完整的草原经营管理对策和优化模式，以及适宜牧区的草地流转模式，为全国牧草地流转提供决策支持和科学依据，为加快推进畜牧业现代化建设、发展农牧业规模化经营、落实牧区振兴战略提供借鉴。本书的研究结果是内蒙古土地利用领域的创新，可以在下一个研究阶段转移到内蒙古其他地区乃至全国牧区，对类似地区具有借鉴意义。

本书共有 9 章内容，即牧草地流转市场理论与研究进展、牧草地流转影响因素、牧草地流转定级估价、牧草地流转效益评估研究、草场规模化经营与空间格局分析、牧草地流转改革对策研究等，体现了我国草地流转关注的重点理论与实践问题。本书的写作以马克思的地租地价、公共管理理论等相关理论和习近平新时代中国特色社会主义思想为指导，反映了牧草地流转的最新研究成果。本书结合当前牧草地制度改革，重点阐述了如"牧草地流转效益评估研究""牧草地流转定级估价""牧草地流转空间格局分析"等草地经济内容，对当前自然资源资产核算与清查具有重要意义。

本书第 1 章由张裕凤、乌日罕负责撰写，第 2 章由张裕凤、张晶晶负责撰写，第 3 章由张裕凤、乌日罕、萨仁陶利、赵红强负责撰写，第 4 章由张裕凤、萨日盖负责撰写，第 5 章由张裕凤、赵红强负责撰写，第 6 章由张裕凤、乌日罕负责撰写，第 7 章由张裕凤、萨仁陶利负责撰写，第 8 章由张裕凤、莉莉负责撰写，第 9 章由张裕凤、萨仁陶利、张晶晶负责撰写。本书统稿由张裕凤具体负责。

在本书撰写过程中，得到内蒙古师范大学国家级一流本科专业建设点、内蒙古自治区土地利用与整治工程技术研究中心、内蒙古自治区哲学社会科学规划重点项目（2022NDA219）的资助，在此表示感谢。

感谢同事们对我的帮助；感谢我的研究生同学们的积极帮助，他们是包那仁满都拉、叶原森、苏日娜、张羽驰、赵宇廷；感谢我的家人们对我的帮助。

限于笔者能力，本书或存在不足之处，敬请广大读者对本书提出宝贵的意见和建议。

张裕凤

2023 年 4 月

目　　录

前言
1 牧草地流转市场基本概念与基础理论 1
　1.1 概述 1
　1.2 草地流转市场理论基础 8
　1.3 草地流转的法律依据 13
　参考文献 18
2 牧草地流转国内外研究进展与发展动态分析 20
　2.1 国外研究现状与发展动态 20
　2.2 国内研究现状与发展动态 23
　参考文献 30
3 牧草地流转现状调查与分析 35
　3.1 研究区及数据概况 35
　3.2 锡林郭勒盟牧草地流转现状调查与分析 38
　参考文献 52
4 牧草地流转影响因素分析 54
　4.1 牧区政策和土地产权制度等因素分析 55
　4.2 牧草地流转价格形成机制分析 56
　参考文献 74
5 牧草地流转定级估价研究 76
　5.1 牧草地定级因素体系构建与级别确定 76
　5.2 牧草地级别确定 86
　5.3 牧草地流转基准地价测算 93
　参考文献 103
6 牧草地流转空间格局分析 104
　6.1 牧草地流转价格时间变化特征 104
　6.2 牧草地流转价格空间分异特征 106
　6.3 牧草地流转价格的影响因素分析 117
　参考文献 126

7 牧草地流转模式及其分化 ··· 128
   7.1 相关概念及问卷调查 ·· 128
   7.2 不同类型牧草地流转模式及其特点 ······························ 131
   7.3 牧草地流转模式绩效评价 ·· 134
   参考文献 ·· 150

8 草场规模化经营分析 ·· 151
   8.1 牧草地规模经营现状分析 ·· 151
   8.2 牧草地适度规模经营的判断 ······································ 159
   参考文献 ·· 172

9 牧草地流转改革对策研究 ··· 173
   9.1 构建模式优化路径 ·· 173
   9.2 牧草地流转模式优化对策 ·· 176
   参考文献 ·· 185

1 牧草地流转市场基本概念与基础理论

牧草地流转研究是当前内蒙古自治区草牧场流转制度改革所面临的一大难点，是草原治理与牧区工业化、城镇化进程中草牧场流转亟待解决的关键科学问题。党的二十大报告强调"大力推进生态文明建设"和"坚持山水林田湖草沙一体化保护和系统治理"，内蒙古草原是世界上类型最丰富、保存最完整的天然草原之一，承担着我国北方地区生态保障和游牧地区居民生活保障的双重功能。因此，本书研究对保障草地的持续发展和有效利用具有重要现实意义。

本书选取的研究对象——锡林郭勒草原是最为典型的草原之一。该地区是草地"三权分置"、草地确权、牧草地流转改革的全国试点区域，对其进行牧草地流转研究具有较强的理论价值与应用价值。结合当前农村土地"三权分置"改革，分析牧草地流转对农牧民生活、对牧区农牧业供给侧结构性改革和农牧业发展新动能、对生态环境等的影响，具有较强的现实意义，更有利于构建牧草地流转市场，促进产业融合和乡村振兴。本章将着重介绍牧草地流转市场的基本概念与基础理论。

1.1 概　　述

1.1.1 概念界定

自然资源泛指天然存在的并有利用价值的自然物，如土地、矿藏、气候、水利、生物、海洋等资源，是生产的原料来源和布局场所。对国家或地区的自然资源、自然条件进行综合分析评价，是地理学的重要任务之一。

关于土地资源（土地）的内涵，有关土地的概念，有较多的阐述。自然土地是作为自然综合体的土地，是处于地球表面人类日常生产、生活活动所及的三维空间之内的，由土壤、沙砾、岩石、矿物、水、空气、生物等物质构成的，处于不同地貌、地势、地物、地质、水文及相关的气候状态的自然综合体。经济土地是由自然土地与人工土地相结合而成的自然—经济综合体，是经过人工改良之后的土地（周诚，2003）。

近些年来，地理学视角下的"土地（系统）"已经发生了很大的变化，明确提出了"地理学的研究对象是作为人类家园的地球表层、人类与地理环境的关系、人地关系地域系统等在时间和空间中变化的一切地理现象"，但是，由于其中有众多的关键概念也造成了"缺乏核心的困惑"。因此，近些年来逐渐认识、提出并将其重心向"人地关系地域系统"转移，认为"'人地关系'维系着'环境变化''景观''发展''风险'等人类—环境地理学的关键概念，而'地域系统'凝聚了'空间''时间''全球化''区域和地方''尺度'及'系统'等空间分布地理学的关键概念"。可以明显看出，地理学对地球表层即"土地（系统）"的研究实际上已经明确为"人地关系地域系统"（蔡运龙等，2012）。

经济学有关"土地（系统）"的概念是，土地即自然，"是未经人的协助而自然存在的一切劳动对象，作为一切活动的一般空间基础"，是一切财富的源泉。例如，美国的伊利（Richard T. Ely）和莫尔豪斯（Edward W. Morehouse）在《土地经济学原理》中指出，"土地一词的含义，就经济学的术语来讲，不仅限于土地的表面；它包含一切天然资源——森林、矿藏、水源等在内"，"它的意义不仅是指土地的表面，因为它还包含地面上下的东西"。而英国经济学家马歇尔（A. Marshall）在《经济学原理》中指出："土地是指大自然为了帮助人类，在陆地、海上、空气、光和热各方面所赠予的物质和力量。"

综上所述，我们认为土地，即土地系统，由地球陆地一定高度和深度范围内的土壤、岩石、矿藏、水文、大气和植被等要素构成的自然—经济综合体，体现其土地资产的重要作用（张裕凤，2019）。

(1) 草地

草地是草本植物群落的泛称，包括湿生的草甸、中生的次生高草甸、亚高山草甸及旱生的草原等。《草地分类》（NY/T 2997—2016）将草地定义为：地被植物以草本或半灌木为主，或兼有灌木和稀疏乔木，植被覆盖度大于5%、乔木郁闭度小于0.1，灌木覆盖度小于40%的土地，以及其他用于放牧和割草的土地。农学或畜牧学从草地为草食家畜提供饲料的角度认识草地，将放牧的草地称之为"草场"或"草牧场"，而将用来打草储草的草地称为打草场。任继周（1990）认为，草原是主要生长草本植物，或兼有灌丛或稀疏树木，可为家畜和野生动物提供生存场所的大面积土地，是畜牧业的重要生产基地。贾慎修（1982）认为，草地是草和其着生的土地构成的综合自然体，土地是环境，草是构成草地的主体，也是人类经营利用的主要对象。草地是主要的土地利用类型，保护好草原有着重要价值，因为越来越多的个人需要草地资源（König et al., 2014）。

我国实行自然资源统一调查制度和国土空间统一规划制度，因此作为与耕地、园地、林地等平行的土地利用类型，对草地或草原的调查和监测必须依据

《土地利用现状分类》(GB/T 21010—2017)。按该分类标准,草地是指生长草本植物为主的土地,并且将其分类为天然牧草地、沼泽草地、人工牧草地、其他草地。可见,《土地利用现状分类》中的草地的概念和分类还是源自农学或畜牧学,即资源利用的角度。草地评价的对象应是依据《土地利用现状分类》完成的"三调"成果中的天然牧草地、沼泽草地、人工牧草地及其他草地4类(张凤荣,2021),不应包括城市绿地和临时种植饲草的耕地。

《土地利用现状分类》(GB/T 21010—2017)中将草地定义为指生长草本植物为主的土地,具体分类见表1-1。

表1-1 《土地利用现状分类》中草地分类及编码

编码	名称	含义
04	草地	指生长草本植物为主的土地
0401	天然牧草地	指以天然草本植物为主,用于放牧或割草的草地,包括实施禁牧措施的草地,不包括沼泽草地
0402	沼泽草地	指以天然草本植物为主的沼泽化的低地草甸、高寒草甸
0403	人工牧草地	指人工种植牧草的草地
0404	其他草地	指树木郁闭度<0.1,表层为土质,不用于放牧的草地

(2) 草原

草原是指温带半干旱气候区,旱生或半旱生的多年生草本植物群落,植物种类以针茅属、羊茅属、冰草属、芨芨草属、隐子草属等禾本科植物为主,也有一些豆科和菊科等双子叶植物。由于水热条件的差异,又可划分为草甸草原、典型草原和荒漠草原三大类型。分布于我国内蒙古及黄土高原的草原,以及亚欧大陆中部其他地区和北美洲、南美洲的草原,都是畜牧基地(辞海编辑委员会,2002)。地理学从自然地理综合体的角度认识草原,草原被认为是温带干旱、半干旱区和热带干旱、半干旱区的以多年生旱生禾草为主组成的群落类型。根据草原在气候、地形、土壤和植被等方面特点的一致性,我国将草原分为温性草原、高寒草原、温性荒漠、高寒荒漠、暖性灌草丛、热性灌草丛、低地草甸、山地草甸和高寒草甸等9大类(张凤荣,2021)。

(3) 牧草地

牧草是人工栽培或野生可供刈草用或放牧用的细茎植物,以禾本科和豆科草本植物为主,有一年生、二年生和多年生等类型。牧草一般具有适应力强、产量高、饲料品质优良、耐刈割、耐放牧等特性(辞海编辑委员会,2002)。牧草地就是生长牧草的土地。

（4）土地流转

土地流转是土地承租人将土地使用权再出租给第三方的行为，是基于既存的土地权利通过法律行为或非法律行为将该权利转移给他人的事实。

（5）牧草地流转

《中华人民共和国农村土地承包法》中牧草地是指天然草地，其中按功能可分为打草场和放牧场。土地承包经营权的流转是指通过家庭承包取得的土地承包经营权可以依法采取转包、出租、互换、转让或者其他方式流转。牧草地流转是指拥有草原承包经营权的牧户将草原经营权转让给其他牧户或经济组织，即保留承包权，转让经营权，是牧区经济发展到一定阶段的产物。

（6）草原承包经营权

土地承包经营权是公民和集体组织依法对集体或者国家所有，并由集体使用的土地享有的承包经营的权利，但我国法律并没有对草原承包经营权做出具体界定。草原承包经营权是牧草地流转市场的交易对象且是不完全的产权，因此根据《中华人民共和国民法典》第三百三十一条规定，可以将草原承包经营权界定为：承包经营权人依法对其承包经营的草地等享有占有、使用和收益的权利，有权从事畜牧业等农业生产，并享有占有、使用和收益的权利。

（7）草原承包经营权流转

草原承包经营权流转（本书中又指草场流转），按照《中华人民共和国草原法》和《中华人民共和国农村土地承包法》等法律规定，将草原承包经营权流转定义为：享有草原承包经营权的主体，依法采取转包、出租、入股、转让、互换、抵押及其他形式将草原承包经营权或经营权转移给其他牧户或经营者的行为。在牧区，草原承包经营制度发挥了保护草原环境的生态功能、促进牧区经济发展的经济功能、维护社会公平的政治功能和保障牧民生计的社会功能。

（8）农地"三权分置"

关于农地的"三权"是指所有权、承包权、经营权，而承包权和经营权合称"承包经营权"。所谓的"三权分置"是指土地所有权、承包权、经营权三权分置，即将原来的承包经营权一分为二。"三权分置"的提出明确了经营权的流转，农用地的流转主要是经营权的流转。草原"三权分置"改革是农村土地"三权分置"改革的组成部分，是在草原确权承包工作的基础上，将草原承包经营权分为草原承包权和草原经营权，完善集体所有权权能，稳定草原承包权，放活草原经营权，进行草原经营权流转。

2014年中央一号文件《关于全面深化农村改革加快推进农业现代化的若干意见》首次提出"三权分置"改革的概念，要求在稳定集体土地所有权的基础上，稳定土地承包权，放活土地经营权，"三权分置"改革是我国当前农用地产权制度改革的基本方向（高帆，2018）。此后，《关于引导农村土地经营权有序流转发展农业适度规模经营的意见》《深化农村改革综合性实施方案》相继提出在"三权分置"改革基础上，鼓励多种方式流转土地经营权，并通过合作社入股、托管等方式，发展多种形式的适度规模经营。

1.1.2 研究目标和意义

牧草地流转是土地市场的重要组成部分，是当前农用地产权治理的重要内容之一。对进入 21 世纪后区域可持续发展综合研究的主要命题进行梳理（表1-2），草地治理是实现区域可持续发展目标的命题之一（樊杰，2019）。

表1-2 区域可持续发展综合研究的主要命题表

范畴	地域（陆地表层）–人地关系–可持续发展
因素与机理	区域可持续发展（社会–环境）动力学、影响人地系统变化的因素与机理及其时空分异规律、资源环境承载–响应–适应、人文因素作用的不确定性等
功能与系统	地域功能生成和演化、"点–轴–面"空间结构、"生活–生产–生态"空间比例的时空特征、人地关系地域系统的功能和质量、优化调控的关键政策阀门等
过程与格局	自然圈和人文圈相互作用、实体空间和非实体空间相互作用、区域依赖性、流空间过程和格局、不同区位原理的空间耦合、综合地理区划原理和方法等
尺度与界面	区位到空间结构的集成、不同空间尺度地域功能和结构的转换、人文–自然界面对地理过程和格局的作用、人文界面（线）对物质和非物质流的作用等

党的十八大以来，习近平总书记从生态文明建设的宏观视野提出"山水林田湖草沙"是一个生命共同体的理念，内蒙古草原是世界上类型最丰富、保存最完整的天然草原之一，承担着我国北方地区生态保障和游牧地区居民生活保障的双重功能，因此，保障草地的持续发展和有效利用具有重要现实意义。锡林郭勒盟典型草原区在内蒙古草地研究中最具代表性，锡林郭勒盟土地总面积约20万 km^2，其中农用地面积 18.31 万 km^2，约占土地总面积的 91.55%，牧草地总面积为17.39 万 km^2，约占土地总面积的 86.95%，主要分布在北部牧区（东乌珠穆沁旗、西乌珠穆沁旗、锡林浩特市、阿巴嘎旗、苏尼特左旗、苏尼特右旗、镶黄旗、正蓝旗和正镶白旗）的大部分地区，是"中蒙俄经济走廊"的重要节点。随着经济快速发展、城镇化和工业化进程加快，农民市民化加速，农村土地流转日益频繁，以牧草地为主要土地利用类型的内蒙古自治区牧草地流转也日趋加快，牧民流转牧草地的意识与意愿不断加强。但由于农村土地制度不完善及牧草地流转相关理论研究薄弱等原因，导致牧区草地流转存在较多问题。

牧草地流转价格的研究是自然资源管理重要的研究内容之一，对于促进草地资源的可持续利用具有重要的实践指导意义。2018年9月26日，中共中央、国务院印发《乡村振兴战略规划（2018—2022年）》中指出"坚持把推进农业供给侧结构性改革作为主线，加快提高农业供给质量；坚持绿色生态导向，推动农业农村可持续发展"。

2011年6月26日，《国务院关于进一步促进内蒙古经济社会又好又快发展的若干意见》中指出，"稳定农村土地和草原家庭承包经营责任制。按照依法自愿有偿的原则，规范引导农村土地、草牧场承包经营权有序流转，稳妥推进农牧业规模化经营……"2020年12月15日，内蒙古自治区印发《牧区现代化三年行动方案（2020—2022年）》强调，"建立统一的草牧场流转平台，健全旗、苏木乡镇、嘎查村三级流转程序……探索草场资源科学利用新模式"。2021年中央1号文件《中共中央 国务院关于全面推进乡村振兴加快农业农村现代化的意见》强调完善农村产权制度和要素市场化配置机制，充分激发农村发展内生动力，健全土地经营权流转服务体系，加强农村产权流转交易和管理信息网络平台建设。在当前农村土地三项制度改革和草原确权承包工作的背景下，可以说草地流转成为近年来关注度比较高的土地流转类型之一。草地流转模式与优化对策研究可以作为草地流转是否合理的依据，是草地资源能否优化利用、规模经营和市场化进程是否能顺利进行的关键（郭洁和李晓丽，2005），是实现牧草地规模经营、提高农牧民生活水平、更好保护草原生态环境的重要手段之一（努玛等，2005）。草地流转的顺利进行，是提高资源利用率的有效途径，也是改善草原生态环境的重要措施，对实现牧区乡村振兴有着重要作用，对打造"三生空间"具有重大意义。牧区草场承包经营权流转是对新时期推进生态扶贫，促进乡村振兴与生态保护相协调的理论尝试。2017年以来，内蒙古自治区为落实草牧场集体所有权、稳定牧户承包权、放活草牧场经营权，正式开展了牧区草牧场"三权分置"改革工作。

草地是生态系统的重要部分，提供人类赖以生存的生物多样性，是经济社会可持续发展的基础（谭淑豪，2020）。牧草地流转推动土地利用制度改革，为草地的自然资源资产核算奠定了基础。本书选择内蒙古锡林郭勒盟典型草原区为研究区，准确分析锡林郭勒盟草原承包经营权流转现状与特点，以及影响草原流转的因素及效益评价等，有针对性地提出草原承包流转优化对策，最终形成本书的技术体系和理论框架，为加快推进畜牧业现代化建设、发展农牧业规模化经营、落实乡村振兴战略提供经验借鉴。本书的研究成果不仅可以深化干旱与半干旱区草地流转的认识，而且与国家"农业供给侧结构性改革"中规定的相关规程，以及2019年中央1号文件《中共中央 国务院关于坚持农业农村优先发展做好

1 牧草地流转市场基本概念与基础理论

"三农"工作的若干意见》强调巩固和完善农村基本经营制度，加快出台完善草原承包经营制度的意见……深入推进农村集体产权制度改革，完善农村集体产权权能。健全农村产权流转交易市场，推动农村各类产权流转交易公开规范运行为加快健全牧草地流转市场、推动牧业生产方式转变、促进草牧场健康流转、实现牧草地资产保值增值提供技术与理论支撑，对促进草地保护与可持续利用、未来草地发展过程中可能面临的问题及实施牧草地生态补偿等具有重要的借鉴作用。

1.1.3 本书的安排

锡林郭勒盟草地总面积为 $1.739 \times 10^7 hm^2$，约占内蒙古自治区草地总面积的20%，是内蒙古自治区重要的畜牧业基地，是牧区典型区。本书选择锡林郭勒盟为研究区，开展牧草地流转调查研究，研究成果不仅可以为锡林郭勒盟牧草地合理流转提供价格参考，推动实现牧草地资源的优化利用、规模经营和市场化（努玛等，2005），而且对于内蒙古自治区其他地区牧草地乃至全国牧草地的流转与价格确定具有借鉴意义，助推内蒙古自治区牧草地流转，提高草地资源利用率，改善草地生态环境。

在当前草牧场"三权分置"改革的背景下，牧草地流转成为近年关注度较高的土地流转类型之一，对自然资源资产核算与清查具有重要意义，同时，也是内蒙古自治区牧草地流转制度改革所面临的一大难点。牧草地流转模式分化问题是草原治理与牧区工业化、城镇化进程中亟待解决的关键科学问题。随着内蒙古自治区人口增长和社会经济发展加快，人们对提升牧草地资源服务功能的要求越来越迫切。因此，针对内蒙古自治区牧草地相关的政策法规，从现实性和可行性角度出发，选择锡林郭勒盟典型草原区，采用"3S"、多模型耦合等技术，进行锡林郭勒盟牧草地定级与牧草地流转区片价格测算，完善牧草地流转市场。同时，本书定量评估了牧草地流转模式分化及其特征，全面揭示了形成机理，评价了各类流转模式的经济、社会、生态及综合效益，在此基础上，建立效益优化路径，提出较为完整的优化对策，可为政府制定合理引导政策、提高牧草地生产效率、增加牧民收入提供理论支撑及实证依据，对规范和科学管理内蒙古牧草地市场，加强对牧草地流转价格监测发挥重要的决策参考作用。

1.1.3.1 研究思路

本书的研究思路如图 1-1 所示。

1.1.3.2 内容安排

本书内容共包括三大部分：一是关于牧草地市场理论与研究进展，主要包括

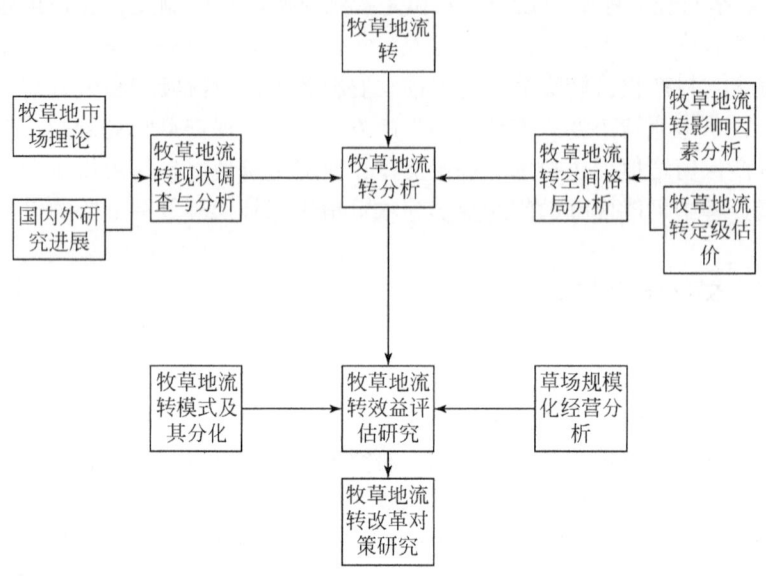

图 1-1　本书的分析框架

牧草地市场理论、牧草地流转国内外研究进展与发展动态分析及牧草地流转现状调查与分析。二是关于牧草地流转影响因素与定级估价，包括牧草地流转影响因素分析——牧区政策和土地产权制度等因素分析、流转价格形成机制分析、牧草地流转空间格局分析，以及牧草地流转定级估价，具体包括牧草地定级因素体系构建和牧草地流转基准地价测算。牧草地流转基准地价测算具体包括牧草地流转价格时间变化特征和牧草地流转价格空间分异特征。三是牧草地流转效益评估及对策研究，在牧草地流转模式分析的基础上，阐述草场流转模式的绩效评价，并进行牧草地适度规模经营的判断，提出牧草地流转改革对策研究。

1.2　草地流转市场理论基础

1.2.1　城乡统一土地市场理论

土地市场是指土地这种特殊商品交易的场所，是土地交易过程中发生的经济关系总和，土地市场的理论依据是马克思主义地租地价理论。城乡统一土地市场目前主要是指城乡建设用地、农用地的统一市场。

2022年4月10日发布《中共中央 国务院关于加快建设全国统一大市场的意

见》强化市场基础制度规则统一，完善统一的产权保护制度，完善依法平等保护各种所有制经济产权的制度体系。

城乡建设用地市场要统筹增量建设用地与存量建设用地，完善全国统一的建设用地使用权转让、出租、抵押二级市场。建设用地市场在符合规划和用途管制前提下，允许农村集体经营性建设用地出让、租赁、入股，实行与国有土地同等入市、同权同价。缩小征地范围，规范征地程序，完善对被征地农民合理、规范、多元保障机制。扩大国有土地有偿使用范围，减少非公益性用地划拨。建立兼顾国家、集体、个人的土地增值收益分配机制，合理提高个人收益。完善土地租赁、转让、抵押二级市场。

城乡农用地市场要促进土地经营权有序流转，明晰农村集体土地市场交易主体和客体。通过国土空间规划对城乡区位的具体划定，提高农村集体土地的使用价值。

城乡统一土地市场要实现"五统一"，即实现城乡土地统一规划、统一调查、统一整治、统一登记和统一产权交易信息发布，要加强和改善政府的宏观调控，实现城乡土地节约集约利用目标。

1.2.2 马克思主义地租地价理论

马克思主义地租地价理论是在批判继承西方古典经济学派的地租地价理论的基础上，通过分析土地所有制的关系，总结形成了科学的地租地价理论，被广泛应用于我国土地估价理论及实践。

马克思主义地租地价理论认为，地租是所有者凭借其对土地的所有权取得的收入，是土地所有权在经济上的实现形式。根据产生的原因和形式，地租可分为级差地租和绝对地租。级差地租是指租用较优土地所获得的归土地所有者所占有的超额利润。级差地租与土地等级相联系，在等量投入的情况下，土地等级不同，土地的收益便不同，地租额也不同。马克思在分析级差地租时，按其形成的基础不同，又将级差地租分为两种形式：一是因利用土地肥沃程度和位置差异所创造的超额利润而转化的地租，即级差地租Ⅰ；二是指对同一地块上的连续增加投资，使各次投资的生产率不同而产生的超额利润转化的地租，即级差地租Ⅱ。绝对地租是指土地所有者凭借土地所有权的垄断所取得的地租（毕宝德，2020）。

按照马克思主义的地租理论，地租是土地所有权在经济上的实现形式，地价是地租的资本化。土地价格不是土地的购买价格，而是土地所提供地租的购买价格。土地价格的计算公式可表示为：土地价格=地租/利息率。马克思主义地租地价理论对牧草地定级及流转基准地价的测算、内涵的确定，具有重要的指导意义（张裕凤，2019）。

1.2.3　土地产权理论

　　土地产权是指存在于土地之上的排他性完全权利，包括土地所有权、土地使用权、土地租赁权、土地抵押权、土地继承权、地役权等多项权利。土地产权也像其他财产权一样，必须有法律的认可及保护。例如，利用欺骗或暴力等手段占用他人的土地，因不被法律所认可，占用权不成立（毕宝德，2020）。土地产权制度是对土地产权主体的地位及其行使权力的范围、责任和相互之间的关系加以规范的法律准则。土地产权理论由土地产权商品化理论及土地产权配置市场化理论组成，认为人类的生活离不开土地，想要使用土地，就必须首先取得土地的有关权能。由于土地不能移动，使得土地权能被当作商品来进行交易。例如，巴塞尔代表大会关于土地所有制的决议，就土地所有制问题通过了由马克思的拥护者提出的以下决议："（1）社会有权废除土地的私有制，而把它变为公有制。（2）必须废除土地私有制，而把它变成公有制。"（中共中央马克思恩格斯列宁斯大林著作编译局，1980）。在牧区，土地权能交易表现为草原承包经营权流转。然而我国许多牧区由于种种原因使得产权难以界定，进而被竞争性地过度使用或侵占，造成"公地悲剧"，使得草原生态环境平衡被破坏，且损害牧民的个人权益，甚至发生草场权属纠纷，扰乱社会治安。"公地悲剧"其深层原因是产权制度设计不合理，明晰产权主体和产权权能是解决问题的最有效途径。当前，内蒙古自治区关于完善草原确权承包的工作意在通过稳定现有的承包关系，解决草场四至界限不清、"证""账""地"不相符，证件不齐等问题，并健全权责清晰、管理科学的草原承包运营机制，有效保障牧民的合法权益，推动草原生态文明建设。

1.2.4　土地集约利用、规模经济理论

　　规模经济理论认为，在生产经营活动中，通过扩大生产规模会带来经济效益的增加，但并非规模越大越好，当规模超过一定限度，效益可能不再提高，甚至出现下降的趋势。马歇尔指出随着生产规模的不断扩大，规模经济报酬依次出现规模报酬递增、规模报酬不变、规模报酬递减的三个不同阶段，因此理想的规模经济就是追求具有最低平均成本的规模经营，即保持适度规模经营。就土地规模经营而言，就是土地规模扩大后，在土地生产率不降低的前提下使规模收益递增而不出现递减（戴骥和葛琼，2009）。

在20世纪80年代我国牧区推行家庭联产承包责任制之后，草原经营权就分散在不同家庭，并以户为单位进行经营生产，改变了传统的游牧方式，导致牧业生产率降低。随着草原承包经营流转市场的发展，草场经营权可作为商品进行交易，激发了牧民对草场和牧业的投资积极性，越来越多的规模经营主体出现并参与其中，实现了牧业规模化经营，提升了牧业生产效率。但一味扩大经营规模并非就会带来经济效益的增加，达到适度的经营规模，应尽可能使规模收益递增，而不出现递减。对畜牧业来说，实现草场和牲畜的集中管理、合作经营能够有效提高生产效率，同时能够降低牧业经营成本。草原承包经营权流转通过有效配置草原资源和牧区劳动力，实现规模经营的同时解放兼业经营者，是畜牧业产业结构优化的最优途径。

1.2.5 土地区位理论

区位是指某一个经济事物和经济活动所占据的空间场所，以及与周围事物之间的经济地理关系，是自然地理区位、经济地理区位和交通地理区位在空间上的有机结合的具体表现。区位理论是关于人类事物的空间位置及其结构关系的理论，主要有农业区位论、中心地区位论和工业区位论等（华东师范大学等，2005）。

土地的地理位置上的差异导致同类行业在不同区位上的经济收益、土地收益及地租收益上的差异。在牧区，草场地理位置决定了草原类型、植被类型及土壤类型，导致草原优劣程度不同，进而影响草场流转价格和经营主体收益情况。此外，在区位上同行集聚在一起形成产业链，实现规模经营，可以最大限度地降低成本，提高效率，产生规模经济，并形成相关产业的核心竞争优势。因此，在草原承包经营权流转绩效评价中有必要考虑区位因素的影响。

1.2.6 绩效评价

绩效管理是公共管理者的主要职责，是在设定目标的基础上，对公共部门提供公共服务的全过程进行监测，并做出系统的评估的过程（张成福和党秀云，2007）。绩效评价起源于20世纪初的企业管理，由于其不仅能产生巨大的经济效益，更重要的是形成一套科学、先进、实用和创新的制度，因此和绩效管理一起被迅速地推广到其他行业和领域。绩效评价的理论和方法有关键绩效指标法、目标管理法、标杆管理法和平分计分卡等（杜立燕等，2012）。

草原承包经营权流转目标是通过优化草原资源和牧区劳动力配置，调整生产方式、优化生产关系、发展现代生产力，形成适度规模经营，实现牧业产业化、机械化、现代化，破解牧区"三牧"问题，是加快畜牧业发展、促进草原生态环境恢复、推进牧区社会环境改善的重要举措。因此，根据绩效评价理论和方法，以牧民经济收益提升、草原生态恢复和牧区社会改善为目标层，构建评价指标，对草原承包经营流转进行纵向和横向比较。

1.2.7 制度变迁理论

制度变迁理论是新制度经济学的重要内容。新制度经济学认为，制度是影响经济效率的重要因素。道格拉斯·C.诺思（2022）认为，如果外部利润无法在现行的制度结构内实现，当且仅当制度变迁的预期净收益大于预期成本时，利益相关者就会有制度变迁的动力。制度变迁的目的在于实现相关利益者的利益均衡，一旦利益失衡，又会产生新的制度变迁的需要。诺思在其代表作《制度、制度变迁与经济绩效》一书中，系统地阐述了制度变迁理论，其要点包括以下四个方面：①制度的主要作用是减少不确定性；②制度变迁的动力来自于要素相对价格的变化；③制度变迁的过程实际上就是人们在相对价格变化的情况下，为追求自身利益最大化而进行重新谈判改变旧规则建立新规则的过程；④正式制度的变迁往往是非连续的，但是非正式制度的变迁一般是连续的缓慢的。根据引发的方式，制度变迁一般可分为诱致性制度变迁和强制性制度变迁。诱致性制度变迁一般是一种自下而上的变迁方式，当制度不均衡引起的获利机会被结构内的利益群体意识到，就会以渐进的、自发的手段引导、组织制度变迁，特点是这种制度变迁的手段是温和的，无须强制，可减少监督难度和成本。强制性制度变迁是由于国家的法律或政府的命令的引入实现的，其特点在于国家权力的垄断性在制度供给上具有规模优势。

制度变迁的路径依赖是指制度创新一旦进入某一路径就可能对这一路径产生依赖，并沿着这一既定方向自我强化。制度的路径依赖产生的根源在于现有制度安排中利益既得者对原有制度的维护，以及制度变迁本身固有的特性。路径依赖主要表现在，即使原有的制度安排已经有了不均衡表现，但在路径依赖的作用下，既得利益主体有制度维护的动力。虽然新的制度安排存在很大的潜在收益，但也很难克服既得利益集团的阻力而完成制度变迁。

草牧场流转市场的发展离不开草牧场流转市场制度的建设。由于草牧场市场是以草牧场产权的流动和转移为主要特征的，从而使草牧场流转市场制度的构建显得极为重要。所谓草牧场流转市场制度是指一个国家或政府有关草牧场流转市场机构体系、草牧场流转市场法律法规及草牧场流转市场的流通办法规定的总称。草牧场流转市场制度应包括草牧场产权流转准则、市场调控体系、市场运行机制、草牧场流转市场政策和法律规定等。草牧场流转市场制度建设的目标应该与牧区草牧场制度创新的目标相一致，即充分发挥草牧场作为资源和资产的双重功能，并充分考虑草牧场的调控功能，对草牧场实行合理配置、适度投入和适度规模经营，从而不断提高草牧场利用效率，同时对牧民实行最有效的保障。

1.3 草地流转的法律依据

内蒙古自治区草地流转的法律依据主要有《中华人民共和国农村土地承包法》《中华人民共和国草原法》《中华人民共和国土地管理法》《中华人民共和国土地管理法实施条例》《内蒙古自治区实施〈中华人民共和国土地管理法〉办法》。

1.3.1 《中华人民共和国农村土地承包法》的主要内容

关于土地承包经营权，《中华人民共和国农村土地承包法》第九条规定：承包方承包土地后，享有土地承包经营权，可以自己经营，也可以保留土地承包权，流转其承包地的土地经营权，由他人经营。第十条规定：国家保护承包方依法、自愿、有偿流转土地经营权，保护土地经营权人的合法权益，任何组织和个人不得侵犯。

关于承包经营合同管理，《中华人民共和国农村土地承包法》第十二条规定：国务院农业农村、林业和草原主管部门分别依照国务院规定的职责负责全国农村土地承包经营及承包经营合同管理的指导；县级以上地方人民政府农业农村、林业和草原等主管部门分别依照各自职责，负责本行政区域内农村土地承包经营及承包经营合同管理；乡（镇）人民政府负责本行政区域内农村土地承包经营及承包经营合同管理。

关于承包方享有的权利，《中华人民共和国农村土地承包法》第十七条规定：承包方享有以下权利：（一）依法享有承包地使用、收益的权利，有权自主组织生产经营和处置产品；（二）依法互换、转让土地承包经营权；（三）依法流转土地经营权；（四）承包地被依法征收、征用、占用的，有权依法获得相应的补偿；（五）法律、行政法规规定的其他权利。

关于承包期限和承包合同，《中华人民共和国农村土地承包法》第二十一条规定：耕地的承包期为三十年。草地的承包期为三十年至五十年。林地的承包期为三十年至七十年。前款规定的耕地承包期届满后再延长三十年，草地、林地承包期届满后依照前款规定相应延长。

关于土地承包经营权登记、期限及形式，《中华人民共和国农村土地承包法》第二十四条规定：国家对耕地、林地和草地等实行统一登记，登记机构应当向承包方颁发土地承包经营权证或者林权证等证书，并登记造册，确认土地承包经营权。土地承包经营权证或者林权证等证书应当将具有土地承包经营权的全部家庭成员列入。第二十七条规定：承包期内，发包方不得收回承包地。国家保护进城农户的土地承包经营权。不得以退出土地承包经营权作为农户进城落户的条件。承包期内，承包农户进城落户的，引导支持其按照自愿有偿原则依法在本集体经济组织内转让土地承包经营权或者将承包地交回发包方，也可以鼓励其流转土地经营权。承包期内，承包方交回承包地或者发包方依法收回承包地时，承包方对其在承包地上投入而提高土地生产能力的，有权获得相应的补偿。第二十八条规定：承包期内，发包方不得调整承包地。承包期内，因自然灾害严重毁损承包地等特殊情形对个别农户之间承包的耕地和草地需要适当调整的，必须经本集体经济组织成员的村民会议三分之二以上成员或者三分之二以上村民代表的同意，并报乡（镇）人民政府和县级人民政府农业农村、林业和草原等主管部门批准。承包合同中约定不得调整的，按照其约定。第三十六条规定：承包方可以自主决定依法采取出租（转包）、入股或者其他方式向他人流转土地经营权，并向发包方备案。

关于土地经营权流转，《中华人民共和国农村土地承包法》第三十八条规定：土地经营权流转应当遵循以下原则：（一）依法、自愿、有偿，任何组织和个人不得强迫或者阻碍土地经营权流转；（二）不得改变土地所有权的性质和土地的农业用途，不得破坏农业综合生产能力和农业生态环境；（三）流转期限不得超过承包期的剩余期限；（四）受让方须有农业经营能力或者资质；（五）在同等条件下，本集体经济组织成员享有优先权。第三十九条规定：土地经营权流转的价款，应当由当事人双方协商确定。流转的收益归承包方所有，任何组织和个人不得擅自截留、扣缴。

关于土地经营权流转合同，《中华人民共和国农村土地承包法》第四十条规定：土地经营权流转，当事人双方应当签订书面流转合同。土地经营权流转合同一般包括以下条款：（一）双方当事人的姓名、住所；（二）流转土地的名称、坐落、面积、质量等级；（三）流转期限和起止日期；（四）流转土地的用途；（五）双方当事人的权利和义务；（六）流转价款及支付方式；（七）土地被依法征收、征用、占用时有关补偿费的归属；（八）违约责任。承包方将土地交由他人代耕不超过一年的，可以不签订书面合同。第四十一条规定：土地经营权流转期限为五年以上的，当事人可以向登记机构申请土地经营权登记。未经登记，不得对抗善意第三人。

关于流转合同解除,《中华人民共和国农村土地承包法》第四十二条规定：承包方不得单方解除土地经营权流转合同，但受让方有下列情形之一的除外：（一）擅自改变土地的农业用途；（二）弃耕抛荒连续两年以上；（三）给土地造成严重损害或者严重破坏土地生态环境；（四）其他严重违约行为。

1.3.2 《中华人民共和国草原法》的主要内容

《中华人民共和国草原法》中的主要制度包括国家对草原保护、建设、利用实行统一规划制度，国家建立草原调查制度，国家建立草原统计制度，国家实行基本草原保护制度，国家对草原实行以草定畜、草畜平衡制度和草原禁牧、休牧制度，具体内容如下。

第十七条规定：国家对草原保护、建设、利用实行统一规划制度。国务院草原行政主管部门会同国务院有关部门编制全国草原保护、建设、利用规划，报国务院批准后实施。

第二十二条规定：国家建立草原调查制度。县级以上人民政府草原行政主管部门会同同级有关部门定期进行草原调查；草原所有者或者使用者应当支持、配合调查，并提供有关资料。

第二十四条规定：国家建立草原统计制度。县级以上人民政府草原行政主管部门和同级统计部门共同制定草原统计调查办法，依法对草原的面积、等级、产草量、载畜量等进行统计，定期发布草原统计资料。草原统计资料是各级人民政府编制草原保护、建设、利用规划的依据。

第四十二条规定：国家实行基本草原保护制度。下列草原应当划为基本草原，实施严格管理：（一）重要放牧场；（二）割草地；（三）用于畜牧业生产的人工草地、退耕还草地以及改良草地、草种基地；（四）对调节气候、涵养水源、保持水土、防风固沙具有特殊作用的草原；（五）作为国家重点保护野生动植物生存环境的草原；（六）草原科研、教学试验基地；（七）国务院规定应当划为基本草原的其他草原。基本草原的保护管理办法，由国务院制定。

第四十五条规定：国家对草原实行以草定畜、草畜平衡制度。县级以上地方人民政府草原行政主管部门应当按照国务院草原行政主管部门制定的草原载畜量标准，结合当地实际情况，定期核定草原载畜量。各级人民政府应当采取有效措施，防止超载过牧。

第四十七条规定：对严重退化、沙化、盐碱化、石漠化的草原和生态脆弱区的草原，实行禁牧、休牧制度。

1.3.3 《中华人民共和国土地管理法》的主要内容

关于国家实行土地用途管制制度，《中华人民共和国土地管理法》第四条规定：国家实行土地用途管制制度。国家编制土地利用总体规划，规定土地用途，将土地分为农用地、建设用地和未利用地。严格限制农用地转为建设用地，控制建设用地总量，对耕地实行特殊保护。前款所称农用地是指直接用于农业生产的土地，包括耕地、林地、草地、农田水利用地、养殖水面等；建设用地是指建造建筑物、构筑物的土地，包括城乡住宅和公共设施用地、工矿用地、交通水利设施用地、旅游用地、军事设施用地等；未利用地是指农用地和建设用地以外的土地。

关于承包方式，《中华人民共和国土地管理法》第十三条规定：农民集体所有和国家所有依法由农民集体使用的耕地、林地、草地，以及其他依法用于农业的土地，采取农村集体经济组织内部的家庭承包方式承包，不宜采取家庭承包方式的荒山、荒沟、荒丘、荒滩等，可以采取招标、拍卖、公开协商等方式承包，从事种植业、林业、畜牧业、渔业生产。家庭承包的耕地的承包期为三十年，草地的承包期为三十年至五十年，林地的承包期为三十年至七十年；耕地承包期届满后再延长三十年，草地、林地承包期届满后依法相应延长。国家所有依法用于农业的土地可以由单位或者个人承包经营，从事种植业、林业、畜牧业、渔业生产。

1.3.4 《中华人民共和国土地管理法实施条例》的主要内容

关于农用地内部结构调整的要求，《中华人民共和国土地管理法实施条例》第十二条规定：国家对耕地实行特殊保护，严守耕地保护红线，严格控制耕地转为林地、草地、园地等其他农用地，并建立耕地保护补偿制度，具体办法和耕地保护补偿实施步骤由国务院自然资源主管部门会同有关部门规定。非农业建设必须节约使用土地，可以利用荒地的，不得占用耕地；可以利用劣地的，不得占用好地。禁止占用耕地建窑、建坟或者擅自在耕地上建房、挖砂、采石、采矿、取土等。禁止占用永久基本农田发展林果业和挖塘养鱼。耕地应当优先用于粮食和棉、油、糖、蔬菜等农产品生产。按照国家有关规定需要将耕地转为林地、草地、园地等其他农用地的，应当优先使用难以长期稳定利用的耕地。

1.3.5 《内蒙古自治区实施〈中华人民共和国土地管理法〉办法》的主要内容

关于国土空间基础信息平台建设,《内蒙古自治区实施〈中华人民共和国土地管理法〉办法》第七条规定：旗县级以上人民政府自然资源主管部门应当加强信息化建设，建立国土空间基础信息平台，实行土地管理全流程信息化管理，对土地利用状况和管理情况进行动态监测，与发展改革、住房和城乡建设、农牧、生态环境、水行政、林业和草原等部门建立信息共享机制，实现数据共享和业务协同，依法公开土地管理信息。

关于国土空间相关专项规划,《内蒙古自治区实施〈中华人民共和国土地管理法〉办法》第十二条规定：国土空间相关专项规划是在特定区域（流域）、特定领域，为体现特定功能，对空间开发保护做出的专门安排。涉及国土空间利用的基础设施、公共服务设施以及生态环境保护、生态修复、林业和草原等方面的专项规划，由旗县级以上人民政府相关主管部门组织编制，报本级人民政府批准。国家法律、法规另有规定的从其规定。

关于耕地进出平衡制度,《内蒙古自治区实施〈中华人民共和国土地管理法〉办法》第十七条规定：各级人民政府应当采取措施防止和纠正耕地非农化、非粮化，禁止闲置、荒芜耕地。自治区依法实行耕地进出平衡制度，耕地转为林地、草地、园地等其他农用地及农业设施建设用地的，应当通过统筹林地、草地、园地等其他农用地及农业设施建设用地整治为耕地等方式，补足同等数量、质量的可以长期稳定利用的耕地。各级人民政府应当建立耕地保护奖励机制，对耕地保护成绩显著的单位和个人给予奖励。

关于永久基本农田保护,《内蒙古自治区实施〈中华人民共和国土地管理法〉办法》第十九条规定：永久基本农田重点用于粮食生产，不得转为林地、草地、园地等其他农用地以及农业设施建设用地。禁止占用永久基本农田发展林果业和挖塘养鱼；禁止占用永久基本农田种植苗木、草皮等用于绿化装饰以及其他破坏耕作层的植物；禁止占用永久基本农田挖湖造景、建设绿化带；禁止新增占用永久基本农田建设畜禽养殖设施、水产养殖设施和破坏耕作层的种植业设施。

关于黑土耕地资源和生态环境保护,《内蒙古自治区实施〈中华人民共和国土地管理法〉办法》第二十二条规定：依法保护森林、草原、湿地，禁止任何单位和个人毁坏森林、草原开垦耕地，禁止围湖（河）造田和侵占河滩地，禁止违法填埋湿地开垦耕地，禁止在生态红线范围内开垦耕地，禁止开垦严重沙化土地，禁止在十五度以上陡坡开垦耕地。禁止盗挖、滥挖和非法买卖黑土，破坏黑土耕地资源和生态环境。旗县级以上人民政府应当根据国土空间规划，对已开垦的十五度以上坡地和破坏生态环境开垦、围垦的土地，以及严重沙化、退化的耕地，有计划有步骤地退耕还林、还草、还湖（河）、还湿地。

关于土地复垦，《内蒙古自治区实施〈中华人民共和国土地管理法〉办法》第二十三条规定：因挖损、塌陷、压占等造成土地破坏的，用地单位和个人应当按照国家和自治区有关规定负责复垦。没有条件复垦或者复垦不符合要求的，应当缴纳土地复垦费，专项用于土地复垦。复垦的土地应当优先用于农业。土地复垦义务人应当向项目所在地旗县级人民政府自然资源主管部门提出验收书面申请，所在地旗县级人民政府自然资源主管部门会同同级农牧、林业和草原、生态环境等有关部门进行验收。对历史遗留损毁土地和自然灾害损毁土地，旗县级以上人民政府应当投入资金进行复垦，也可以按照谁复垦、谁受益的原则，吸引社会投资进行复垦。

关于社会稳定风险评估和土地现状调查，《内蒙古自治区实施〈中华人民共和国土地管理法〉办法》第三十一条规定：旗县级以上人民政府依据社会稳定风险评估结果和土地现状调查情况，组织自然资源、财政、林业和草原、农牧、人力资源和社会保障等有关部门拟定征地补偿安置方案。征地补偿安置方案应当包括征收范围、土地现状、征收目的、补偿方式和标准、安置对象、安置方式、社会保障等内容。旗县级以上人民政府应当将拟定的征地补偿安置方案在政府门户网站和拟征收土地所在的苏木乡镇、街道和嘎查村、嘎查村民小组内予以公告，公告内容应当同时载明办理补偿登记的方式和期限、异议反馈渠道等内容，公告时间不少于三十日，可以采取拍照、录像、公证等方式留存记录。

参 考 文 献

毕宝德. 2020. 土地经济学（第 8 版）. 北京：中国人民大学出版社.
蔡运龙，陈彦光，阚维民，等. 2012. 地理学：科学地位与社会功能. 北京：科学出版社.
戴骥，葛琼. 2009. 规模经济问题的文献综述. 经济师，(1)：52-53.
道格拉斯·C. 诺思. 2022. 制度、制度变迁和经济绩效. 杭行译. 上海：上海人民出版社.
杜立燕，杨琦，金曦，等. 2012. 绩效评价的理论方法和实践. 中国妇幼保健，(6)：812-814.
樊杰. 2019. 中国人文地理学 70 年创新发展与学术特色. 中国科学：地球科学，49（11）：1697-1719.
高帆. 2018. 中国农地"三权分置"的形成逻辑与实施政策. 经济学家，(4)：86-95.
郭洁，李晓丽. 2005. 草原承包经营权流转法律问题分析. 辽宁大学学报（哲学社会科学版），(2)：144-147.
华东师范大学，北京师范大学，东北师范大学，等. 2005. 经济地理学导论（修订四版）. 上海：华东师范大学出版社.

贾慎修.1982.草地学.北京：农业出版社.

努玛，道勒玛，马阿日娜.2005.阿拉善盟畜牧业发展方向研究.内蒙古科技与经济，（7）：5-7.

任继周.1990.草原//中国大百科全书总编辑委员会《农业》编辑委员会.中国大百科全书·农业.北京：中国大百科全书出版社.

谭淑豪.2020.草地资源治理的理论与案例研究.北京：中国财经出版传媒集团.

张成福，党秀云.2007.公共管理学.北京：中国人民大学出版社.

张凤荣.2021.从本底与现状两个维度构建草地分等定级体系.中国土地，（10）：16-19.

张裕凤.2019.土地经济学.北京：科学出版社.

中共中央马克思恩格斯列宁斯大林著作编译局.1980.马克思恩格斯全集.北京：人民出版社.

周诚.2003.土地经济学原理.北京：商务印书馆.

König H J, Podhora A, Helming K, et al. 2014. Confronting international research topics with stakeholders on multifunctional land use: The case of Inner Mongolia, China. iForest-Biogeosciences and Forestry, 7: 403-413.

2 牧草地流转国内外研究进展与发展动态分析

从现实性和可行性角度出发,选取我国北方农牧交错带典型地区——内蒙古锡林郭勒盟为研究区,针对草原承包经营权流转存在的问题与亟待解决的科学问题,本章将围绕以下四点展开研究:①草原承包经营权流转情况调查和影响因素分析;②草原承包经营权流转价格的分等定级估价研究;③草原承包经营权流转效益评估研究;④草原承包经营权流转改革对策研究。

本章主要目标是掌握牧草地流转学科研究动态,从国外和国内研究现状与发展动态两方面入手,国外研究现状与发展动态侧重于从土地市场理论和土地估价研究、土地产权研究、土地流转效益研究、土地交易问题研究等方面进行梳理分析;国内研究现状与发展动态着重从牧区政策和土地产权制度研究、草原流转影响因素研究、草原流转效益研究、草场规模化经营研究、草场流转与生态系统关系的研究等方面进行梳理分析。

2.1 国外研究现状与发展动态

世界畜牧业发达国家普遍有完善的草原产权法律法规体系,草原产权清晰,经营者的草原可以通过购买、继承、租赁等方式获得。其草原可以买卖、继承、转让、租赁和投资,属私有财产,拥有终极所有权,草原得到很好的保护(青照日格图等,2007)。

2.1.1 土地市场理论、土地估价研究

地租理论为土地流转提供理论指导和价值评估基础。威廉·配第在《赋税论》中首次提出地租理论,并最早对级差地租进行阐述,提出"劳动是财富之父,土地是财富之母"的朴素经济思想,并对土地价格作了定义(Bogaerts et al.,2002)。张五常(2000)建立佃农理论,认为政府干预过度或产权弱化会导致资源无效配置,而允许土地自由交易,实行土地私有化、明晰产权,会发挥土地要素的最大效率。Loc等(2016)探讨了如何利用生态系统评估研究的成果

来改善湄公河三角洲的农业土地定价体系；提出了利用环境影响评价结果进行改革的建议，通过对虾米轮作区域的生态系统服务评估研究结果与调整后的农业地价进行比较。

2.1.2 土地产权研究

杜尔哥（2007）在《关于财富的形成和分配的考察》中提出地租是土地私有权的反映。Demsetz（1967）认为土地产权稳定性会对土地所有者的投资意愿产生重大影响，土地产权同投资激励正相关；Marks-Bielska（2013）研究了波兰的土地市场，发现私人和家庭农场所有权占主导地位，土地通常是通过继承获得的。

按照土地产权所有的表现形式，可以分为土地所有权与土地使用权，并且可以相互分离。相应的土地流转模式也可分为使用权流转和所有权流转。Macmillan（2000）从经济视角展开对土地市场的研究，认为土地可以公开买卖，实行自由交易，但有必要依靠政府的强力干预以弥补交易过程中市场失灵，避免土地利用率的过分波动，因此一些国家干预和限制土地交易就在情理之中。Wegren（2003）在对俄罗斯五省调查后发现，在2000年私有土地交易中，乡村土地交易占比例高达42%，大大促进了乡村经济的发展。Cochet（2018）发现法国农村的发展在日益挑战家庭农业的这种"历史"模式。

新西兰以发展畜牧业为目的，对不同地区的草场实行不同的所有制形式和投资办法。凡是自然条件比较好的地方，草场均为牧场主私人所有，投资建设草场由私人负责，草场可以自由转卖；干旱、半干旱地区的荒漠草场多为国家所有，牧场主要通过合同租用，或者由国家土地开发公司建成可利用的草场后，再卖给牧场主。此做法改善了新西兰草原的整体状况，草原的载畜量得到极大提高（张立中和辛国昌，2008）。

英国学者 Ronald Harry Coase 是产权理论的奠定人，他认为交换成本和产权在经济活动和制度结构中具有重要作用，合理的土地产权制度对加强土地流转和改善土地利用率非常重要（刘守英，2014）。Demsetz（1967）认为土地产权的稳定性与土地经营者投资意愿正相关，与土地相关的权利限制越多，相应的投资激励越弱。例如，澳大利亚、新西兰、美国等世界畜牧业发达国家的草原产权非常清晰，经营者的草原可以通过购买、继承或向政府租赁获得。Fratkin 和 Mearns（2003）以法国马赛地区和蒙古国牧区为例，阐述了人口和土地产权制度对牧区可持续发展的影响，认为游牧方式是使草原畜牧业和牧民生存保持可持续性的基本条件。蒙古国至今保持着传统游牧方式，通过千户百户制度，即对人口和牲畜数量有效限制来管理草场（张耀启等，2019）。

2.1.3 土地流转影响因素研究

Muth（1961）运用计量模型实证分析认为经济增长同土地流转之间的相关关系为正。Bogaerts等（2002）认为国家因素增大了土地交易的成本，导致交易费用大量增加。此外，经济发达程度和市场环境的好坏对土地流转也产生较大的影响。Tesfaye和Adugna（2004）在实证研究埃塞俄比亚农地市场时发现，农地经营规模与劳动力和牲畜数量间关系密切，但不确定经营者年龄大小和教育程度高低对农地流转的影响程度。James（2002）根据我国农业部1999年农村市场调查数据实证分析了农村剩余劳动力转移对农村土地流转的影响，研究发现劳动力转移增加了农户流出土地的可能，但减少了流入土地的需求。Terry（2003）在研究中东欧土地私有化进程时发现，经济发展状况和社会环境对农户土地所有权交易产生较大的影响，农户参与程度受土地交易收益及安全心理的影响。

2.1.4 土地流转效益方面

Wang等（1996）研究中国农村土地流转时发现，通过土地流转和扩大规模可以获得潜在的效率。速水佑次郎研究发现土地规模经济对劳动生产率的影响为25%，阐述了土地规模经济的作用（Macmillan，2000）。Everson和Clarke（1987）强调在草原资源管理和利用中，草场和放牧是双向联系的过程，它们共同作用于草场的质量，因此通过草场流转使草场相对集中，可实现草场集中保护的目标。皮尔斯系统地讨论了环境资源经济总量的构成问题，认为环境资源的经济价值包含多种价值或成分，自然资源分为产出物和非产出物两大类，前者容易在市场上直接测量市场价格，后者不能直接用于生产过程或消费，其价值只能间接地表现出来，因而价格也不易测量（Terry，2003）。土地流转与保险权益的经济意义分析认为，法律体系能够保护现行的权力，现行权力者购买权力保险来提供保障（Muth，1961）。综上分析，众多研究表明土地流转可获得经济、生态和社会等方面的潜在效率。

2.1.5 土地交易问题研究

在国外土地经济学研究中，很少用到"土地流转"这个词汇，使用较多的是"土地交易"。马克思认为经济交易是市场经济的必然结果，流转的是经济价值，是生产资料和生活资料的分配。土地作为特殊的生产要素，土地权利交易是整个经济交易中极为重要的组成部分。Macmillan（2000）认为土地可以公开买卖、自由交易，但为避免交易过程中的市场失灵，必须有政府的大力支持和政府干预。Lerman 和 Shagaida（2007）研究发现土地细碎化和政府管理不力会导致土地交易费用的增大，影响土地交易的进行，说明土地交易的顺利进行和交易市场的有序发展离不开政府的管理。Muth（1961）研究发现经济发达程度与土地交易量正相关，经济发展可以推动土地交易的产生，说明经济发达程度和市场环境好坏对土地交易产生有较大的影响。Bogaerts 等（2002）研究中欧国家的土地交易后发现国家制度因素增大了土地交易的成本，导致交易费用增加，限制了土地交易的产生。Duke 等（2004）研究斯洛伐克土地交易后发现，阻碍土地交易规模和效率的原因是土地规模小、零散程度高、交易成本昂贵和土地产权的低价值。Marks-Bielska（2013）研究发现，在波兰农地出租人和购买者的动机可以分为三类：扩大自有耕地或新建农场的愿望；对农用地价格预期上涨的投资；从欧盟基金中获得利益。综上可见，国外学界对土地交易方面的研究已经达到一定阶段，可以借鉴相关研究成果为我国土地交易市场管理提供借鉴。

2.1.6 土地生态、环境保护效益研究

生物多样性是本书梳理和分析的科学文献中涉及的另一个自然科学主题。现有文献对与草原利用有关的（农业）生产问题的关注相对较少。过去，内蒙古不被视为经济重点领域，相反，它被归类为"优先生态区"，其主要目标是预防沙尘暴和减轻水土流失，以恢复草原生态系统。

Everson 和 Clarke（1987）强调在草地资源管理和利用中，草地和放牧是动力及双向联系的过程，它们共同作用于草地的质量。皮尔斯系统地讨论了环境资源经济总量的构成问题，认为环境资源的经济价值包含多种价值或成分，自然资源分为产出物和非产出物两大类，前者容易在市场上直接测量市场价格，后者不能直接用于生产过程或消费，不能直接在市场上交换，其价值只能间接地表现出来，因而价格也不易测量（盖志毅和王芳，2010）。

2.2 国内研究现状与发展动态

2.2.1 草地流转概念研究

张小平和韩志敏（1998）认为草原使用权流转是指草原所有权单位或草原使

用权人，通过出让、转让、入股、出租等形式，把草原使用权转移给其他草原使用者经营的行为。姚洋（2009）认为草牧场流转是指在不改变草牧场用途的前提下，草牧场所有权或承包经营权在不同牧户之间的流动和转让。赵澍（2015）认为草牧场流转是指牧区家庭承包的草牧场通过合法的形式，保留承包权，将经营权转让给其他牧户或其他经济组织的行为。草场流转是牧区经济发展到一定阶段的产物，通过土地流转，可以开展规模化、集约化、现代化的畜牧业经营模式。草场流转其实指的是土地使用权流转，土地使用权流转的含义，是指拥有土地承包经营权的牧户将土地经营权（使用权）转让给其他牧户或经济组织，即保留承包权，转让使用权。当前流转的主要类型有土地互换、出租、入股、合作等方式。流转土地要坚持自愿的原则，并经过乡级土地管理部门备案，签订流转合同。李先东（2019）认为，草场流转具体是指草原承包经营权的流转，一般指依法转包、出租、互换及入股等方式流转草原承包经营权。从本质上看，草场流转实际是草场所承载的生态系统的开发利用权力的流转，即围绕草场生态产品（草、生态系统）从事生产开发的经营活动，如饲养牲畜、生态观光旅游等。但基于草场生态系统的自生演进和恢复功能，流转主体享有草场承包权获得发展的同时，也承担着维护草场生态可持续功能的责任。与农地流转相比，草场流转不仅要解决规模问题，而且还要解决草场生态可持续问题。因此，草场流转的特性显著区别于以规模化为主要目标的农地流转。

2.2.2 牧区政策和土地产权制度研究

牧区经营制度从 1949 年至今经历过 3 次重大调整，尤其是 1984 年推行的"草畜双承包"制度，形成以牧户家庭承包为核心的畜牧经营制度。"草、畜"按人分割到户激发牧民生产积极性的同时，也造成了草场细碎化、超载过牧造成草场承载力和生态环境不同程度的退化（南佳奇，2016）。李媛媛和盖志毅（2010）认为未来牧区政策制定过程中，应进一步保持政策的稳定性、连续性、前瞻性、参与性、灵活性和差异性。刘慧和盖志毅（2008）认为，政府在草原使用权流转中应当采取措施，稳定承包经营责任制，建立和规范草原流转中介，做好草原土地规划制度，制定草原流转的指导价格，以及建立合理的草原土地税制等，从而提高资源的配置效率。任艳（2008）通过土地产权制度变迁以及国内外相关文献的梳理，明晰了土地产权问题与劳动力转移约束产生根源，认为由于内蒙古草牧场产权制度不完备的缘故，使得牧业家庭因维持对草牧场的实际占有权，存在劳动力约束问题。

关于农村集体土地产权，总结目前的研究成果，主要有三个主流观点：①将农村集体土地国有化；②将农村集体土地私有化；③在保留农村集体土地所有权的前提下，强化土地使用权。在将农村集体土地国有化观点上，徐莉（2005）认为集体土地所有权主体虚位，在现实中实际为国家所有；颜运秋和王泽辉（2005）认为，在实践中，普遍存在各级地方政府在土地征收过程中不顾民众意愿，过分介入的现象，保留集体土地所有权与集体土地私有化的方案都不可取，集体土地国有化能够实现调动亿万农民积极性与让国家财力能够承受的"双赢"；谭启宇等（2006）认为集体土地所有权的制度与目前经济的快速发展不适应，只有通过将其国有化，才能释放农村土地巨大的市场价值；张晓华和邢宝恒（2008）则从权责的角度认为集体土地所有权收归国家并由国家统一经营，有利于实现农村土地在权责上的统一，便于经营与管理。而在将农村集体土地私有化的观点上，文贯中（1989）认为现行的农村土地集体所有制度，不利于实现土地的集约利用与规模经济，降低了土地利用效率，只有通过土地私有化才能彻底解决农村、农业及农民问题；杨小凯（2002）从产权的角度认为，只有赋予农民完整的土地产权，才能解决目前存在的土地利用率低、土地流转困难等问题，有利于加强农民土地权益的自我保护，而现行的农户承包经营权在产权上是极不完整的，因而从明晰产权主体的角度提出土地产权私有化。主张在保留农村集体土地所有权的前提下，强化土地使用权的学者同样认为，目前的农村土地产权制度不适应社会经济的发展，改革势在必行，但同时提出土地作为稀缺资源，其归属会直接影响到土地上的每一个人，如果土地所有权制度在农村贸然出现大的变动，必然会引起社会的动荡；如在保留现有农村土地集体所有权的前提下，强化土地使用权，不失为一种稳妥的选择。

关于农村集体土地产权制度的研究及讨论形成的不同观点虽然都有各自充分的理由，但在我国现行的社会制度及土地制度的前提下，改变农村集体土地所有制的做法几乎是不可能的。尤其是2014年11月中共中央办公厅、国务院办公厅印发了《关于引导农村土地经营权有序流转发展农业适度规模经营的意见》，该文件基本为农村土地产权制度的争论画上了句号，并指出"坚持农村土地集体所有权，稳定农户承包权，放活土地经营权"是基本原则，同时指出在坚持农村土地集体所有的基础上，"实现所有权、承包权、经营权三权分置，引导土地经营权有序流转"。该文件在继承已有农村集体土地制度的基础上，在尊重历史选择的前提下，进一步发展了农村土地产权制度，创新性地提出所有权、承包权、经营权三权分置，而这也是多数学者的观点。未来农村土地流转的权利转移也将由明确的土地经营权代替目前模糊的土地使用权及承包经营权。

草原产权制度是我国土地制度的重要组成部分之一，是发展牧区的基石，草原产权制度变革的核心内容是建立草场的明确产权主体（敖仁其，2006）。20世纪80年代,我国牧区逐步推行了"草畜双承包"制度,即初步划定草原界线,将草原的使用权和牲畜按人口数量划分承包给牧户(周立和董小瑜,2013)。改革初期只是将牲畜承包给牧户,实现了牲畜私有化,但草场仍维持公有,从而引发了"公地悲剧"(张耀启等,2019)。为解决草场公有与牲畜私有之间的矛盾,90年代开始将草场承包给牧户(代琴和杨红,2019)。然而由于草场管理和畜牧业经营的特殊性,"草畜双承包"制度在落实的过程中出现了种种矛盾,具体表现为草原生态退化、畜牧业发展滞后、牧民生计困难等"三牧"问题。例如,草场围栏破坏草原生态系统的完整性,弱化草原生态功能的正常发挥;草原细碎化、分散化经营导致草原利用率低下(张美艳和葛伟,2019);放牧面积锐减,难以维持传统游牧生产;牧民无法自由处置土地,导致牧区劳动力过剩;草场规模和生产技术水平与劳动力禀赋失配(李先东等,2019),导致畜牧业竞争力被弱化等。随着这些内部矛盾的推动,草原承包经营权流转自下而上地发展起来。草原承包经营权流转是解决家庭联产承包责任制带来的草原生态和牧民生计困境的最有效的措施(赖玉珮和李文军,2012)。

2.2.3 草原流转影响因素研究

土地流转除了受到产权制度、宏观环境和交易成本等因素的影响,还受到家庭人口特征、流转意愿、文化程度和社会保障等诸多因素的影响(梁鑫和章素珍,2019)。例如,包乌日乐(2012)研究了草原流转市场的发展情况和牧户草原流转意愿与行为及其影响因素,结果表明牧户草原转入行为显著的影响因素是户主年龄、户主文化程度、畜牧业收入、畜牧业政策及草原流转市场发展程度五个变量。青照日格图等(2007)认为草牧场经营权的流转不应为个人(牧户)的行为,发挥嘎查委员会等所有权法人单位的作用,草牧场的转让、租赁、继承等必须经过嘎查委员会研究,牧民大会通过,特别是严禁非牧业用地和破坏草原生态产业的用地。宝兴安(2011)认为草地流转受到户主教育程度、畜牧业生产年限及牧户家庭劳动力的影响。李静和孟梅(2017)运用逐步回归模型分析得出影响牧户流转意愿的主要因素有户主文化程度、家庭劳动力人数、牧户拥有人工牧草地面积、牲畜养殖方式、牧草地流转前家庭收入来源、流转后家庭收入变化及种植饲料是否足够用于喂养自家的牲畜等,并分析这些因素如何影响牧户人工牧草地流转意愿。马文芳等(2016)以新疆福海县156户牧民调研数据为基础,运用Logistic模型对牧民牧草地流转行为的影响因素进行了实证分析。王杰和句芳(2015)通过Logistic模型分析后认为家庭承包面积、土地肥沃度、畜牧业补贴等因素会显著影响农牧户的草地流转行为。伊力奇等(2014)研究认为草地质量、草地位置、草地类型和一些外部政策环境因素对草地流转行为的影响是显著的。

草原经营权流转价格影响因素中自然因素的优劣直接决定了牧草地的自然质量，直接影响牧草地的生产能力。伍育鹏和薛剑（2009）认为农业生产能力是农用地价值的核心所在，农用地所具备的其他功能性作用均从属或衍生于其核心价值。孟林和张英俊（2010）在《草地评价》一书中阐述草地等级评价中以牧草质量指标评"等"，主要草地质量指标有草地植被饲用价值、草地饲用植物适口性、草地利用率、地形、水源条件、地形条件、利用时期、基质条件、地表状况、耐牧性、冷季保存率、植被覆盖度、土地资源条件等。Zhang 和 Brown（2018）研究了内蒙古草地流转价格的空间分布及各种属性对草地流转价格的影响，认为当地市场结构、对牧场和沙漠草原的强烈需求、对小地块的贫困牧民的高需求以及对大地块的富裕牧民的高需求都表明，所有这些因素都会影响当地的市场结构，是决定流转价格的重要因素，也是改善草地循环的关键步骤。

2.2.4 草原流转效益研究

李先东（2019）采用427户牧民的调研数据，从主观和客观方面比较牧民草场流转的生态减贫效应。他从收入视角比较不同草场流转类型对牧民家庭收入的影响，以及对不同收入层级牧民收入影响的差异；从生态视角论述了草场流转对提高牧民收入、改善草场生态环境的影响和作用路径；用收入增加效应和生态改善效应表征了草场流转的生态减贫效应。谭仲春和谭淑豪（2018）从"能人"和"资源平衡"角度研究牧草地流转对于牧户的效率，研究结果认为草地流转市场对牧户技术效率的提高主要来自"资源平衡"效应，建议政策注重土地流转市场的规范化，促进牧户自愿进入土地市场以获得效率提升，而不是过分强调将土地转入能人之手。毛加强和贾蕙宇（2018）认为，流出土地的家庭收入和人均收入的提高会提升对养老保险的需求。周艳青（2018）从投入产出角度将锡林郭勒盟7个旗（县）66户家庭牧场分为"草甸+典型草地类型地区"和"沙地+荒漠草地类型地区"，认为前者规模效率更好，而后者的综合技术效率更高。张引弟等（2010）整体分析牧草地流转市场时发现，牧草地流转市场和流转机制有待完善，牧户单一化收入结构增大了维持生计困难、流转价格偏低、牧区劳动力转移风险大等问题。格日多杰（2010）调查发现，牧户在流转行为中因缺乏法律意识而引发各种纠纷，从而影响牧民流转积极性。杨奎花等（2015）认为恶劣的气候影响了草地生产力，不发达的交通阻碍流转渠道，因此牧草地流转少，且竞争力不足。也有学者研究草原生态问题时发现，草地退化与流转意愿、流转期限、流转合同、流转管理方式和产权所属等方面密切相关（聂萨茹拉，2015）。张引弟等（2010）在分析内蒙古牧区草地承包经营权流转现状与特征的基础上，分析了草地流转对牧民经济效益的影响，并提出完善草地流转机制的政策建议。刘力玮（2019）依据介入经济主体的不同，对研究区内主要农村土地流转模式进行分类，分析现状特征，并测算了不同土地流转模式的绩效。任海玲（2011）选择了在土地流转中最为普遍的模式和在不同地区的实践中取得较高效益的其他三种典型模式作为研究对象，从各种土地流转模式的制度变迁类型、制度安排及产权归属的清晰度、制度绩效、适用条件、市场化程度、资金来源和风险分担程度等方面进行了比较。薛凤蕊等（2010）认为在半农半牧区，户主的性别、年龄，以及家庭非农或非畜牧业收入水平和人均承包草地面积都会显著影响农牧户的草地流转意愿。丁敬磊和刘光远（2013）认为农（牧）民特征、家庭特征、农（牧）户分化特征、土地流转的约束条件等显著正向影响农（牧）民土地流转意愿。杨威（2014）认为户主受教育程度、家庭草场面积、家庭经营性收入、家庭转移性收入和家庭畜牧业固定资产会显著正向影响牧民草场流转意愿。张兰（2017）在研究农地流转模式分化现状及特征的基础上，揭示了农地流转模式分化的形成机理，并检验了农地流转模式分化对农业生产效率的影响和对农户收入的影响。

2.2.5　草场规模化经营研究

对内蒙古自治区牧区而言，生产经营的主要模式是家庭经营。基于草畜平衡的约束，家庭经营的草地规模约束了牧区经营的牲畜数量，因此草地规模化经营是牧区畜牧业发展的先决条件。陈良和张云（2009）以我国苏北地区作为研究区，认为家庭联产承包责任制的土地相对分散、不集中、生产规模较小给农村经济的发展带来了制约。当前，家庭联产承包责任制的必要性在我国发生了很大的变化，因此我国农业生产经营体制随之进行调整。关于规模经营的组织形式和实现途径，吕卫民（2011）认为要实现土地规模经营应先从种田能手、种粮大户、畜牧业经验丰富的牧户、畜牧业大户着手。Qi 等（2018）整合了农业用地密集型的主要后果与决策者和农民的多样化目标，评估 Foci 差异化情景下的食品生产和环境影响，结果表明，在所有类型的农民中，中等规模农户在粮食生产中的产量、肥料和农药综合表现较好。萨础日娜（2017）认为随着牧区供给侧结构性改革的深入推进，牧区经营方式变革有两种发展路径，即"个体经营—联户—合作社—股份公司"和"个体经营—家庭牧场—股份公司"。Cao 等（2018）比较了玛曲草原承包政策驱动下的两块草地的社会生态恢复力经营模式，针对两种草地经营模式，应用决策支持工具对其进行了近似测度，认为非正式制度的作用是减少生态和社会不可持续发展的风险系统，得出的结论是，将草原承包给私营企业是可行的，但青藏高原以及其他存在类似土地管理实践的地方必须慎重考虑。

2.2.6 草场流转与生态系统关系的研究

曹建军等（2017）研究青藏高原不同草地利用方式产生的原因及其对社会-生态系统的影响研究，通过对国内外相关文献的分析和总结，凝练出其中存在的主要问题。饶胜等（2015）权衡利用草地生态系统服务功能，实现草地生态系统的价值最大化，构建了正蓝旗草地生态系统服务的权衡利用模型，以生物量作为决定生态系统服务价值的关键变量，对区域草地生态系统服务功能的利用进行了权衡分析。根据 2014 年 11 月 20 日由中共中央办公厅、国务院办公厅印发的《关于引导农村土地使用权有序流转发展农业适度规模经营的意见》，流转户要根据土地的承载能力使用资源，不能过多地集中使用，并且绝不能破坏土地资源的生产能力和生态环境。一部分学者认为，在草原生态保护方面，要使草原恢复到长期理想状态，需要降低放牧比率，草地流转可提高生态环境效率，即在草地承包面积相同的情况下，牧户扩大草地流转面积可提高载畜率，降低超载程度，进而保护生态环境。并且，通过科学合理的牧草地流转，有利于解决土地利用细碎化问题，提高牧草地利用效率和土地生产率，并有效遏制草原闲置和撂荒现象。也有学者认为，草原流转有负面影响。例如，赖玉珮和李文军（2012）认为在干旱半干旱地区，草地流转可以在一定程度上协调牧民对草地的供求，缓解草场的放牧压力；但是在转移草场内部放牧压力的同时，也会造成过度利用流转的草地的问题。另外，草原流转期限短，牧民保护草场的意愿减弱，大多数牧户会盲目增加牲畜数量并超载放牧，造成流转的草地退化、沙化，产草量下降等后果。还有一些学者认为，草地流转对减轻草地放牧压力、保护草地生态有积极作用（胡远宁，2019），超载过牧的主体往往是承包草地面积小且未进行流转的牧户，流转草地面积越大的牧户载畜量越低，因此草地流转有助于我国生态安全建设（胡振通等，2014）；参与草地流转双方往往相熟，流转过程中虽然缺乏监管但也会合理调整牲畜数量，不会对转入草地进行掠夺性经营（胡振通等，2016）。

综上所述，为加强我国草地生态安全建设，应将草地流转纳入草地生态保护制度，给予公共财政补贴等保障措施，促进草地流转。

2.2.7 农牧区"三权分置"改革研究

随着市场化改革的深入和经济市场化程度的提高，农村家庭联产承包责任制度的缺陷不可避免地显现出来。邓正阳（2016）认为家庭联产承包责任制是中国农民的自发创造，是综合效益最优的制度选择，因此在家庭联产承包责任制的基础上进一步落实集体所有权、稳定农户承包权、放活土地经营权。张旭鹏等（2017）认为，实行农村土地"三权分置"制度的设计，是农村经济社会发展到一定阶段的必然选择，是坚持集体土地所有权的前提下，把土地承包经营权分置为农户承包权和土地经营权，形成所有权、承包权和经营权三权分置的权力结构。当前农村土地"三权分置"改革的研究主要集中在法律制度及产权方面。改革开放以来，土地确权与土地经营权流转存在着土地流转方式亟待改进、承包土地的经营权抵押制度不完善、土地权属争议纠纷被搁置等问题。此外，Wang和Zhang（2017）通过案例分析，提出了"三权分离"的新框架，在这一框架下，集体所有权仅限于对合同权利的授予和收回的管理，而不是具体的农业经营。而对于牧区"三权分置"，白雪秋和包云娜（2020）认为牧区草场因其特殊性，实行"三权分置"不能完全照搬农地经营，应结合牧区的特点，以明晰集体所有权、牧民承包权、资本所有者经营权权利边界为改革重点有序推进。

综上所述，国内外学者对土地转出影响、流转价格、流转效益、规模经营等已经作了大量的研究，研究视野不断拓宽，综合性不断加强。在土地转出行为影响因素和减贫动力机制方面，深层次的政治、制度、政策等因素逐渐被重视，研究结论对于我们分析贫困地区草地转出行为的减贫效应具有重要的借鉴意义。但是，由于草地转出行为是在国家政策引导下，各地政府、牧户等相关主体围绕各自偏好而进行动态博弈与行为调整而实现的。当我们试图把现有研究成果按照本书的研究逻辑线索联系起来加以审视的时候，发现随着我国城镇化和农业现代化深入推进，牧区劳动力大量转移，新型经营主体不断涌现，土地流转和适度规模经营发展已成为趋势。针对草原经营权流转模式的研究就显得尤为重要，今后的发展动态主要是结合牧区"三权分置"改革，从不同层级规模进行区域差异分析；探索草地入股新型合作形式，研究草地流转运行质量；着重草原经营权流转影响因素分析，如社会经济条件、草地制度实现形式、牧民文化背景，以及地方政府偏好、草地流转引致其他要素的成本变化等的影响；研究牧区人口大量稳定转移情况，研究流转风险与牧区社会保障体系建设的关系，进行草地金融研究。随着锡林郭勒盟草地确权工作的完成，将更多研究牧草地流转精细化管理，采取有针对性的管理措施，提高生产率和生产质量。

参 考 文 献

敖仁其. 2006. 草牧场产权制度中存在的问题及其对策. 北方经济，（4）：8-10.
白雪秋，包云娜. 2020. 牧区草场"三权分置"内涵、目标及改革重点——基于《资本论》土地所有权理论. 华中农业大学学报（社会科学版），（1）：9-17, 161.

包乌日乐.2012.牧户草原流转行为研究.呼和浩特：内蒙古大学硕士学位论文.

宝兴安.2011.锡林浩特市牧区草地流转问题研究.呼和浩特：内蒙古农业大学硕士学位论文.

曹建军,许雪赟,杨书荣,等.2017.青藏高原不同草地利用方式产生的原因及其对社会–生态系统的影响研究进展.自然资源学报,(12)：2149-2159.

陈良,张云.2009.农村土地规模经营问题探析——以苏北为例.农村经济,(3)：39-42.

代琴,杨红.2019.草原承包经营制度功能间的矛盾与草原"三权分置"的法治构造.中国农村观察,(1)：98-114.

邓正阳.2016.论农村土地产权制度与家庭联产承包责任制.社会主义研究,(1)：98-104.

丁敬磊,刘光远.2013.农户农地流转行为影响因素实证分析——以新疆玛纳斯县为例.山东农业科学,(9)：144-149.

杜尔哥.2007.关于财富的形成和分配的考察.唐日松译.北京：华夏出版社.

盖志毅,王芳.2010.我国草原生态环境的多重价值和政府政策调整.生态经济,(6)：183-187.

格日多杰.2010.青海省黄南州草地流转情况调查.草原与草坪,30(2)：83-85.

胡远宁.2019.草原生态补偿奖励政策对牧户畜牧养殖和草地的影响.兰州：兰州大学硕士学位论文.

胡振通,孔德帅,焦金寿,等.2014.草场流转的生态效率——基于内蒙古甘肃两省份的实证研究.农业经济问题,35(6)：90-97.

胡振通,柳荻,靳乐山.2016.草原生态补偿：生态绩效、收入影响和政策满意度.中国人口·资源与环境,26(1)：165-176.

蒋永穆,安雅娜.2003.我国农村土地制度变迁的路径依赖及其创新.经济学家,(3)：54-59.

赖玉珮,李文军.2012.草场流转对干旱半干旱地区草原生态和牧民生计影响研究——以呼伦贝尔市新巴尔虎右旗M嘎查为例.资源科学,34(6)：1039-1048.

李静,孟梅.2017.新疆牧户人工牧草地流转意愿影响因素分析.干旱区资源与环境,31(3)：51-56.

李先东,米巧,李录堂,等.2019.增收与生态保护：双重保障型草地市场化流转机制探析.生态经济,35(9)：128-132.

李先东.2019.牧民草场流转的生态减贫效应研究.杨凌：西北农林科技大学硕士学位论文.

李媛媛,盖志毅.2010.内蒙古牧区政策的变迁与农牧业发展研究.农业现代化研究,31(1)：15-18.

梁鑫,章素珍.2019.土地确权对农民收入的影响：一个文献综述.现代管理科学,(3)：78-80.

刘慧,盖志毅.2008.草原使用权流转与政府调控.内蒙古财经学院学报,(2)：35-38.

刘力玮.2019.黑龙江省农村土地流转模式及其优化对策研究.哈尔滨：东北农业大学硕士学位论文.

刘守英.2014.财产权利与制度变迁——产权学派与新制度学派译文集.上海：上海人民出版社.

吕卫民.2011.发展农村土地适度规模经营的原则与思路.经济导刊,(2):18-19.

马文芳,孟梅,唐洪松,等.2016.福海县牧民牧草地流转行为影响因素研究.中国农业资源与区划,37(8):89-96.

毛加强,贾蕙宇.2018.农地流转对农民福利的影响研究——基于一般化加速模型(GBM)的倾向评分加权法与PSM的实证检验.农林经济管理学报,17(6):717-726.

孟林,张英俊.2010.草地评价.北京:中国农业科学技术出版社.

南佳奇.2016.资产专用性视角下草场流转问题研究——以锡市为例.呼和浩特:内蒙古大学硕士学位论文.

聂萨茹拉.2015.牧户之间草地流转的影响因素及草地退化研究.呼和浩特:内蒙古大学硕士学位论文.

青照日格图,周伟红,孟和满达,等.2007.西乌珠穆沁旗草原经营权流转现状及对策.内蒙古草业,(3):19-23.

饶胜,林泉,王夏晖,等.2015.正蓝旗草地生态系统服务权衡研究.干旱区资源与环境,29(3):81-86.

任海玲.2011.我国目前农村土地流转模式比较研究.南京:南京财经大学硕士学位论文.

任艳.2018.内蒙古草牧场产权完备性水平与劳动力转移.呼和浩特:内蒙古大学硕士学位论文.

萨础日娜.2017.内蒙古牧区经营方式之变革:联户、合作、家庭牧场与股份公司.干旱区资源与环境,31(12):56-63.

谭启宇,王仰麟,赵苑,等.2006.快速城市化下集体土地国有化制度研究——以深圳市为例.城市规划,161(1):98-101.

谭仲春,谭淑豪.2018.草地流转与牧户效率:"能人"效应还是"资源平衡"效应.中国人口·资源与环境,28(3):76-85.

王杰,句芳.2015.内蒙古农村牧区农牧户土地流转影响因素研究——基于11个地区1332个农牧户的调查.干旱区资源与环境,29(6):74-79.

文贯中.1989.中国的农村土地制度及其对农业投资的影响//国务院农研中心试验区办公室,贵州省委农研室.产权·流转·规范:74-93.

伍育鹏,薛剑.2009.对农用地估价方法的反思.中国土地科学,23(9):36-40.

徐莉.2005.深化我国农村土地产权制度改革探析.理论与改革,5(2):89-92.

薛凤蕊,乔光华,侯安宏.2010.农区与半农半牧区土地流转意愿比较分析——以内蒙古鄂尔多斯市为例.农业技术经济,(2):24-30.

颜运秋,王泽辉.2005.国有化——中国农村集体土地所有权制度变革之路.湘潭大学学报:哲学社会科学版,29(2):102-107.

杨奎花,马永仁,陈俊科,等.2015.新疆草原畜牧业经营模式及转型路径研究.草食家畜,(1):1-9.

杨威.2014.草原牧区牧户草场流转意愿研究.呼和浩特:内蒙古农业大学硕士学位论文.

杨小凯.2002.中国改革面临的深层问题——关于土地制度改革:杨小凯、江濡山谈话录.战略与管理,(5):1-5.

姚洋. 2009. 内蒙古草牧场承包经营权内部流转市场的问题研究. 呼和浩特：内蒙古农业大学硕士学位论文.

伊力奇，张裕凤，萨如拉. 2014. 内蒙古西乌珠穆沁旗草原承包经营权流转影响因素分析. 中国土地科学，（10）：20-24, 32.

张兰. 2017. 农地流转模式分化：机理及绩效研究——以江苏省为例. 南京：南京农业大学博士学位论文.

张立中，辛国昌. 2008. 澳大利亚、新西兰草原畜牧业发展的经验. 世界农业，（4）：22-24.

张美艳，葛伟. 2019. 草原流转意愿与行为不一致的影响因素分析. 干旱区资源与环境，12：60-67.

张五常. 2000. 经济解释——张五常经济论文选. 北京：商务印书馆.

张小平，韩志敏. 1998. 内蒙古自治区草原使用权流转现状及对策. 内蒙古草业，（Z1）：7-8.

张晓华，邢宝恒. 2008. 以马克思地租理论论集体土地国有化及问题. 中国集体经济，（9）：24-25.

张旭鹏，卢新海，韩璟. 2017. 农地"三权分置"改革的制度背景、政策解读、理论争鸣与体系构建——一个文献评述. 中国土地科学，31（8）：88-96.

张耀启，吴冠宇，邵长亮，等. 2019. 从内外蒙古草地产权差异看"公地悲剧"与"私地悲剧"之争. 干旱区资源与环境，33（1）：23-29.

张引弟，孟慧君，塔娜. 2010. 牧区草地承包经营权流转及其对牧民生计的影响——以内蒙古草原牧区为例. 草业科学，27（5）：130-135.

赵澍. 2015. 草原产权制度变迁与效应研究. 北京：中国农业科学院博士学位论文.

周立，董小瑜. 2013. "三牧"问题的制度逻辑——中国草场管理与产权制度变迁研究. 中国农业大学学报（社会科学版），30（2）：94-107.

周艳青. 2018. 锡林郭勒盟不同草地类型地区家庭牧场生产效率比较研究. 呼和浩特：内蒙古农业大学硕士学位论文.

Bogaerts T, Williamson I P, Fendel E M. 2002. The role of land administration in the accession of Central European countries to the European Union. Land Use Policy, 19（1）：29-46.

Cao J J, Li M G, Deo R C, et al. 2018. Comparison of social-ecological resilience between two grassland management patterns driven by grassland land contract policy in the Maqu, Qinghai-Tibetan Plateau. Land Use Policy, 74：88-96.

Cochet H. 2018. Capital/labour separation in French agriculture：The end of familyfarming. Land Use Policy, 77：553-558.

Demsetz H. 1967. Towords a theory of property rights. American Econimic Review, 57（2）：347-359.

Duke J M, Marisova E, Bandlerova A, et al. 2004. Price Repression in The Slovak agricultural land market. Land Use Policy, 21（1）：59-69.

Everson C S, Clarke G P Y. 1987. A comparison of six methods of botanical analysis in the montane grasslands of Natal. Plant Ecology, （73）：3-5.

Fratkin E, Mearns R. 2003. Sustainability and pastoral livelihood：Lessons from the East African Maasai and Mongolia Human organization. Human Organization, 62（2）：112-122.

James K S K. 2002. Off-farm labor markets and the emergence of land rental markets in Rural China. Journal of Comparative Economics, (30): 395-414.

Lerman Z, Shagaida N. 2007. Land policies and agricultural land markets in Russia. Land Use Policy, 24 (1): 14-23.

Loc H H, Irvine K N, Diep N T H, et al. 2016. The legal aspects of Ecosystem Services in agricultural land pricing, some implications from a case study in Vietnam's Mekong Delta. Ecosystem Services, 29 (8): 360-369.

Macmillan D C. 2000. An economic case for land reform. Land Use Policy, 17 (1): 49-57.

Marks-Bielska R. 2013. Factors shaping the agricultural land market in Poland. Land Use Policy, 30: 791-799.

Marks-Bielska R, Bielski S, Novikova A, et al. 2019. Straw stocks as a source of renewable energy: A case study of a district in Poland. Sustainability, 17 (11): 4714.

Miceli T J, Sirmans C E. 1995. The economics of land transfer and title insurance. The Journal of Real Estate Finance and Economics, 10 (1): 81-88.

Milford C, Theobald M R, Nemitz E. 2001. Dynamics of ammonia exchange in response to cutting and fertilising in an intensively-managed grassland. Water, Air, & Soil Pollution: Focus, (1): 167-176.

Muth R R. 1961. Economic change and rural-urban land conversion. Econometrica, 29 (1): 1-23.

Qi X X, Wang R Y, Li J C, et al. 2018. Ensuring food security with lower environmental costs under intensive agricultural land use patterns: A case study from China. Journal of Environmental Management, 213: 329-340.

Terry V D. 2003. Scenarios of Central European land fragmentation. Land Use Policy, (20): 149-158.

Tesfaye T, Adugna L. 2004. Factors affecting entry intensity in informal rental land markets in the southern Ethiopian highland. Agricultural Economics, 30: 117-128.

Wang J R, Cramer G L, Wailes E J. 1996. Production efficiency of Chinese agriculture: Evidence from rural household datas. Agricultural Economics, 15: 17-28.

Wang Q X, Zhang X L. 2017. Three rights separation: China's proposed rural land rights reform and four types of local trials. Land Use Policy, 63: 111-121.

Wegren S K. 2003. Why rural Russians participate in the land market: Socio-economic factors. Post-Communist Economics, 15 (4): 483-501.

Zhang J, Brown C. 2018. Spatial Variation and factors impacting grassland circulation price in Inner Mongolia, China. Sustainability, (10): 75-78.

3 牧草地流转现状调查与分析

本章将在分析草原经营权流转形成的基础上，实地深入锡林郭勒盟牧业旗（县），进行实地入户问卷调查和到相关机构搜集资料，获取真实可靠的牧草地流转信息。依据实地调研所获取的草原经营权流转价格相关信息进行分析预测，寻找牧草地流转价格形成规律以及流转价格区域差异特点。牧草地流转现状调查与分析主要是从牧草地流转牧户数量与比例，牧户流转意愿，流出草场牧户去向及流转原因，牧户收入情况，牧草地流转方式、价格、期限及面积，牧草地流转价格变化和地域分布，牧户畜牧业净收入与流转关系等方面进行。

3.1 研究区及数据概况

内蒙古自治区地处我国北部边疆，土地面积为118.30万 km^2，其中草地面积有8800万 hm^2，约占内蒙古自治区土地总面积的74.4%，占全国草原面积的20.05%（表3-1）。内蒙古草原是世界上类型最丰富、保存最完整的天然草原之一，其中可利用面积为6359.09万 hm^2，占全区草地总面积的72.26%。内蒙古草原不仅是我国重要的畜牧业基地，更是我国重要的生态屏障，具有极其重要的生态、经济与社会价值。

表3-1 中国草原分布情况

地区	土地总面积/万 km^2	草原面积/万 km^2	草原面积占土地总面积比/%
青海	72.1	36.4	50.49
新疆	166	57.3	34.52
内蒙古	118.3	78.8	66.61
甘肃	45.4	17.9	39.43
四川	48.5	20.4	42.06
云南	39.4	15.3	38.83
西藏	122.8	82.1	66.86
西部地区	612	308.1	50.34
全国	960	393	40.94

资料来源：谭淑豪，2020

3.1.1 区位及自然条件

锡林郭勒盟地处内蒙古自治区中部，位于111°59′E~120°00′E，42°32′N~46°41′N。北与蒙古国接壤，边境线长1096km；西与乌兰察布市交界；南与河北省毗邻；东与赤峰市、通辽市、兴安盟相连。东西长约700km，南北宽约500km，总面积约20.26万km²。锡林郭勒盟辖锡林浩特市、二连浩特市、东乌珠穆沁旗、西乌珠穆沁旗、阿巴嘎旗、苏尼特左旗、苏尼特右旗、镶黄旗、正镶白旗、太仆寺旗、正蓝旗、多伦县。

锡林郭勒草原是内蒙古自治区主要天然草场之一，草原面积为1796万hm²，属中温带干旱半干旱大陆性季风气候，天气干旱寒冷、风沙大。典型草原分布在锡林郭勒盟中部，是锡林郭勒草原的主体，地形以平原和低山丘陵为主（谭淑豪，2020）。锡林郭勒草原气候资源呈带状分布。西北部为荒漠草原气候区，降水稀少，气温相对较高，风沙天气多，年均降水量为135.2~207.3mm，年平均气温在3.2~5.1℃。典型草原气候区由东北向西南呈带状横跨锡林郭勒中部，占据锡林郭勒盟大部分地区，各地降水和温度差异较大，年均降水量为222.7~301.1mm，年平均气温在0.1~3.1℃。东南部为草甸草原气候区，是锡林郭勒盟降水最多的地区，气候比较湿润，年均降水量为324~380mm，年平均气温在1.7~2.4℃。

锡林郭勒草原地势由东南向西北方向倾斜，东南部多低山丘陵，盆地错落；西北部地形平坦，低山丘陵和熔岩台地零星分布；东北部为乌珠穆沁盆地；西南部为浑善达克沙地，由一系列垄岗沙带组成，多为固定和半固定沙丘，海拔在800~1200m。

锡林郭勒系蒙古语的音译，意为丘陵地带的母亲河。境内有大小河流20条，湖泊1363个，其中淡水湖672个。锡林郭勒盟境内水系分为三大水系：南部正蓝旗、多伦县境内的滦河水系，中部的呼尔查干诺尔水系，东北部的乌拉盖水系。河流大多为内陆河，流量小，流程短，主要有乌拉盖河、巴拉根河、锡林河、高格斯泰河；外流河有滦河水系。锡林郭勒盟湖泊众多，较大的湖泊有：乌拉盖湖、查干淖尔、白音库伦诺尔湖、浩勒图音诺尔湖。湖泊总蓄水量达35亿m³，其中淡水湖的蓄水量达20亿m³。

锡林郭勒草原由西向东分布着荒漠草原、典型草原和草甸草原。草原土壤呈地带性分布。荒漠草原土壤以棕钙土为主，典型草原以栗钙土为主，草甸草原以草甸土为主。进一步还可细分为黑钙土区、碳酸性黑钙土区、暗栗钙土区、栗沙土与沙栗土区、厚层暗栗钙土区、沼泽土区等。

锡林郭勒草原多年平均气温为-0.2℃，极端最低气温达-47.5℃（1978年1月），7月平均气温在18.2℃，极端最高气温达32.8℃。冬季严寒，长达5~6个月，日均温≥10℃的年积温为2000~2200℃，平均无霜期为79天，平均日照时数为2600h。年降水量由东向西递减，年内分布不均匀，7月和8月降水约占全年总量的52%，年际变幅较大。年蒸发量是降水量的4~5倍。平均风速为3.2m/s，春季风速最大，平均为3.6m/s。

锡林郭勒草原是内蒙古自治区主要的天然牧场，是华北地区重要的生态屏障，是距北京最近的草原牧区，境内的锡林郭勒草原国家级自然保护区已被联合国教科文组织纳入国际生物圈监测体系。

锡林郭勒草原是我国北方最具代表性的温性典型草原区，其典型草原面积达11.33万km²，占北方温性典型草原面积的46.53%。锡林郭勒草原不仅有温性典型草原，还有草甸草原、荒漠草原、沙地植被和其他草地类型。

锡林郭勒草原是我国重要的畜产品基地。主要畜种中地方优良品种有乌珠穆沁羊、苏尼特羊、乌珠穆沁白山羊和苏尼特双峰驼、乌珠穆沁马。培育新品种有内蒙古细毛羊、内蒙古绒山羊、草原红牛、锡林郭勒马；引进品种有黑白花奶牛、西门塔尔肉牛等（卢欣石，2019）。

3.1.2 研究区

东乌珠穆沁旗地处内蒙古自治区锡林郭勒盟东北部、大兴安岭西麓，位于44°40′N~44°46′N，115°10′E~120°07′E，北边与蒙古国交界，南与锡林浩特市、西乌珠穆沁旗连接，东与兴安盟、通辽市相邻，西边为阿巴嘎旗，国境线长达527.6km。研究区包括东乌珠穆沁旗下辖的5个镇、4个苏木和1个国有林场，以及乌拉盖管理区。具体包括乌里雅斯太镇、道特淖尔镇、嘎达布其镇、额吉淖尔镇、满都胡宝拉格镇、萨麦苏木、呼热图淖尔苏木、嘎海乐苏木、阿拉坦合力苏木，宝格达山林场。旗政府所在地位于乌里雅斯太镇。乌拉盖管理区隶属于锡林郭勒盟，是享有旗县级行政管理权限的地区[①]。

东乌珠穆沁旗海拔在800~1500m；气候属于温带大陆性季风气候；年平均气温-1.6℃；年平均降水量281mm，东、中、西部分布不均匀，年蒸发量在3000mm以上，由东向西递增；年平均风速为3.6m/s。降雪期一般在10月初至次年4月底，总降雪量为7.5~9mm，无霜期有120天。全旗地带性土壤有黑钙

---

① 历史上，乌拉盖境域归东乌珠穆沁旗管辖，而且其地理位置上比较特殊，连接东乌珠穆沁旗东部区域，因此本研究把乌拉盖管理区归入一并研究。

土和栗钙土，植被类型有草甸草原、典型草原、沙地植被、沼泽植被和森林植被。东乌珠穆沁旗土地总面积为 4.73 万 km²，其中农用地面积为 4.27 万 km²，约占土地总面积的 90.3%。农用地中牧草地的比例最高，约占农用地面积的 99%，在东乌珠穆沁旗范围内均有分布，是农用地的主要用地类型。

西乌珠穆沁旗地处内蒙古自治区锡林郭勒盟东部，位于 116°21′E～119°23′E，43°52′N～45°23′N；东与阿鲁科尔沁旗毗邻，南和巴林左旗、巴林右旗、林西县、克什克腾旗接壤，西与锡林浩特市相邻，北邻东乌珠穆沁旗。西乌珠穆沁旗地处中纬度内陆地区，属温带大陆性季风气候。西乌珠穆沁旗年平均降水量为 350mm，由东南向西北逐渐递减；年平均气温为 1.2℃，极端最高气温为 37.4℃；年平均无霜期 105 天，最多年 136 天，最少年 84 天；年平均大风（7 级以上）日数为 62 天，最多年 148 天，最少年 28 天；年平均日照时数为 2900h。西乌珠穆沁旗可利用草场面积达 88%，类型有山地草甸草原、低山丘陵草甸草原、半荒漠草原、河泛地湖盆低地草甸草原等几种类型。灌木、林地面积有 7.45 万 hm²（伊力奇等，2014）。

3.2 锡林郭勒盟牧草地流转现状调查与分析

内蒙古牧区草牧场流转实践始于 20 世纪 90 年代中期。内蒙古牧区草牧场流转行为是伴随着"双权一制"[指的是草原所有权（国家所有权、集体所有权）、草原使用权（国家所有的草原依法确定给集体经济组织使用）和草原承包责任制]工作的强化和完善而逐渐形成发展的。从 1989 年开始，内蒙古牧区不断强化落实草原所有权、使用权和承包经营责任制的工作。1996 年、2002 年、2010 年先后下发《内蒙古自治区进一步落实完善草原"双权一制"的规定》《内蒙古自治区人民政府关于全面落实农区草牧场"双权一制"工作的通知》《内蒙古自治区人民政府关于印发〈内蒙古自治区进一步落实完善草原"双权一制"的规定〉的通知》等文件，大力推动全区草牧场的彻底承包到户。截至 2013 年底内蒙古自治区已落实草原权属面积 11 亿亩①，落实草牧场承包经营责任制面积 1045 亿亩，其中承包到户 879 亿亩，承包到联户面积为 163 亿亩。

3.2.1 牧草地流转现状调查与分析

为加强草牧场流转，2020 年锡林郭勒盟出台《关于完善农村牧区土地草原

---

① 1 亩≈666.67m²。

所有权承包权经营权分置办法的实施意见》《草原承包经营权流转管理暂行办法》，对流转原则、流转方式、流转合同、流转程序、监督管理分别进行规范。当前，锡林郭勒盟草牧场流转情况：全盟 10 个牧业旗（市、区）建立了草牧场流转服务平台，形成了牧户申请、嘎查批准、苏木镇审核、服务平台登记备案的规范流程。其中，镶黄旗、西乌珠穆沁旗、东乌珠穆沁旗等有条件的地区建立了综合服务大厅，内设草牧场流转等服务窗口，为流转双方提供草牧场经营权流转法律法规、政策咨询服务，指导流转双方合同签订、登记和变更，以及备案整理和保存草牧场流转档案资料等。

苏木镇建立草原承包经营权流转服务室；嘎查成立草原承包经营权流转服务点，形成旗（市）、苏木镇、嘎查三级草牧场流转服务网络。锡林郭勒盟鼓励引导牧户在本集体经济组织内流转，对本集体经济组织外流转的，严格按照相关法律法规审核备案。

2020 年，锡林郭勒盟共有草原 27 378.49 万亩、牧户 71 800 户，户均承包经营草场 3813.20 亩。其中，南部四旗（镶黄旗、正镶白旗、正蓝旗、太仆寺旗）共有草原 2988.38 万亩、牧户 23 907 户，户均承包经营草场 1250 亩；中部两旗市（锡林浩特市、阿巴嘎旗）共有草原 6166.21 万亩、牧户 13 481 户，户均承包经营草场 4574 亩；北部三乌地区（东乌珠穆沁旗、西乌珠穆沁旗、乌拉盖管理区）共有草原 9298.44 万亩、牧户 25 829 户，户均承包经营草场 3600 亩；西部三旗市（苏尼特左旗、苏尼特右旗、二连浩特市）共有草原 8925.46 万亩、牧户 8583 户，户均承包经营草场 10 399 亩。

截至 2020 年，锡林郭勒盟共规范流转草牧场 2129 万亩，涉及牧户 8948 户，主要以出租为主。其中，镶黄旗率先成立草原流转和综合业务服务大厅，该服务大厅内设草牧场流转、草牧场抵押贷款评估、承包变更、信息咨询服务、征占用、苏木镇综合业务等 6 个服务窗口，涵盖了服务牧民和企业的所有业务，有专职工作人员 7 名，有规范的服务流程和规章制度，推行服务电子化。同时还与苏木镇、嘎查建立了草牧场流转服务三级平台，及时公布草牧场流转供需信息、国家政策等，让牧民第一时间了解涉及草牧场有关的信息。

2016 年，锡林郭勒盟开展草牧场经营权流转公开服务平台试点建设，将草牧场经营权流转公开服务平台建设列入全盟生态文明体制改革试点任务。2016～2017 年选择锡林浩特市、西乌珠穆沁旗、镶黄旗作为试点，建立草牧场经营权流转公开服务平台工作。2018 年开始，在全盟范围推开，建成盟、旗（县、市、区）、苏木镇（乡）三级草牧场经营权流转管理服务体系。

1988～1998 年，锡林郭勒盟草原经营权流转价格一般为 0.09 元/hm² （张引弟等，2010）；2007 年 4 月，锡林郭勒盟草原经营权流转价格一般在 7.5～90 元/hm²

（锡盟草原森林防火指挥部办公室，2007）；2012年，锡林郭勒盟镶黄旗、乌兰察布市四子王旗等地草原经营权流转价格为45~60元/hm²，呼伦贝尔市草原经营权流转价格达到150元/hm²左右（文明和塔娜，2015）；2013年，锡林郭勒盟西乌珠穆沁旗草原经营权流转价格一般在75~255元/hm²（伊力奇等，2014），同期呼伦贝尔市、锡林郭勒盟等地打草场流转价格普遍在225元/hm²以上，放牧场流转价格则基本为4560元/hm²（文明和塔娜，2015）。随着时间的变化，草原经营权流转价格发生较大变化，不同地区、不同的草原利用方式也使草原经营权流转价格存在差异。

2007年，锡林郭勒盟草原森林防火指挥部办公室曾发布全盟草牧场流转基本情况：截至2007年7月全盟草牧场流转面积为1850.49万亩，约占全盟草牧场总面积的7%，流转户数达5279户，约占全盟牧户总数的10%，涉及19 635人；草地流转价格一般根据草场等级确定，0.50~6.00元/亩不等，其中中西部地区价格较低，为0.50~1.00元/亩，东部地区价格较高，为2.00~6.00元/亩。

2016年，内蒙古自治区与镶黄旗政府共同注资600万元在镶黄旗设立风险补偿基金，对牧民无法到期还本付息造成利益损失的贷款银行按一定比例进行补偿。同时，当地贷款银行与信用社在保护牧户草原基本承包权不变的前提下，对未还清本息的牧户草场，在草牧场流转交易平台挂牌流转交易，所得价款由贷款银行和信用社优先受偿。通过降低金融机构的贷款风险，提高其积极性，稳步推进抵押贷款工作（高博和华金晶，2020）。

锡林郭勒牧区草地经营模式主要有三种，调研数据显示，超过半数的牧户在草地承包到户后一直实行单户无租赁方式，以家庭为经营单位在自家承包的草场上进行放牧活动；27.34%的牧户为更好地调节自家牧业生产，介入草地租赁市场；另有17.27%的牧户选择多户共用模式。对牧业生产而言，草地租赁市场成为牧户调节资源配置、改善牧业生产从而提高生计水平的重要手段。而随着牧业生产的改善和牧民生计水平的提高，恶性循环有望被打破，草原生态环境有望得到恢复。目前，尚缺乏能够明确揭示土地流转市场对参与者效率影响机制及影响程度的研究。阐明草地流转市场对牧户技术效率的影响程度，特别是揭示草地租赁市场对效率影响的机制，有利于政策引导和规范草地流转市场的良性发展（谭淑豪，2020）。

3.2.1.1 牧草地流转牧户数量与比例

经实地调查，共收集到439份牧民调查问卷，涉及锡林郭勒盟锡林浩特市、二连浩特市、东乌珠穆沁旗、西乌珠穆沁旗、镶黄旗、苏尼特左旗、阿巴嘎旗及正蓝旗等八个主要的牧业旗（县、市），分别分布于锡林郭勒盟东部、中部、西部及南部,能够较好地反映锡林郭勒盟的牧草地流转总体情况(刘婷婷和赵红强,2020)。各旗县区调查问卷数量与流转农户数量及比例见表3-2。

表3-2 锡林郭勒盟牧草地流转调查流转牧户数量与占比情况

旗(县、市)	调查牧户总数量/户	参与流转牧户数量/户	参与流转牧户比例/%
东乌珠穆沁旗	116	92	79.31
西乌珠穆沁旗	46	24	52.17
锡林浩特市	76	23	30.26
阿巴嘎旗	41	25	60.98
苏尼特左旗	33	17	51.52
二连浩特市	23	14	60.87
镶黄旗	83	79	95.18
正蓝旗	21	10	47.62
合计	439	284	64.69

由表3-2可以看出,实地调查的439户牧户中有284户直接参与了牧草地的流转,占比达64.69%,其中除锡林浩特市与正蓝旗外,其余六个旗(县、市)直接参与牧草地流转的牧户比例均超过了50%,镶黄旗的比例更是达到了95.18%;锡林浩特市参与流转牧户比例为30.26%,比例相对较低,在实地调查中,牧户普遍反映无草场可租,供给偏少。

从牧户参与牧草地流转的数量及比例的调查数据可知,目前锡林郭勒盟牧户参与牧草地流转活跃,参与流转的牧户比例有了显著增加,牧草地流转已由原来的极少数牧民尝试发展成为多数牧户参与,其原因主要有以下几个方面。

一是,随着城镇化进程的不断加快,促使牧民逐步市民化,大量牧民脱离了牧业经营,将草场转租;二是,随着社会经济的发展与人民生活水平的提高,牧民增收增产的愿望越来越强烈,迫切希望通过草地流转来扩大草场规模,实现规模经营与增收;三是,近年来我国支持农用地流转政策的不断发展与完善,不仅保证了牧草地流转的合法性,而且积极推动了牧草地的流转,促进了牧业发展,给参与牧草地流转的牧民带来支持与信心。从目前的发展趋势来看,今后锡林郭勒盟牧草地流转会越来越频繁,规模也会越来越大。

3.2.1.2 牧户流转意愿

在流转意愿方面,大部分牧户反映愿意流转牧草地,而且很多是想要扩大规模。在439户牧民中有393户表示愿意流转牧草地,占比达89.52%。其中,有

374户牧民表示想要租入草场，扩大目前的草场养殖规模，比例占到调查牧户总数的85.19%；而对于是否愿意出租自家草场的询问，牧户们大部分表示不愿意，明确表示愿意出租的几乎没有，态度基本上是模棱两可，数据较难统计；有46户牧民表示不愿意参与流转牧草地，安于现状，其占比仅为10.48%，并且这46户牧民大部分为年纪较大的老牧民，且家中无青壮年劳动力从事牧业经营。牧草地流转意愿调查的具体数据见表3-3。

表3-3 锡林郭勒盟牧草地流转调查牧户流转意愿表

项目 旗（县、市）	调查牧户总数量/户	愿意流转牧户 数量/户	愿意流转牧户 比例/%	无意流转牧户 数量/户	无意流转牧户 比例/%	愿意扩大规模牧户 数量/户	愿意扩大规模牧户 比例/%
东乌珠穆沁旗	116	113	97.41	3	2.59	112	96.55
西乌珠穆沁旗	46	39	84.78	7	15.22	35	76.09
锡林浩特市	76	69	90.79	7	9.21	68	89.47
阿巴嘎旗	41	35	85.37	6	14.63	30	73.17
苏尼特左旗	33	33	100.00	0	0	32	96.97
二连浩特市	23	17	73.91	6	26.09	13	56.52
镶黄旗	83	77	92.77	6	7.23	77	92.77
正蓝旗	21	10	47.62	11	52.38	7	33.33
合计	439	393	89.52	46	10.48	374	85.19

由调查数据可知，目前牧民参与牧草地流转的意愿十分强烈，对租用牧草地扩大规模的需求非常旺盛；但从供给角度看，愿意流出牧草地的牧户相对较少，形成目前需求远远大于供给的现状。其原因主要有以下几个方面。

一是，目前牧民普遍对流出草场后的生活保障缺乏信心，仍将草地作为自身基本的生活保障，不愿意出租或不愿意长期出租，导致草地流转供给来源不足。这就需要政府建立完善的社会保障体系，为牧民提供可替代对牧草地依赖的各项生活保障产品和服务，如社保、保险及技能培训等，使牧民流出草地后生活质量不降低甚至提高，解除牧民的后顾之忧。

二是，地方政府虽然对牧草地流转持积极推进的态度，但还没有完善的牧草地流转信息平台供流转双方获取即时信息，流转信息的不通畅导致供需双方不能形成有效交易，进一步加剧了供需矛盾。因此，地方政府在这方面需要加大投入力度，建立有效的流转信息交易平台，为广大牧民服务，促进草地流转市场的发展与繁荣。

3.2.1.3　流出草场牧户去向及流转原因

根据实地调查，流出草场的牧户去向主要有两类：一是进城打工或居住，暂时不再从事牧业经营；二是流转出草场后仍留在牧区为其他牧户做牧工或从事其他经营。

在流转原因方面，主要有以下几类：一是家庭成员丧失劳动能力或缺乏青壮年劳动力，无足够的精力经营草场；二是家庭草场面积较小，无法扩大经营或不宜单独经营，收入较少，增收困难，只好流转给其他牧户；三是家庭成员进城从事第二、第三产业且长期不在当地居住；四是部分牧户草场面积较大，但喂养的牲畜较少，为避免草场闲置，把一部分草场租赁给其他牧户。

3.2.1.4　牧户收入分析

在东乌珠穆沁旗西部地区选取70家牧户进行收入情况调查，其中西部地区牧草地流转价格问卷调查有牧业收入的牧户有49户，出租牧草地经营商业活动或进城打工的牧户有21户。

牧民牧业毛收入最高达500万元，最低为3万元，平均值在20万元左右；主要投入（支出）有铁丝网围栏及修复、雇佣放牧人员、租赁草场、打井、完善基础设施及购买饲草或打草费用等，一般占牧业毛收入的30%～60%；牧户牧业总纯收入最高达到25万元，最低只有1万元，平均10万元左右。通过测算得出平均牧业纯收入为111.3元/hm^2，具体见表3-4。

表3-4　东乌珠穆沁旗西部地区部分牧户牧业纯收入测算情况

牧业毛收入 /万元	牧业投入 /万元	牧业纯总收入 /元	经营草场总面积 /hm^2	牧业纯收入 /（元/hm^2）
10	6	40 000	413.33	96.75
25	15	100 000	936.67	106.80
18	6	120 000	1143.33	104.85
17	5	120 000	697.33	172.05
35	15	200 000	866.67	230.70
15	10	50 000	886.67	56.40
23	13	100 000	933.33	107.10
25	13	120 000	763.33	157.20

在东乌珠穆沁旗中部地区选取30家牧户进行收入情况调查。调查发现东部地区有牧业收入的牧户有24户，出租牧草地经营商业活动或进城打工的牧户有6

户；牧业总纯收入最高达 18 万元，最低为 2 万元，平均值在 8 万元左右。测算得出东乌珠穆沁旗中部地区平均牧业纯收入为 144.6 元/hm^2。

在东乌珠穆沁旗东部地区选取 37 家牧户进行收入情况调查。调查发现东部地区有牧业收入的牧户有 26 户，出租牧草地经营商业活动或进城打工的牧户有 11 户；牧业总纯收入最高达 33 万元，最低为 2 万元，平均值在 18 万元左右，测算得出东乌珠穆沁旗东部地区平均牧业纯收入为 169.05 元/hm^2。

3.2.1.5 牧草地流转方式、价格、期限及面积

根据调查，锡林郭勒盟东部的东乌珠穆沁旗流转方式多数为牧户之间的租赁，个别牧户租用的是集体草场，转包、转让、入股、互换和抵押等情况较少；租赁价格主要根据草场质量而定，放牧地价格较低，为 1.00~20.00 元/(亩·a) 不等，打草场价格较高，在 10 元/(亩·a) 以上，大部分集中在 10~15 元/(亩·a)，个别打草场达到了 20 元/(亩·a)，调查样点的平均流转价格为 8.85 元/(亩·a)；租赁期限为 1~10 年不等，平均租赁年限为 3.74 年，更有部分牧户租赁年限没有明确约定，没有特殊情况就持续租赁；流转面积为 560~54 000 亩不等，相差较大，平均流转面积达 5999.48 亩。西乌珠穆沁旗牧草地流转方式也主要是牧户之间租赁，租赁价格为 3.00~18.00 元/(亩·a) 不等，其中普通放牧草场租赁价格为 3.00~15.00 元/(亩·a)，打草场租赁价格为 7.50~18.00 元/(亩·a)，调查样点平均价格为 8.36 元/(亩·a)；租赁期限 1~5 年不等，平均租赁期限为 3.13 年；流转面积 700~17 250 亩，平均流转面积为 3045.29 亩。

根据调查，锡林郭勒盟中部的锡林浩特市流转方式主要是租赁集体草场，租赁价格为 4.10~15.00 元/(亩·a) 不等，调查样点平均价格为 9.37 元/(亩·a)；租赁期限 1~4 年不等，调查平均租赁期限为 2.75 年；流转面积为 400~10 000 亩，平均流转面积为 2885.71 亩。

根据调查，锡林郭勒盟西部的苏尼特左旗的流转方式主要是租赁个人草场，租赁价格为 5.00~8.00 元/(亩·a) 不等，调查样点平均价格为 5.77 元/(亩·a)；租赁期限 2~5 年不等，平均租赁期限为 3.45 年；流转面积 700~15 000 亩，平均流转面积为 4080.23 亩。

根据调查，锡林郭勒盟南部的镶黄旗流转方式主要是租赁个人草场，租赁价格为 4.00~15.77 元/(亩·a) 不等，调查样点平均价格为 8.45 元/(亩·a)；租赁期限 1~10 年不等，平均租赁期限为 1.99 年；流转面积为 800~4940 亩，平均流转面积为 1278.33 亩。调查的各旗（县、市）牧草地流转方式、价格、期限及面积情况详见表 3-5。

表 3-5 锡林郭勒盟牧草地流转调查牧户流转方式、价格、期限及面积情况

区位 项目	旗（县、市）	主要流转方式	平均流转期限/年	平均流转面积/亩	平均流转价格/（元/亩·a）
东部	东乌珠穆沁旗	租赁个人	3.74	5999.48	8.85
	西乌珠穆沁旗	租赁个人	3.13	3045.29	8.36
中部	锡林浩特市	租赁集体	2.75	2885.71	9.37
	阿巴嘎旗	租赁个人	2.89	3267.83	6.03
西部	苏尼特左旗	租赁个人	3.45	4080.23	5.77
	二连浩特市	租赁个人	4.01	3400.5	7.67
南部	镶黄旗	租赁个人	1.99	1278.33	8.45
	正蓝旗	租赁个人	2.34	824.11	8.93

根据锡林郭勒盟牧草地流转方式、价格、期限及面积的调查及表 3-4 可知，目前牧草地流转主要存在以下问题。

1）在流转方式上，目前绝大部分牧民是采用租赁方式（租赁集体或个人）流转草地，入股、抵押等新型流转方式较少，流转方式比较单一，流转多是个体自发进行，呈现出比较散乱的状态，缺乏科学、统一的指导。

2）在流转年限上，牧户与牧户之间差异较大，少的有租赁 1 年的，多的没有年限一直持续租赁，跨度较大，比较不规范。平均流转年限多为 2~3 年，流转年限较短，导致租入草场的牧民多采用粗放经营，对草地投入较少，加剧了草地的破坏。

3）在流转价格上，流转双方比较随意，流转价格跨度 1~20 元/（亩·a），相差非常大，即便是同一个旗（县、市），其价格差异也非常大。导致价格差异的原因自然有草地质量的差异，但同时牧民缺乏草地流转价格指导也是其重要因素。没有科学、统一的草地流转价格作为指导和参考，使得流转双方在定价时随意性较大，偏离一般的市场价格，形成比较散乱的流转价格市场。因此，十分有必要对牧草地流转价格体系进行深入研究。

4）牧草地流转的保障问题。牧草地流转后，牧草地承包经营权人不直接占有草原，不能继续在已流转出的牧草地上从事畜牧业经营，在社会保障尚不健全的背景下牧草地承包经营权人的主要生活来源一是租金，二是另谋职业。如果草原承包经营权人找不到合适的工作、无相对稳定的收入，仅靠租金难以维持一个家庭的生活，更谈不上改善生活条件。在既无法转行又没有条件发展规模经营的情形下，牧户保持在草原上从事传统畜牧业生产还能保证有相对稳定的收入，但这样既不能加速草原承包经营权的流转，也不利于发展规模经营。

3.2.2 东乌珠穆沁旗牧草地流转现状调查与分析

以东乌珠穆沁旗作为调查区域,去除宝格达山林场和乌拉盖管理区,对全旗3个苏木和6个镇的牧户通过问卷调查、访谈嘎查干部等方式进行深入实地调查,得到有效问卷133份,有效率为97.08%。

3.2.2.1 流转牧户数量与比例

实地调查涉及东乌珠穆沁旗9个苏木(镇),均匀分布于东乌珠穆沁旗,能够较好地反映东乌珠穆沁旗的牧草地流转总体情况。各苏木(镇)问卷调查牧户数量与参与流转牧户数量及比例详见表3-6。

表3-6 东乌珠穆沁旗牧草地牧户数量流转调查数据统计表

苏木(镇)	调查牧户总数量/户	参与流转牧户数量/户 承租	参与流转牧户数量/户 出租	参与流转牧户比例/%
阿拉坦合力苏木	6	6	0	100.00
道特淖尔镇	18	11	2	72.22
额吉淖尔镇	18	14	3	94.44
嘎达布其镇	19	15	2	89.47
呼热图淖尔苏木	6	3	0	50.00
满都胡宝拉格镇	16	9	2	68.75
萨麦苏木	4	2	1	75.00
嘎海乐苏木	21	8	3	52.38
乌里雅斯太镇	25	12	9	84.00
合计	133	80	22	76.69

由表3-6可以看出,有102户直接参与牧草地流转,将牧草地全部或部分流转给需要草场的牧户,或者接受牧草地扩大经营的草原,其中阿拉坦合力苏木、呼热图淖尔苏木与萨麦苏木调查牧户数量较少;牧草地流转牧户的比例为各苏木(镇)参与均在50%以上。

3.2.2.2 牧草地流出牧户去向及流转原因

根据实地调查,将牧草地流转出去后的牧户去向主要有:一是仍留在牧区为其他牧户做牧工或从事其他经营;二是不再经营畜牧业,进城从事第二、第三产业或移居城市居住。

牧草地流转主要原因有政策环境和牧户对牧草地流转的需求。在政策环境方面：国家出台相关政策允许草原承包者将其经营权进行依法、自愿、有偿流转，但必须在草原承包期内流转。东乌珠穆沁旗政府也出台了相关地方政策，如乌里雅斯太镇牧民转移进城从事第二、第三产业享受一定优惠政策——牧民出租草场后进城从事第二、第三产业可享受楼房价格优惠，楼房价格为830元/m²，远低于市场价（2000~3000元/m²）。

牧户对牧草地流转的需求主要体现在以下几个方面：①牧户家庭成员年迈，缺乏青壮年放牧人员，不再经营畜牧业；②牧户所承包的草原面积小，草场经营收入较少，难以增加，只能将牧草地流转给其他牧户；③牧户长期不在当地居住，便将牧草地流转给其他牧户，进城从事第二、第三产业；④部分牧户没有喂养较多牲畜的经验和精力，但承包的草原面积较大，把部分牧草地转给其他牧业大户经营以防草场荒废。

3.2.2.3 牧草地流转价格地域分布分析

根据调查数据，东乌珠穆沁旗牧草地流转价格在地域分布上，从西往东呈上涨趋势，流转方式以租赁为主，在牧户与牧户之间进行流转，流转价格主要根据草场质量由流转双方商量而定。

东乌珠穆沁旗西部的乌里雅斯太镇、额吉淖尔镇、嘎达布其镇、阿拉坦合力苏木等区域植被高度和覆盖度不良，部分地区出现轻度干旱情况，降水量较少，牧草地流转价格为45~75元/(hm²·a)。部分地区甚至有盐碱化情况，植被高度不到30cm，植被覆盖稀疏，牧草地流转价格在60元/(hm²·a)以下。

在东乌珠穆沁旗中部的道特淖尔镇、呼热图淖尔苏木及萨麦苏木，牧草地流转大多在嘎查内甚至在亲戚之间进行，牧草地流转价格一般为60元/(hm²·a)，急需得到牧草地或者特殊情况下，流转价格会高，但不会超过105元/(hm²·a)。满都胡宝拉格镇和嘎海乐苏木地区人口稀少，人均草场340hm²左右，流转价格为75~150元/(hm²·a)。

东乌珠穆沁旗禁止将牧草地流转给外来人员，即没有东乌珠穆沁旗户籍的人员或者有东乌珠穆沁旗户籍但没有草原承包权的人员。但在嘎海乐苏木外来人员承租草场放牧的较多，他们提出更高的流转价格来获取牧草地，最高可达到180元/(hm²·a)。东乌珠穆沁旗各苏木（镇）牧草地流转调查统计详见表3-7。

东乌珠穆沁旗以打草场的形式流转牧草地的情况较少，除了经营打草场牧户以外，大多牧户在需要打草的情况下，可从自己经营的草场当中留一部分植被高度和覆盖度良好的草场作打草用。中部地区打草场产量一般在563~1125kg/hm²，其流转价格为150~225元/(hm²·a)；东部地区植被高度和覆盖度好，产量为900~1500kg/hm²，流转价格达到210~300元/(hm²·a)。

表 3-7　东乌珠穆沁旗各苏木（镇）牧草地流转调查统计

苏木(镇) \ 项目	主要流转方式	平均流转期限/年	平均流转面积/hm²	平均流转价格/[元/(hm²·a)]
阿拉坦合力苏木	租赁个人	2.27	533.94	60.60
道特淖尔镇	租赁个人	5.18	287.45	87.30
额吉淖尔镇	租赁个人	4.06	369.11	60.00
嘎达布其镇	租赁个人	4.95	296.46	64.80
呼热图淖尔苏木	租赁个人	4.40	346.67	100.35
满都胡宝拉格镇	租赁个人	5.21	565.60	109.05
萨麦苏木	租赁个人	5.00	500.00	86.70
嘎海乐苏木	租赁个人	5.25	481.03	99.90
乌里雅斯太镇	租赁个人	3.38	393.90	70.05

根据东乌珠穆沁旗各苏木（镇）牧草地流转方式、价格、期限及面积等的调查可知，目前东乌珠穆沁旗牧草地流转当中主要存在以下问题。

1）在流转方式上，东乌珠穆沁旗主要以租赁方式流转牧草地，流转方式单一。牧户与牧户之间流转年限差异较大，但全旗平均流转年限较短，平均流转年限为4.37年。这直接导致转入牧草地的牧民户对草原投入较少，选择粗放经营，加剧草原的破坏。

2）在确定流转价格上，流转价格由双方协商而定，比较随意，全旗流转价格各苏木（镇）区域差异在60~109.05元/(hm²·a)，相差较大。草原质量的差异是导致牧草地流转价格差异的最主要原因，但同时牧民缺乏对牧草地流转价格形成机制的认识，没有科学的指导牧草地流转价格，形成比较散乱的流转价格市场。

3.2.2.4　2008~2014年牧草地流转价格分析

2000年东乌珠穆沁旗牧草地流转没有规范的价格，平均流转价格为7.5元/(hm²·a)；2008年平均流转价格为37.50元/(hm²·a)，牧草地流转价格从2009年开始上涨，主要由出租方和承租方协商确定；2014年牧草地流转价格最低为60元/(hm²·a)，最高达到150元/(hm²·a)，平均价为88.80元/(hm²·a)。2014年牧草地流转价格比2008年平均上涨136.80%。2008~2014年东乌珠穆沁旗牧草地流转价格详见表3-8。

表 3-8 2008~2014 年东乌珠穆沁旗牧草地流转情况

年份 项目	主要流转方式	参与流转牧户数/户	平均流转价格 /[元/（hm²·a）]
2008	租赁个人	2	37.50
2009	租赁个人	6	48.75
2010	租赁个人	8	51.90
2011	租赁个人	17	52.20
2012	租赁个人	20	71.10
2013	租赁个人	28	76.20
2014	租赁个人	21	88.80

根据 2008~2014 年东乌珠穆沁旗牧草地流转情况表可知，东乌珠穆沁旗 2008~2014 年价格在 37.50~88.80 元/（hm²·a），全旗参与牧草地牧户由 2008 年的 2 户增加到 2014 年的 21 户，参与流转的牧户有了明显的增加。其原因主要有以下几个方面：①随着城乡统筹就业的不断加快，大量青壮年牧民将牧草地流转出去并且不再经营畜牧业；②随着社会经济的发展与人民生活水平的提高，牧民增收增产的愿望越来越强烈，使牧民希望通过牧草地流转能够扩大草场规模，实现规模经营与增加收入；③近年来锡林郭勒盟对牧区土地流转政策的不断完善与发展，促进了畜牧业的发展并积极推动牧草地的流转，给参与牧草地流转的牧民带来支持与信心。

3.2.3 西乌珠穆沁旗流转现状调查与分析

3.2.3.1 牧草地交易情况

牧草地流转方式主要包括转包、互换、转让、出租、入股等。据调查，西乌珠穆沁旗牧草地流转以出租为主，178 个流转样本中全部为出租，其中有 6 户在出租的同时还将部分牧草地进行了转让。牧草地流转对象为亲朋和邻里是最普遍的现象，原因与牲畜迁徙距离、牧户彼此的信誉、牧草地自然状况等有关。

在西乌珠穆沁旗牧草地流转还存在流转行为不规范的情况，流转交易以合同为主，口头协议仍然存在，约占 8.4%（表 3-9）。口头流转牧草地价格一般很低，如巴彦胡硕苏木舒图嘎查牧民将 55hm² 牧草地以 90 元/（hm²·a）的价格流转给其他牧户，价格远低于当地 150 元/（hm²·a）的平均价格。同时，个别牧民为了提高收益将草场以高价转租给非牧户，且为了躲避相关部门的监督和管理并没有签订流转合同，这种破坏牧草地流转秩序的违规行为在西乌珠穆沁旗依旧存在，使得草原管理、监督、保护工作不能及时跟上，为牧草地流转工作埋下了隐患，不利于区域经济的长远发展。今后应该充分发挥相关部门对牧草地流转及"三权分置"改革工作的宣传和引导作用，使牧民认识相关政策法律及个人权利义务，积极配合推进草原产权改革工作。西乌珠穆沁旗牧草地流转期限均以中短期为主，各地区差异不大。根据 2015 年《西乌旗承包经营权草牧场流转暂行管理办法》第二十二条规定：牧草地流转最低期限为 3 年，最高期限为 5 年。根据调查样本统计情况（表3-9），流转期限 1~3 年的占比最大，其次为 5~10 年，其中 10 年的为多年前进行的流转交易。牧户合同签订时间短，转出方可以随着牧草地产草量和畜产品价格变化，调整流转的价格，但这样会影响承租方对牧草地投资预期，进而加剧对草地的过度放牧行为。2020 年 1 月 1 日实施的《中华人民共和国土地管理法》规定草地承包期从过去 30 年变为 30~50 年，且承包期届满后依法相应延长。在当前"三权分置"改革阶段，西乌珠穆沁旗牧草地流转期限应适当延长，流转最低期限可以规定至少 5 年，流转最高期限可以限定为 8~10 年。

表 3-9 西乌珠穆沁旗调查苏木（镇）牧草地流转情况统计表

项目 苏木（镇）	流转用途				交易情况			
	放牧场		打草场		交易形式占比/%		流转期限占比/%	
	面积 /hm²	年平均价格 /(元/hm²)	面积 /hm²	年平均价格 /(元/hm²)	签订 合同	口头 协议	1~3 年	5~ 10 年
巴彦花镇	2 200.0	130.5	2 130.0	273.0	75.7	24.3	64.9	35.1
浩勒图高勒镇	2 814.0	174.0	719.0	237.0	91.9	8.1	51.4	48.6
吉仁高勒镇	1 333.0	153.0	1 700.0	171.0	95.0	5.0	55.0	45.0
乌兰哈拉嘎苏木	1 767.0	220.5	1 150.0	244.5	100.0	0.0	80.0	20.0
巴彦胡硕苏木	4 076.0	169.5	3 282.0	216.0	98.0	2.0	66.0	34.0
高日罕镇	513.0	127.5	120.0	324.0	88.9	11.1	88.9	11.1
西乌珠穆沁旗	12 703.0	162.5	9 101.0	244.5	91.6	8.4	64.6	35.4

根据西乌珠穆沁旗牧草地流转调查问卷数据，西乌珠穆沁旗牧户家庭承包面积在 50~150hm² 的约占 54.4%，150~250hm² 的约占 24.7%，大于 250hm² 的牧户约占 20.9%。而牧户流转面积多集中在 50~250hm²，由于城镇化进程的加快，牧户流转全部承包牧草地的情况占多数，并且以嘎查内部流转居多。

3.2.3.2 牧草地流转价格情况

在牧区，牧草地流转价格并没有明确标准，仅在《西乌珠穆沁旗草牧场承包经营权流转管理办法》第十一条规定："草牧场流转价格最低标准打草场每年3元/亩，放牧场每年2元/亩。"调研发现，牧草地流转价格受自然条件、区位、流转用途等因素影响，价格由双方协商确定，因此各苏木（镇）流转价格存在差异。

2018~2019年西乌珠穆沁旗牧草地流转价格普遍较低，年平均价格为190元/hm²。被调查的牧户中，有9.5%的牧户认为流转价格偏低、不能增加收入，是未进行流转的一个重要原因。从各苏木（镇）来看，牧草地流转用途不同，流转价格也不同。表3-9显示了西乌珠穆沁旗调查苏木（镇）牧草地流价格情况，同一地区打草场流转价格高于放牧场流转价格，但放牧场流转面积要大于打草场面积。全旗流转价格最高为巴彦花镇额日登宝力格嘎查，为450元/（hm²·a），草地用途为打草场；最低价格为巴彦花镇乌仁图雅嘎查，为75元/（hm²·a），草地用途为放牧场。

西乌珠穆沁旗东南草甸草原产草量明显高于西北典型草原产草量，因此价格相对要高；而放牧场流转价格相反，从供需角度来讲，东部草原多为山地或丘陵区，水源足、草产量高，牧户一般都有足够的夏营盘，因此东部区牧户流转放牧场的情况少，流转价格相对较低。

3.2.3.3 牧户畜牧业净收入与流转关系

畜牧业是牧民主要收入来源，以样本牧户的牲畜存栏出栏数、出售皮毛等产品、流转牧草地租金及政策补贴等，计算得到畜牧业总收入。畜牧业生产投入（成本）包括网围栏（木桩、铁丝、维修费）、搭建牲畜棚圈、水源（打井、抽水、运水）、秋季打草（运输费、柴油费、机械维修费、雇佣费等）、购买饲料/草料、牲畜品种改良、租赁牧草地等费用。

在调查的178个样本牧户中，有9户转出部分承包牧草地，年收入多在10万元以下；23户转出全部承包牧草地，年畜牧业净收入仅为牧草地租金和草畜平衡补贴，其中阶段性禁牧补贴最高可达6.36元/亩，草畜平衡补贴为1.71元/亩；有146户转入牧草地。

关于西乌珠穆沁旗146户转入牧户的流转面积与畜牧业净收入关系见表3-10。根据"土地报酬递减规律"分析牧户流转面积与畜牧业净收入之间的关系：流转面积小于50hm²的牧户，年收入小于10万元的约占83%；随着流转面积的增大牧户收入也在增加，流转面积在200~300hm²时牧户年收入多为20

万元以上；当流转面积超过300hm²时，牧户收入开始降低，此时年收入小于10万元牧户占比最多。上述分析说明，牧户在增加牧草地面积的同时，牲畜数量相应增加，各项成本也在增加，因此当流转面积增加到一定程度时，牧户收入反而会减少。因此，牧草地适度规模经营是增加收入的关键。

表3-10　西乌珠穆沁旗转入牧户流转面积与畜牧业净收入关系

项目＼面积 畜牧业净收入	<50hm² 户数/户	<50hm² 占比/%	50~100hm² 户数/户	50~100hm² 占比/%	100~200hm² 户数/户	100~200hm² 占比/%	200~300hm² 户数/户	200~300hm² 占比/%	>300hm² 户数/户	>300hm² 占比/%
<10万元/a	10	83	23	40	7	12	—	—	3	38
10万~20万元/a	2	17	16	28	31	52	4	44	2	30
>20万元/a	—	—	18	32	22	36	5	56	3	32
合计	12	100	57	100	60	100	9	100	8	100

参 考 文 献

敖仁其. 2006. 草牧场产权制度中存在的问题及其对策. 北方经济, (4)：8-10.

巴图娜存, 胡云锋, 艳燕, 等. 2012. 1970年以来锡林郭勒盟草地资源空间分布格局的变化. 资源科学, 34 (6)：1017-1023.

白和平. 2003. 西乌珠穆沁旗志. 呼和浩特：内蒙古文化出版社.

包祥. 2014. 锡林郭勒盟志·草原志. 呼和浩特：内蒙古文化出版社.

代琴, 杨红. 2019. 草原承包经营制度功能间的矛盾与草原"三权分置"的法治构造. 中国农村观察, (1)：98-114.

东乌珠穆沁旗志编委会. 2001. 东乌珠穆沁旗志. 呼和浩特：内蒙古文化出版社.

高博, 华金晶. 2020. 草原承包经营权抵押贷款问题研究——以锡盟镶黄旗为例. 黑龙江畜牧兽医, (14)：1-4.

赖玉珮, 李文军. 2012. 草场流转对干旱半干旱地区草原生态和牧民生计影响研究——以呼伦贝尔市新巴尔虎右旗M嘎查为例. 资源科学, 34 (6)：1039-1048.

李慧远, 刘莹. 2013. 陕西省土地利用结构的科学数据研究与多样性分析. 电子测试, (12)：278-279.

李先东, 米巧, 李录堂, 等. 2019. 增收与生态保护：双重保障型草地市场化流转机制探析. 生态经济, 35 (9)：128-132.

刘婷婷, 赵红强. 2020. 锡林郭勒盟牧草地流转现状调查与分析. 西部资源, (1)：144-147.

卢欣石. 2019. 草原知识读本. 北京：中国林业出版社.

努玛, 道勒玛, 马阿日娜. 2005. 阿拉善盟畜牧业发展方向研究. 内蒙古科技与经济, (7)：

5-7.

斯琴巴特尔，毕力格巴特尔，辛满喜，等.2013.西乌珠穆沁旗旅游业发展浅议.北方经济，(12)：71-74.

谭淑豪.2020.草地资源治理的理论与案例研究.北京：中国财经出版传媒集团.

王克强，王洪卫，刘红梅.2005.土地经济学.上海：上海财经大学出版社.

文明，塔娜.2015.内蒙古农村牧区土地流转问题研究.内蒙古社会科学（汉文版），36（2）：176-180.

文明.2016.牧区草牧场制度改革之草牧场流转问题研究.呼和浩特：内蒙古出版集团，内蒙古教育出版社.

锡林郭勒盟草原森林防火指挥部办公室.2007.全盟草牧场流转基本情况.http://fhb.xlgl.gov.cn/ywxg_2/ywlm_yxjpd/ywlm_yljpd/200707/t20070724_61981.htm[2007-07-24].

西乌珠穆沁旗志编纂委员会.2003.西乌珠穆沁旗志.呼和浩特：内蒙古文化出版社.

杨正荣.2018.内蒙古草原牧户草场载畜率分布特征及影响因素分析.兰州：兰州大学硕士学位论文.

伊力奇，张裕凤，萨如拉.2014.内蒙古西乌珠穆沁旗草原承包经营权流转影响因素分析.中国土地科学，(10)：20-24，32.

张美艳，葛伟.2019.草原流转意愿与行为不一致的影响因素分析.干旱区资源与环境，(12)：60-67.

张耀启，吴冠宇，邵长亮，等.2019.从内外蒙古草地产权差异看"公地悲剧"与"私地悲剧"之争.干旱区资源与环境，33（1）：23-29.

张引弟，孟慧君，塔娜.2010.牧区草地承包经营权流转及其对牧民生计的影响——以内蒙古草原牧区为例.草业科学，27：130-135.

赵澍.2015.草原产权制度变迁与效应研究.北京：中国农业科学院博士学位论文.

周立，董小瑜.2013."三牧"问题的制度逻辑——中国草场管理与产权制度变迁研究.中国农业大学学报（社会科学版），30（2）：94-107.

4 牧草地流转影响因素分析

　　草原是牧民赖以为生的根本，是畜牧业最基本的生产要素。随着城乡统筹就业不断加速，大量青年牧民选择进城就业，以致出现草场荒废现象。为了高效利用草原资源，锡林郭勒盟及东乌珠穆沁旗政府出台针对性的政策法规促进牧草地流转，同时保证流转时牧民的利益不受侵犯。当前，在牧草地流转过程中，牧草地流转价格机制尚不完善。因此，本章通过对牧草地流转价格影响因素的分析，建立牧草地流转价格和影响因素之间的逻辑关系，为完善牧草地流转价格形成机制提供借鉴。

　　本章运用理论与实践相结合、定量分析与定性分析相结合的研究方法，选取东乌珠穆沁旗作为研究对象进行实地问卷调研，深入认识当地牧草地流转特征；在定性分析的基础上，利用 SPSS 统计软件对所得调研数据进行主成分分析与多元线性回归分析。

　　根据定性分析并预处理的东乌珠穆沁旗各苏木（镇）和 2008~2014 年的牧草地流转的数据资料，建立牧草地流转价格影响因素指标体系。首先，进行主成分分析，根据相关系数矩阵可知各影响因素之间存在较大的相关性，牧草地流转价格影响指标体系建立合理；依据 KMO 和 Bartlett 检验的输出结果，证明所选取的影响因素可以进行因子分析；根据主成分提取可得，前三个主成分足以涵盖影响因素的信息；碎石图的趋向验证，选取三个主成分是合理的；依据因素载荷矩阵确定主成分分析的公式模型，并对主成分进行排名；依据第一、第二、第三主成分因子旋转载荷的贡献率可以判断出植被覆盖度、草原载畜量（以下简称载畜量）、降水量等因素对于牧草地流转价格的影响比社会经济发展基础因素的影响大。其次，以牧草地平均流转价格、各苏木（镇）牧草地流转价格幅度为因变量，进行多元线性逐步回归分析。通过逐步回归除去共线性因素，根据初始模型汇总表可知两个模型均与其对应数据拟合程度非常高，适合建立模型。最后，分别对回归模型进行显著性检验和回归系数的检验，排除共线性因素，并进行残差正态性检验、异方差检验，建立牧草地流转价格模型。由模型可知，牧民年人均收入、牧民消费价格指数、产草量、降水量、地表水等因素是牧草地流转价格的主要影响因素。

4.1 牧区政策和土地产权制度等因素分析

牧草地流转是一项法律行为，因此法律对于流转行为有着许多强制措施。牧户在进行牧草地流转时，要依据当地政策法规，按章办事，避免纠纷的产生，保障自己的权益。牧草地流转范围的大小受三个方面因素的影响：一是嘎查以及上级政府部门施加的外部政策压力。在调查中发现，不论是内蒙古东部、中部还是西部，牧区集体经济组织都要求承包方必须在嘎查集体内部流转草牧场；而盟（市）、旗（县）一级出台的有关草牧场流转的管理文件中明确提出草牧场流转必须在本旗（县、市）区范围内流转，坚持嘎查内部优先，也可跨苏木镇就近邻近流转。嘎查集体内部流转的规定旨在体现嘎查集体对草牧场的所有权，便于集体所有草牧场的监督和管理。二是承包方对第三方资质的要求。通常情况下，承包方更愿意把草牧场流转给邻里、亲朋好友和善意经营者。在牧区调研中，常常碰到很多牧民因没有熟人、没有亲戚朋友而租不到其他嘎查、苏木镇草牧场，只有那些远近闻名、社会关系广泛的牧民才有可能租到嘎查以外的草牧场，而且出于对草牧场的特殊情感，牧民更愿意把草牧场流转给那些善于经营、知根知底的原住牧民。三是内蒙古自治区牧草地流转信息的公众平台不规范，牧草地流转信息主要依托地方人民政府网站、地方政府微信公众号公开公布，部分通过个人建立的微信群发布传播相关信息，还有一部分信息是以"打听"方式传播、获取，因此其信息来源、传播范围、传播途径都相对有限，造成草牧场供给和需求信息极其不对称，甚至是无效的。

《中华人民共和国草原法》中针对的"草原"是天然草原和人工草地，《内蒙古自治区草原承包经营权流转办法》中的草原承包经营权主要指全民所有草原和集体所有草原，具体到旗（县）的相关规章文件中多称为"草牧场"，本章中所涉及的牧草地、草原和草场都属于相同流转客体，也就是实行承包经营的草原。

牧草地流转是指草原所有权单位或草原使用权人，通过出让、转让、入股、出租等形式，把草原使用权转移给其他草原使用者经营的行为（张小平和韩志敏，1998）。由于草场具有位置固定和不可移动性，因此流转的对象是草场权利。《中华人民共和国草原法》规定"草原属于国家所有，由法律规定属于集体所有的除外"，决定了草原所有权不能自由转让。草原承包权只能是集体内部成员采用平均分配的方式获得，获得者可以进行畜牧业经营，集体或者他人不得干扰，但不得开垦耕种，不得改变土地用途。草场经营权拥有者从事畜牧业生产，承担相应的保护、建设草原责任，同时确保草场等级稳定、提高，不得有掠夺性经营和从事非畜牧业生产经营活动。

《中华人民共和国草原法》第十一条规定："依法确定给全民所有制单位、集体经济组织等使用的国家所有的草原，由县级以上人民政府登记，核发使用权证，确认草原使用权"第十二条规定："依法登记的草原所有权和使用权受法律保护，任何单位或者个人不得侵犯。"

《内蒙古自治区草原管理条例》第十条规定："集体所有的草原，由本集体经济组织内的家庭或者联户承包经营；国家所有的草原，可以由拥有使用权的单位承包给内部的成员经营。在草原承包经营期内，不得对承包经营者使用的草原进行调整；个别确需适当调整的，必须经本集体经济组织成员的嘎查村民会议三分之二以上成员或者三分之二以上嘎查村民代表同意，并报苏木乡级人民政府和旗县级人民政府草原行政主管部门批准。"

2014年，中共中央、国务院印发的《关于全面深化农村改革加快推进农业现代化的若干意见》中提出："鼓励有条件的农户流转承包土地的经营权，加快健全土地经营权流转市场，完善县乡村三级服务和管理网络。探索建立工商企业流转农业用地风险保障制度，严禁农用地非农化。有条件的地方，可对流转土地给予奖补。土地流转和适度规模经营要尊重农民意愿，不能强制推动。"

《内蒙古自治区基本草原保护条例》于2011年12月1日起颁布施行，标志着内蒙古草原法律法规配套建设工作再上新台阶，为基本草原划定工作提供了法律依据，为草原保护工作的深入开展奠定了坚实的基础。2015年，内蒙古自治区落实草原权属面积约11亿亩，其中落实集体草原所有权面积10.46亿亩，约占全区落实草原权属总面积的95%，落实国有草原使用权面积0.54亿亩，约占全区落实草原权属总面积的5%。草原承包面积10.4亿亩，约占全区落实草原权属总面积的94.55%，其中承包到户8.8亿亩，承包到联户1600万亩，发放牧草地证148万多份，涉及农牧民约193万户。内蒙古自治区第三次国土调查数据显示，全区草地面积81 561.26万亩，其中天然牧草地71 882.99万亩，人工牧草地190.74万亩，其他草地9487.53万亩。草地主要分布在锡林郭勒盟、阿拉善盟、呼伦贝尔市、鄂尔多斯市、巴彦淖尔市和乌兰察布市，约占全区草地的84%。

4.2　牧草地流转价格形成机制分析

草原有自身独特的发生、发展和演变规律，是一个完整的生态系统。当未受到人类的开发、利用和干预时，草原以自然因素、生物因素和本身的矛盾运动而稳定、缓慢地发展和变化。人类的开发利用加速了草原变化进程，其中对草原影响最大的是近代快速发展的畜牧业及人口的快速增长。草原本身不仅直接承受人类的活动，草原自然因素、生物因素也通过人类的活动而发生改变。从生态学和生产角度看，草原在各种因素作用下，不断发生演替。演替的方向或者是正向演替，对生产有利；或者是逆行演替，不利于生产的发展。草原的演替方向与草原经营管理水平有着直接的关系。长期以来，人们对草原的这种演替属性缺乏科学的认识，视为"取之不尽，用之不竭"的廉价资源，往往忽视经营管理，而无节制的掠夺式利用，必然导致草原资源破坏，乃至趋向毁灭。

改革开放后，我国在全国牧区实施家庭联产承包责任制，通过草原承包，牧民取得了牧草地经营权，大大提高了劳动积极性和生产力，推进农村牧区快速发展。随着我国经济社会的飞速发展，长期的草原承包制度面临着新的挑战，草原家庭联产承包制度需要进一步完善。促进牧草地流转的合法化，加强草原管理，有利于盘活草原资产，提高草原利用效率。本章研究的牧草地流转是指承包人通过转包、出租、互换、合作入股等方式将经营权转让给他人，而承包人仍为原承包经营合同主体的状况（郭洁和李晓丽，2005），即保留承包权，转让经营权。牧草地流转价格的确定是当前内蒙古草牧场流转制度改革与完善所面临的一大难点，也是草原治理与牧区工业化、城镇化进程中草牧场流转亟待解决的关键科学问题。

4.2.1 牧草地流转价格影响因素分析

从地域分布上看，东乌珠穆沁旗牧草地流转价格从西往东有上升趋势。其中，西部地区乌里雅斯太镇、阿拉坦合力苏木、额吉淖尔镇、嘎达布其镇降水量相对于中东部少，部分地区有轻度干旱情况，牧草地流转价格为45~105元/($hm^2 \cdot a$)。中部地区道特淖尔镇、萨麦苏木、呼热图淖尔苏木的流转价格为60~105元/($hm^2 \cdot a$)，流转大多在同一苏木嘎查内甚至亲戚之间进行。东部地区主要为满都胡宝拉格镇、嘎海乐苏木，人口稀少，人均草场面积为240~350hm^2，流转价格为75~150元/($hm^2 \cdot a$)。从时间上看，东乌珠穆沁旗牧草地流转价格有逐年上升的趋势。2008年，平均牧草地流转价格为37.5元/hm^2，主要由流转双方协商确定；2009年，流转价格较上年上涨了11.25元/hm^2；2014年，牧草地流转价格最低为60元/hm^2，最高达到150元/hm^2，平均价为88.8元/hm^2。形成牧草地流转价格区域差异主要因素有土壤类型、地形坡度、植物群落、降水量、地表水状况、草原沙化程度、载畜量、产草量、植被覆盖度、植被高度、消费价格指数、贷款利率、牧民年人均收入、地区生产总值、禁牧面积、离中心城镇距离、道路通达度等。其中，自然因素中主要的影响因素有土壤类型、地形坡度、植物群落、降水量、地表水状况、草原沙化程度、植被覆盖度、植被高度等。

（1）土壤类型

东乌珠穆沁旗主要分布的土壤有暗栗钙土、栗钙土、黑钙土、淡黑钙土、石灰性草甸土、盐化草甸土等（内蒙古自治区国土资源厅，2004）。依据草原土壤形成过程，分等由高到低为黑土（1级）、黑钙土（2级）、栗钙土（3级）、草甸土（4级），其他土壤（5级）（内蒙古自治区国土资源厅，2004），分别赋值100、90、70、50、30，并采用面积加权法得各苏木（镇）土壤类型作用分值。

（2）地形坡度

地形制约着草场植被的各项生存条件。在利用上，牲畜的活动速度及配置牲畜的种类往往被坡度和切割程度所限制。牲畜的活动速度随坡度增大而消减，当坡度在5°~10°时，牲畜的活动速度为2~3km/h；而当坡度为10°~20°时，则降到1~2km/h（于学江，2014）。地面切割破碎、沟谷发育等不适于放牧大畜，而坡度过大会影响机械割草（孟林和张英俊，2010），从而直接影响草原承包经营权的流转价格。采用SRTM公开地形数据提取东乌珠穆沁旗等高线，运用ArcGIS10.2软件进行坡度分析，获得东乌珠穆沁旗的坡度图，其作用分值计算采用最大最小值法并结合专家意见确定。

（3）植物群落

植物群落影响形式主要体现在是否适合饲养大小畜上[①]，而饲养牲畜的种类直接影响草场经营者的经营收入，这会影响牧草地的流转及其价格。东乌珠穆沁旗西部区域植物种类较多，养大畜或小畜都适用，相对于西部，东部区域的植物群落相对单一，牧草适用于养牛、马等大畜。依据《天然草原等级评定技术规范》（NY/T 1579—2007）中牧草饲养分值分等表，对植物群落进行分等并评分，并采用面积加权法得各苏木（镇）植物群落作用分值。

（4）降水量

经实地调查并结合2012~2014年东乌珠穆沁旗降水量数据，可以看出，东乌珠穆沁旗西部区域的嘎达布其镇、额吉淖尔镇地区降水量较少，仅200mm左右，而东部区域的满都胡宝拉格镇、呼热图淖尔苏木东部地区降水量较多。降水量直接影响草原质量、水源状况，调查当中大多牧户也强调降水量对牧草地的重要性，其对流转价格产生较大影响。

（5）地表水状况

东乌珠穆沁旗地表水包括河流与湖泊。地表水的分布会直接影响到其周边的

---

① 大畜主要指的是牛、马和骆驼，小畜为绵羊和山羊。

草场质量,对草原景观价值产生重要影响。在分析草原承包经营权流转价格影响因素时,河流依据其年均径流量及支流、干流划分等级,湖泊根据其影响半径大小划分等级,采用指数衰减法并参考专家意见,以算术平均法确定地表水因素作用分值。

(6) 草原沙化程度

草原沙化是草原生态系统在其演化过程中,人类对草原利用不当和自然条件共同作用,产生草原植被破坏,造成表土风蚀、草原生产能力下降的现象,即植物、动物与微生物群落及其赖以为生的环境总体衰弱(李金花等,2004;刘志刚和王英舜,2006)。

降水量较少和不合理打草是导致东乌珠穆沁旗草原沙化的最根本原因,也是主要原因;而鼠虫害等自然灾害,开采能源、修建道路等人为活动直接加速草原沙化。草原沙化会直接影响草原载畜量,从而导致牧民收入减少和牧草地流转价格下降。

(7) 植被覆盖度、植被高度

东乌珠穆沁旗草原可分为5个类型:①温性草甸草原类,分布于海拔800~1200m地区,年均产干草量为940.20kg/hm², 其载畜量为0.87hm²/绵羊单位;植被高度达40~65cm,植被覆盖度为50%~60%。②温性典型草原类,分布于温性草甸草原以西海拔900~1100m地区,年均产干草量为450.75kg/hm², 其载畜量为1.81hm²/绵羊单位;植被高度为25~40cm,植被覆盖度为25%~40%。③山地草甸类,年均产干草量为1962.15kg/hm², 其载畜量为0.4hm²/绵羊单位。④低平地草甸类,年均产干草量为848.18kg/hm², 其载畜量为0.91hm²/绵羊单位。⑤沼泽草地类,分布于贺希格乌拉苏木和满都胡宝拉格镇,年均产干草量为1335.30kg/hm², 载畜量为0.55hm²/绵羊单位。牧草地流转价格的自然因素作用分值统计详见表4-1。

表4-1 影响东乌珠穆沁旗各苏木(镇)牧草地流转价格自然因素作用分值统计表

项目 苏木(镇)	流转价格	土壤类型	地形坡度	植物群落	降水量	草原沙化程度	植被高度	植被覆盖度	地表水状况
阿拉坦合力苏木	60.60	64.28	99.72	85.66	30.00	97.77	30.00	20.00	16.50
额吉淖尔镇	60.00	67.11	99.86	76.88	32.81	95.79	30.00	25.00	50.78
嘎达布其镇	64.80	67.28	99.89	73.84	30.00	98.73	40.00	30.00	25.20
乌里雅斯太镇	70.05	67.72	99.74	59.65	46.11	98.79	50.00	40.00	52.66
道特淖尔镇	87.30	68.44	99.86	64.42	65.00	99.54	60.00	40.00	36.00

续表

项目 苏木(镇)	流转价格	土壤类型	地形坡度	植物群落	降水量	草原沙化程度	植被高度	植被覆盖度	地表水状况
萨麦苏木	86.70	67.44	99.90	73.83	44.72	98.94	50.00	35.00	22.82
呼热图淖尔苏木	100.35	63.23	99.31	93.20	85.29	97.66	60.00	50.00	63.24
嘎海乐苏木	99.90	67.09	99.59	88.68	72.50	98.64	70.00	60.00	71.34
满都胡宝拉格镇	109.05	78.11	99.11	86.61	83.85	96.74	70.00	60.00	68.34

东乌珠穆沁旗的社会经济因素主要从2008~2014年社会经济发展情况和各苏木(镇)经济发展基础因素区域差异两个方面进行分析。其中,社会经济发展情况主要包括牧民消费价格指数、贷款利率、牧民年人均收入、地区生产总值、禁牧面积、离中心城镇距离、道路通达度等。东乌珠穆沁旗2008~2014年牧草地流转价格经济发展情况统计详见表4-2。

表4-2 2008~2014年影响东乌珠穆沁旗牧草地流转价格经济发展情况因素作用分值统计表

项目 年份	流转价格 /(元/hm^2)	牧民消费价格指数	贷款利率 /%	牧民年人均收入/(元/人)	地区生产总值/亿元	禁牧面积比例/%
2008	37.5	106.3	6.52	9 622	45.30	0.008 5
2009	48.75	99.8	5.31	9 997	55.81	0.012 0
2010	51.9	103.5	5.54	11 528	82.77	0.009 5
2011	52.2	105.7	6.17	13 783	99.92	0.011 2
2012	71.1	102.5	6.29	16 800	124.72	0.009 5
2013	76.2	103.2	6.15	19 354	147.68	0.003 3
2014	88.8	101.2	5.6	21 430	140.80	0.003 3

影响牧草地流转价格的社会经济发展基础主要包括草场经营收入、人均草场面积、草场产草量、载畜量、离中心城镇距离和道路通达度等因素。

草场经营收入是指在畜牧业经营活动中,由于牲畜买卖、畜产品及将牧草地进行流转等所取得的收入。草原经营收入直接受草场质量和对草场的资本投入差异的影响,在质量好的草场上草场经营者可以加大投资使草场经营收入最大化。计算草原经营收入作用分值时,草场经营收入指标以苏木(镇)为单位,以每公顷草场经营纯收入形成区域差异。人均草场面积的多少会形成草场规模利用的差异,直接导致草场投入差异的形成,从而影响牧草地流转价格。本章以东乌珠穆沁旗为研究区,人均草场面积指标以苏木(镇)为单位,形成区域差异。

对于草原承包经营权流转而言,区位是影响其价格的一个重要因素。区位因素中离中心城镇距离是一个重要的指标,东乌珠穆沁旗牧区牧民以散居为主,嘎查一级聚集点较少,因此本章根据东乌珠穆沁旗实际情况,中心城镇以乡镇级和旗县聚集点为主。通过对中心城镇作为扩散性的点状因素分析,采用指数衰减法计算确定离中心城镇距离的作用分值。

道路通达度不会对牧草地流转价格产生直接的影响,它是通过经营草原便利与否以及居民生活和工作方便程度,间接影响牧草地流转及其价格。将东乌珠穆沁旗道路分为省级道路、其他道路、铁路三个级别。道路通达度作用分值计算采用指数衰减法确定。影响东乌珠穆沁旗各苏木(镇)牧草地流转价格经济发展基础因素作用分值统计详见表4-3。

表4-3 影响东乌珠穆沁旗各苏木(镇)牧草地流转价格经济发展基础因素作用分值统计表

苏木(镇)	流转价格	人均草场面积	载畜量	草场经营收入	产草量	离中心城镇距离	道路通达度
阿拉坦合力苏木	60.60	48.33	38.00	37.05	37.50	25.74	45.00
额吉淖尔镇	60.00	37.17	37.00	37.55	40.00	38.22	47.54
嘎达布其镇	64.80	32.82	40.00	34.55	42.68	52.78	35.78
乌里雅斯太镇	70.05	40.83	38.00	40.30	55.01	55.40	52.13
道特淖尔镇	87.30	24.17	35.00	42.05	52.67	43.56	57.13
萨麦苏木	86.70	24.17	35.00	45.45	60.00	14.87	35.93
呼热图淖尔苏木	100.35	24.17	36.00	50.30	62.34	29.60	14.03
嘎海乐苏木	99.90	62.50	32.00	56.80	72.39	31.57	42.80
满都胡宝拉格镇	109.05	93.75	30.00	52.85	78.43	22.63	44.57

影响牧草地流转价格的因素有很多,为寻找对其影响最显著的变量,本章选取主成分分析和多元线性回归法进行分析,用被解释变量进行线性回归。选定的牧草地流转价格影响因素,由于因素单位各不相同,所以其对牧草地流转价格的影响程度无法进行直接比较,因而进行标准化处理。标准化后的回归系数是所有变量标准化后得到的,它具有可比性。根据表4-1中有关数据进行相关性分析,结果见表4-4。

| 牧草地流转研究 |

表 4-4　草原承包经营权流转价格与自然因素作用分值的相关系数表

自然因素＼自然因素	流转价格	土壤类型	地形坡度	植物群落	降水量	草原沙化程度	植被高度	植被覆盖度	地表水状况
流转价格	1.000								
土壤类型	0.450	1.000							
地形坡度	−0.735	−0.472	1.000						
植物群落	0.447	−0.047	−0.654	1.000					
降水量	0.948	0.361	−0.799	0.440	1.000				
草原沙化程度	0.085	−0.234	0.400	−0.468	0.001	1.000			
植被高度	0.942	0.467	−0.622	0.223	0.911	0.275	1.000		
植被覆盖度	0.922	0.485	−0.732	0.355	0.911	0.072	0.963	1.000	
地表水状况	0.648	0.354	−0.702	0.366	0.757	−0.344	0.681	0.826	1.000

根据表 4-2 中有关数据进行相关性分析，结果见表 4-5。

表 4-5　草原承包经营权流转价格与经济发展情况因素作用分值的相关系数表

经济发展情况因素＼经济发展情况因素	流转价格	牧民消费价格指数	贷款利率	牧民年人均收入	地区生产总值	禁牧面积比例
流转价格	1.000					
牧民消费价格指数	−0.473	1.000				
贷款利率	−0.143	0.770	1.000			
牧民年人均收入	0.974	−0.278	0.040	1.000		
地区生产总值	0.939	−0.228	0.042	0.973	1.000	
禁牧面积比例	−0.754	0.098	−0.100	−0.803	−0.776	1.000

根据表 4-3 中有关数据进行相关性分析，结果见表 4-6。

表 4-6　草原承包经营权流转价格与经济发展基础因素作用分值的相关系数表

经济发展基础因素＼经济发展基础因素	流转价格	人均草场面积	载畜量	草场经营收入	产草量	离中心城镇距离	道路通达度
流转价格	1.000						
人均草场面积	0.408	1.000					

续表

经济发展 基础因素 经济发展 基础因素	流转价格	人均 草场面积	载畜量	草场经 营收入	产草量	离中心 城镇距离	道路 通达度
载畜量	−0.873	−0.619	1.000				
草场经营收入	0.926	0.489	−0.847	1.000			
产草量	0.940	0.561	−0.903	0.933	1.000		
离中心城镇距离	−0.470	−0.267	0.415	−0.510	−0.395	1.000	
道路通达度	−0.310	0.232	−0.011	−0.281	−0.180	0.334	1.000

从表4-4可以看出，降水量、植被高度及覆盖度与牧草地流转价格呈正相关关系，相关度高；土壤类型与植物群落对牧草地流转价格没有直接影响；草原沙化程度、地表水状况与地形坡度对牧草地流转价格的影响不大。从表4-5可以看出，牧民年人均收入、地区生产总值等因素与牧草地流转价格呈正相关关系，相关度高；牧民消费价格指数、禁牧面积比例对牧草地流转价格的影响呈负相关关系，贷款利率对牧草地流转价格影响微小。从表4-6可以看出草场经营收入、产草量与牧草地流转价格呈正相关关系，相关度高；载畜量对牧草地流转价格的影响呈负相关关系，人均草场面积、离中心城镇距离和道路通达度对牧草地流转价格影响不大。

随着社会经济发展、牧户生活水平提高，牧草地流转价格上涨，2008年牧草地流转价格为37.5元/hm^2，2014年为88.8元/hm^2，较2008年上涨136.80%。社会因素中，产草量对牧草地流转价格影响最大，而产草量直接影响载畜量和草场经营收入。自然因素中，植被高度对牧草地流转价格影响最大，而植被高度受降水量和植物群落因素的影响，载畜量和产草量主要受植被高度、植被覆盖度的影响，植物群落直接受土壤类型影响。

根据影响因素体系分析可知，土壤类型、地形坡度、植被类型、草原沙化程度、人均草场面积、禁牧面积比例、贷款利率、地区生产总值、道路通达度及离中心城镇距离等因素会影响东乌珠穆沁旗牧草地流转价格，但这些影响因素与牧草地流转价格相关性较小，影响不明显，所以将它们视为随机因素。东乌珠穆沁旗牧民年人均收入、地区生产总值、牧民消费价格指数，载畜量、草场经营收入、产草量、植被高度、植被覆盖度、降水量、地表水状况等10个变量对东乌珠穆沁旗牧草地流转价格影响较大，相关性比较高。

4.2.2 主成分分析

4.2.2.1 影响因素的辨识

东乌珠穆沁旗牧草地流转价格通常会受到多种因素的综合影响，如自然条件因素、社会经济发展情况、社会经济发展基础等。通过搜集整理东乌珠穆沁旗各苏木（镇）和2008~2014年牧草地流转价格影响因素的数据资料，对自然因素、社会经济发展情况因素、社会经济发展基础因素进行分析筛选。为了量化分析牧草地流转价格的影响因素，选取的指标必须反映牧草地流转价格各方面因素，因此选取指标必须考虑影响因素的全面性、客观性，并且必须保证量化指标间不重叠和获取的影响因素数据可以进行计算操作。

构建数学模型进行定量分析，进一步研究牧草地流转价格与其影响因素之间的联系。确定因变量（牧草地流转价格）和自变量（影响因素）的函数关系并定量分析，当影响因素发生变化时，通过函数关系分析，可知牧草地流转价格发生怎样的变化。根据牧草地流转价格与其影响因素的相关性分析结果，对东乌珠穆沁旗牧草地流转价格进行定量分析的基本思路是以牧民消费价格指数、牧民年人均收入、地区生产总值、载畜量、草场经营收入、产草量、植被高度、植被覆盖度、降水量及地表水状况等指标为自变量，因变量为牧草地流转价格，建立模型并确定函数关系，通过模型进行定量分析。

解释变量所代表的影响因素分别是：牧民年人均收入、地区生产总值和牧民消费价格指数，其影响全旗牧草地流转平均价格；载畜量、草场经营收入、产草量、植被高度、植被覆盖度、降水量及地表水状况等因素影响各苏木（镇）牧草地流转价格地域变动幅度（表4-7）。

4.2.2.2 主成分分析的基本理论及数学模型

主成分分析主要运用的思想是降维法的一种多元统计方法，以排除较少信息量为条件，将多个指标转化为具有代表性的几个综合指标。

主成分分析的基本理论为假设有 n 个样本，而每个样本都有 p 个变量，分别记为 $x_1, x_2, x_3, \cdots, x_p$，组成的数据矩阵 x 为一个 $n\text{-}x_p$ 阶矩阵：

$$x \begin{cases} x_{11}, x_{12}, \cdots, x_{1p} \\ x_{21}, x_{22}, \cdots, x_{2p} \\ \vdots \quad \vdots \quad \quad \vdots \\ x_{n1}, x_{n2}, \cdots, x_{np} \end{cases} \tag{4-1}$$

表 4-7 东乌珠穆沁旗牧草地流转价格影响因素表

因变量	主要类型	影响因素	单位
牧草地流转价格	社会经济发展情况	牧民年人均收入	万元
		地区生产总值	亿元
		牧民消费价格指数	—
	社会经济发展基础	载畜量	hm^2/绵羊单位
		草场经营收入	元/hm^2
		产草量	kg/hm^2
	自然因素	降水量	mm
		植被高度	cm
		植被覆盖度	%
		地表水状况	—

假设 x_1, x_2, x_3, $\cdots$, x_p 为原始变量，F_1, F_2, F_3, $\cdots$, F_m（$m<p$）为综合性新变量指标，则对其进行线性组合，得到：

$$\begin{cases} F_1 = a_{11}x_1 + a_{12}x_2 + \cdots + a_{1p}x_p \\ F_2 = a_{21}x_1 + a_{22}x_2 + \cdots + a_{2p}x_p \\ \vdots \quad \vdots \quad \vdots \\ F_m = a_{m1}x_1 + a_{m2}x_2 + \cdots + a_{mp}x_p \end{cases} \quad (4\text{-}2)$$

式中，$a_{i1} + a_{i2} + \cdots + a_{ip} = 1$（$i=1, 2, 3, \cdots, m$）。系数求解需符合以下几个原则：

F_i 与 F_j（$i \neq j$; $i, j = 1, 2, 3, \cdots, m$）相互独立；$F_1$ 为 x_1, x_2, x_3, $\cdots$, x_p 的所有线性组合中方差最大的变量；F_2 为依次 F_1，在 x_1, x_2, x_3, $\cdots$, x_p 的所有线性组合中方差最大的变量；F_p 为依次 F_1, F_2, F_3, $\cdots$, F_n 相关的 x_1, x_2, x_3, $\cdots$, x_p 的所有线性组合中方差最大的变量。

根据上述原则所确定的综合性新变量，即 F_1, F_2, F_3, $\cdots$, F_m 依次称之为原始变量 x_p 的第一、第二、$\cdots$、第 m 个主成分。其中，F_1 的归纳原始变量的能力最好，在总方差中所占的比例最大，其他主成分的归纳原始信息变量的能力依次减弱，在总方差中所占比例依次降低（徐建华，2002；任雪松和于秀林，2011）。

主成分分析的基本步骤如下。

(1) 数据标准化

标准化公式为

$$Z_{ij} = \frac{(x_{ij} - \bar{x}_i)}{\sigma} (i=1,2,\cdots,n; j=1,2,\cdots,p) \quad (4\text{-}3)$$

式中，x_{ij} 为原始数据，Z_{ij} 为原始数据标准化后的数据，x_i 和 σ 分别为第 i 个变量的样本均值和标准差。标准后的指标均值为 0，方差为 1。

（2）相关系数矩阵 R 的计算

由原始数据处理后取得标准化数据矩阵 Z_{ij}，计算相关系数矩阵 $\boldsymbol{R} = (r_{ij})$，且 $\boldsymbol{R}$ 为对称矩阵。

$$\boldsymbol{R} = \begin{pmatrix} r_{11}, r_{12}, \cdots, r_{1p} \\ r_{21}, r_{22}, \cdots, r_{2p} \\ \vdots \quad \vdots \quad \quad \vdots \\ r_{p1}, r_{p2}, \cdots, r_{pp} \end{pmatrix} \tag{4-4}$$

r_{ij} 为原变量 X_i 与 X_j 的相关系数，且 $r_{ij} = r_{ji}$，其计算公式为

$$r_{ij} = \frac{\sum_{k=1}^{n}(x_{ki} - \bar{x}_i)(x_{kj} - \bar{x}_j)}{\sqrt{\sum_{k=1}^{n}(x_{ki} - \bar{x}_i)^2 \sum_{k=1}^{n}(x_{kj} - \bar{x}_j)^2}} \tag{4-5}$$

（3）计算特征值与特征向量

根据特征方程 $|R - \lambda| = 0$，得到特征值（$\lambda_1, \lambda_2, \cdots, \lambda_p$），系数向量（$a_{1i}, a_{2i}, \cdots, a_{mi}$），（$i = 1, 2, \cdots, p$）是协方差矩阵 $\boldsymbol{Z}$ 的特征值（$\lambda_1 \geqslant \lambda_2 \geqslant \cdots \geqslant \lambda_p$）所对应的特征向量，其中 a_i 是主成分 F_i 的方差，方差越大对主成分的贡献越大。

（4）计算方差贡献率以及累计贡献率

第 i 个主成分的贡献率为

$$e_i = \frac{\lambda_i}{\sum_{k=1}^{p}\lambda_p}(i = 1, 2, \cdots, p) \tag{4-6}$$

可以反映对应的主成分代表原来 p 个指标多大的信息，有多大的概括能力。前 k 个主成分的累计贡献率为

$$\sum_{i=1}^{k} e_i = \frac{\sum_{i=1}^{k}\lambda_k}{\sum_{i=1}^{p}\lambda_p}(i = 1, 2, \cdots, p) \tag{4-7}$$

可以反映对应的前 k 个主成分包含了原始变量所拥有的信息量，共有多大的概括能力。

（5）综合分析与数据处理

将各标准化后的数据带回主成分的表达式中，计算各主成分的值 F_k，以方差贡献率为依据通过分析计算对所选主成分进行合理的解释，并结合本书所涉及

的牧草地流转价格影响因素进行综合分析。

4.2.2.3 主成分应用分析

原始数据通过实测和资料获取,主要来源于《内蒙古自治区国土资源经济地图集》《内蒙古自治区统计年鉴》及东乌珠穆沁旗2007~2015年政府工作报告等。将理论分析、影响因素相关性分析及专家咨询等方法与东乌珠穆沁旗实际情况相结合,选取牧草地平均流转价格因素:牧民年人均收入(x_{11})、地区生产总值(x_{12})、牧民消费价格指数(x_{13})等影响因素作为测验对象,对东乌珠穆沁旗2008~2014年的牧草地流转价格数据进行分析。由于选取的牧草地平均流转价格因素较少,故牧民年人均收入、地区生产总值、牧民消费价格指数三个因素不适合进行主成分分析。

确定各苏木(镇)牧草地流转价格幅度因素:载畜量(x_{21})、草场经营收入(x_{22})、产草量(x_{23})、植被高度(x_{24})、植被覆盖度(x_{25})、降水量(x_{26})以及地表水状况(x_{27})等影响因素作为测验对象,选取各个苏木(镇)的牧草地流转价格数据进行主成分分析。

通过相关性分析,相关系数大于0.8或0.9便可能会有共线性问题存在。由于对测验数据精度无法控制,以及各影响因素数据相互之间均存在着一定的关联,本书对原始数据进行共线性分析,分析影响因素之间相互的相应关系。经过测验,得出本书所选7个影响因素指标之间均存在共线性,所以直接采用主成分分析法进行分析。

表4-8为原始变量的相关系数矩阵,可以看出载畜量与草场经营收入、产草量、植被高度有较高的相关性;与草场经营收入有较高的相关性的因素有产草量和植被高度等;产草量与植被高度、植被覆盖度有较高的相关性;植被高度与草场经营收入、产草量、降水量、植被覆盖度有较高的相关性。在这7个变量中,很多自变量之间均存在着较高的相关性,由此可知从这些自变量中提取主成分公共因子并进行主成分分析是合理的。

本次分析程序输出KMO(Kaiser Meyer Olkin)检验结果为0.776,依据Kaiser给予的KMO标准度量,可以进行因子分析的KMO值必须在0.5以上,所以本次选择的变量做因子分析是适合的;通过转化为χ^2检验来完成对变量之间的独立性检验,也称之为Bartlett球形度检验。分析程序输出结果为Bartlett球形度检验统计量的观测值,为65.118,其伴随概率小于0.05的显著性水平,说明相关系数矩阵与单位矩阵有显著性差异,所选自变量可以进行因子分析(表4-9)。

表 4-8 相关系数矩阵

区域因素＼区域因素	载畜量	草场经营收入	产草量	降水量	植被高度	植被覆盖度	地表水状况
载畜量	1.000	-0.873	-0.874	-0.770	-0.808	-0.799	-0.635
草场经营收入	-0.873	1.000	0.933	0.873	0.920	0.880	0.749
产草量	-0.874	0.933	1.000	0.861	0.958	0.935	0.723
降水量	-0.770	0.873	0.861	1.000	0.911	0.911	0.757
植被高度	-0.808	0.920	0.958	0.911	1.000	0.963	0.826
植被覆盖度	-0.799	0.880	0.935	0.911	0.963	1.000	0.681
地表水状况	-0.635	0.749	0.723	0.757	0.826	0.681	1.000

表 4-9 KMO 和 Bartlett 球形度检验

KMO 度量		0.776
Bartlett 球形度检验	近似卡方	65.118
	Df	21
	Sig.	0.000

表 4-10 是各自变量之间的共同度分析,由共同度分析表可知原始变量标准化后的方差为 1;通过因子分析得到变量的共同度,主成分因子适量必定少于原始变量,因此共同度必定小于 1。由共同度分析可知,主成分因子对各自变量的解释程度在 85% 以上,主成分因子能够很好地解释每个原始变量。

表 4-10 共同度分析表

自变量	初始变量标准	共同度
载畜量	1.000	0.860
草场经营收入	1.000	0.925
产草量	1.000	0.955
降水量	1.000	0.879
植被覆盖度	1.000	0.970
植被高度	1.000	0.919
地表水状况	1.000	0.971

表 4-11 是主成分提取的成果，主成分因子的重要程度为由大到小，自上而下依次排列。依据选取主成分的规则，前三个成分的特征值为 $\lambda_1 = 6.058$，$\lambda_2 = 0.419$，$\lambda_3 = 0.264$，其累计贡献率为 96.31%，也就是说 96.31% 的原始变量总方差足以被前三个主成分因子所解释，而被放弃的其他因子，对原始变量总方差的概括能力不到 5%，损失的信息量较少，足以说明主成分提取很理想。

表 4-11　主成分提取结果表

主成分	初始特征值			主成分提取			因素旋转		
	特征值	贡献率/%	累计贡献率/%	特征值	贡献率/%	累计贡献率/%	特征值	贡献率/%	累计贡献率/%
1	6.058	86.549	86.549	6.058	86.549	86.549	2.909	41.551	41.551
2	0.419	5.990	92.539	0.419	5.990	92.539	2.156	30.801	72.353
3	0.264	3.771	96.310	0.264	3.771	96.310	1.677	23.958	96.310
4	0.131	1.877	98.187						
5	0.089	1.273	99.459						
6	0.032	0.461	99.921						
7	0.006	0.079	100.000						

主成分分析主要模型通过表 4-12 的输出结果得到，将表 4-11 中所得到的主成分特征根的平方根除以表 4-12 中因素载荷矩阵，得到主成分模型的表达公式：

$$F_1 = 0.4x_{21} + 0.39x_{22} + 0.39x_{23} + 0.39x_{24} + 0.38x_{25} - 0.36x_{26} + 0.33x_{27}$$

$$F_2 = -0.21x_{22} - 0.18x_{24} + 0.43x_{26} + 0.84x_{27}$$

$$F_3 = 0.21x_{21} + 0.47x_{24} + 0.39x_{25} + 0.66x_{26} - 0.32x_{27}$$

以主成分所对应的贡献率占主成分累计贡献率的比例作为权重，计算主成分的综合模型：

$$F = \frac{0.866F_1 + 0.060F_2 + 0.038F_3}{F_1 + F_2 + F_3} \tag{4-8}$$

将 F_1、F_2、F_3 的得分作为新的变量，即第一、第二、第三主成分的贡献率组合表达式，输入 Numeric Expression 文本框中，通过综合模型对主成分因子进行综合得分计算，以便于做出系统的比较分析，即为样本的综合得分，具体如表 4-13 所示。

表 4-12　因素载荷矩阵

因素变量	主成分		
	第一主成分	第二主成分	第三主成分
植被高度	0.837	0.442	0.288
降水量	0.768	0.373	0.436
植被覆盖度	0.731	0.452	0.493
产草量	0.676	0.614	0.346
载畜量	−0.395	−0.862	−0.276
草场经营收入	0.590	0.644	0.414
地表水状况	0.349	0.287	0.891

表 4-13　样本综合得分

苏木（镇）\项目	F_1	排名	F_2	排名	F_3	排名	F	排名
阿拉坦合力苏木	−1.45	9	−1.38	9	−1.36	9	−1.39	9
额吉淖尔镇	−1.02	7	0.13	5	−1.67	8	−0.94	7
嘎达布其镇	−1.05	8	−0.66	7	−0.65	7	−0.97	8
乌里雅斯太镇	0.04	4	0.47	4	−0.16	5	0.06	4
道特淖尔镇	−0.02	5	−0.40	6	0.54	4	−0.02	5
萨麦苏木	−0.33	6	−1.02	8	−0.16	5	−0.35	6
呼热图淖尔苏木	1.33	1	0.62	3	1.07	3	1.23	2
嘎海乐苏木	1.32	2	1.17	1	1.12	2	1.26	1
满都胡宝拉格镇	1.18	3	1.06	2	1.27	1	1.13	3

表 4-14 是依照方差极大旋转法对因子载荷旋转后输出的结构结果，旋转后，主成分因子实际意义变得更为明晰，便于对主成分因子做出合理的解释。

表 4-14　因子旋转载荷

因子变量	主成分		
	第一主成分	第二主成分	第三主成分
载畜量	0.728	−0.253	0.149
草场经营收入	−0.125	0.419	0.012
产草量	0.165	0.248	−0.194
降水量	0.630	−0.464	−0.018

续表

因子变量	主成分		
	第一主成分	第二主成分	第三主成分
植被高度	0.381	−0.253	0.101
植被覆盖度	0.818	−0.360	−0.404
地表水状况	−0.563	−0.196	0.322

综合表 4-13 和表 4-14，根据影响因子载荷及主成分贡献率分析可知第一主成分在植被覆盖度、载畜量、降水量、地表水状况具有较大的载荷，分别为 0.818、0.728、0.630、−0.563，这些因子主要体现了自然因素对草原的重要性，而植被高度占有较小的比例，产草量、草场经营收入相对来说载荷偏小，但也占有一定的份额。由此可知，对于牧草地流转价格来说，自然因子的影响较大。第一主成分对于综合指标的贡献率达 86.549%，这说明第一主成分基本上涵盖了大部分原始变量的信息，可以代表大部分因素的影响程度。

从表 4-14 第二列第一主成分旋转载荷中可以分析到，植被覆盖度在第一主成分中具有较大的正贡献率，并且第一主成分可以概括全部自变量信息，所以植被覆盖度对牧草地流转价格来说显得尤为重要，这与实际情况十分相符。在第一主成分旋转载荷中同样占有较大比例的还有草原载畜量和降水量。第二主成分所在的旋转载荷中占有较高比例的有草场经营收入、产草量，其中草场经营收入为 0.419 的载荷，第二主成分概括了原始变量 5.99% 的信息量，存在不能够被忽略的影响。第三主成分的旋转载荷值，地表水状况的载荷为 0.322。

4.2.3　多元线性回归分析

4.2.3.1　多元线性回归模型

首先设计计算模型。东乌珠穆沁旗牧草地流转价格确定因素为：牧草地平均流转价格因素为牧民年人均收入（x_{11}）、地区生产总值（x_{12}）、牧民消费价格指数（x_{13}），确定各苏木（镇）牧草地流转价格幅度因素为载畜量（x_{21}）、草场经营收入（x_{22}）、产草量（x_{23}）、植被高度（x_{24}）、植被覆盖度（x_{25}）、降水量（x_{26}）以及地表水状况（x_{27}）等。计算模型设为

$$P = p_1(1+d) \tag{4-9}$$

$$p_1 = \alpha_1 + \beta_{11}x_{11} + \beta_{12}x_{12} + \cdots + \beta_{1n}x_{1n} \tag{4-10}$$

$$d = \alpha_2 + \beta_{21}x_{21} + \beta_{22}x_{22} + \cdots + \beta_{2n}x_{2n} \tag{4-11}$$

式中，P 为牧草地流转价格；p_1 为牧草地流转平均价格；d 为价格幅度；α 为回归常数；β 为偏回归系数。

其次进行逐步回归分析。逐步回归法的基本思想为从所有解释变量中，先选取影响最为明显的变量建立模型，然后再将模型以外的变量逐一引进模型；每引进一个变量就对模型中的所有变量进行一次显著性检验；由于后面变量的引进，原引进的变量变得不再显著时将其去除；逐一引进—剔除—引进，重复这个过程，直到不再有显著变量被引进回归方程，也没有不显著变量从回归方程中去除才终止。

4.2.3.2 模型估计

1）影响牧草地流转平均价格时间因素分析。选择直接进入和逐步回归方法，对整理好的牧草地流转平均价格时间因素统计数据进行逐步回归分析。从表4-15中可知模型的判定系数 R^2 为 0.993，经调整 R^2 为 0.989。R^2 说明回归模型与样本观测值有较好的拟合优度，也就是说观测值聚集在样本回归直线周围的密集度比较好，调整 R^2 说明98.9%的因变量变化可以由模型解释。

方差分析表是对回归模型进行的显著性检验（F 检验）。F 值为 265.629；F 检验值为 0，小于设定的显著性水平 0.05，说明就回归方程而言，牧民年人均收入和牧民消费价格指数对牧草地流转价格的作用是显著的，回归模型成立。

回归系数分析是对回归参数显著性的检验（t 检验）。通过分步回归，回归参数 t 检验的 p 值小于设定的 0.05 的显著性水平，即回归系数的检验结果成立，并显示了在分步回归过程中变量被排除的情况。该结果显示，模型中的变量有牧民年人均收入、牧民消费价格指数，而地区生产总值所对应的 p 值大于 0.05，说明它对牧草地流转价格的影响不显著，所以被排除。

2）影响区域牧草地流转价格变动幅度因素分析。东乌珠穆沁旗2014年牧草地流转平均价格为 88.8 元/hm²，牧草地流转价格空间变化幅度因素相关数据详见表4-15。将整理后的东乌珠穆沁旗各苏木（镇）牧草地流转价格变动幅度影响因素幅度值数据，选择直接进入和逐步回归方法进行线性回归分析。

表4-15 影响各苏木（镇）牧草地流转价格变动幅度影响因素值表

苏木（镇）	流转价格幅度	载畜量	草场经营收入	产草量	降水量	植被高度	植被覆盖度	地表水状况
阿拉坦合力苏木	-32.67	38.00	37.05	37.50	30.00	30.00	20.00	16.50
额吉淖尔镇	-33.33	37.00	37.55	40.00	32.81	30.00	25.00	50.78
嘎达布其镇	-28.00	40.00	34.55	42.68	30.00	40.00	30.00	25.20

续表

项目 苏木（镇）	流转价格幅度	载畜量	草场经营收入	产草量	降水量	植被高度	植被覆盖度	地表水状况
乌里雅斯太镇	−22.17	38.00	40.30	55.01	46.11	50.00	40.00	52.66
道特淖尔镇	−3.00	35.00	42.05	52.67	65.00	60.00	40.00	36.00
萨麦苏木	−3.67	35.00	45.45	60.00	44.72	50.00	35.00	22.82
呼热图淖尔苏木	11.50	36.00	50.30	62.34	85.29	60.00	50.00	63.24
嘎海乐苏木	11.00	32.00	56.80	72.39	72.50	70.00	60.00	71.34
满都胡宝拉格镇	21.17	30.00	52.85	78.43	83.85	70.00	60.00	68.34

模型的判定系数 R^2 为 0.985，经调整 R^2 为 0.975。R^2 说明回归模型与样本观测值有较好的拟合优度，也说明本观测值聚集在样本回归直线周围的密集度比较好，调整 R^2 说明 97.5% 的因变量变化可以由模型解释。

通过对回归模型进行显著性检验和回归系数的检验，回归模型显著成立。回归系数的检验结果成立，显示了在分步回归过程中变量被排除的情况。该结果说明模型中的变量有产草量、降水量和地表水状况，而其他因素对牧草地流转价格的影响不显著被排除。

4.2.3.3 模型检验

残差正态性检验的方法中，最直观简单的方法是残差的累计概率图和直方图。残差越符合正态分布，则累计概率图中各点越均匀地分布在直线的周围，残差直方图的边缘越接近正态分布曲线。

综合上述可得计算牧草地流转价格模型为

$$p = (35.506x_{11} - 1.717x_{13} + 186.057) \times (1 + 0.73x_{24} + 0.533x_{26} - 0.231x_{27} + 21.775)$$

(4-12)

式中，p 为牧草地流转价格；x_{11} 为牧民年人均收入；x_{13} 为牧民消费价格指数；x_{24} 为产草量作用分值；x_{26} 为降水量作用分值；x_{27} 为地表水状况作用分值。

由多元回归分析得出的牧草地流转价格模型可知，牧民年人均收入、牧民消费价格指数、产草量、降水量、地表水状况等因素是牧草地流转价格的主要影响因素。

4.2.4 结果分析

根据建立的牧草地流转价格影响因素指标体系，采用东乌珠穆沁旗各苏木

（镇）及 2008~2014 年的牧草地流转价格影响因素的数据进行主成分分析。根据相关系数矩阵可知各影响因素之间存在较大的相关性，牧草地流转价格影响因素指标体系建立合理；依据 KMO 和 Bartlett 球形度检验的输出结果，证明相关系数矩阵与单位矩阵之间有显著性差异，因此所选影响因素可以进行因子分析；根据主成分提取可得前三个主成分因素累计贡献率为 96.31%，说明前三个主成分足以涵盖影响因素的信息；碎石图的趋向验证，选取三个主成分是合理的；依据因素载荷矩阵确定主成分分析的公式模型，并对主成分进行排名；根据第一、第二、第三主成分因子旋转载荷的贡献率，可以判断出对于牧草地流转价格有较大影响的因素有植被覆盖度、草原载畜量和降水量。

以牧草地平均流转价格、各苏木（镇）牧草地流转价格幅度作为因变量进行多元线性逐步回归分析。根据初始模型汇总表可知，两个模型与其对应数据拟合程度非常高，适合建立模型。分别通过对回归模型显著性检验和回归系数的检验，排除共线性因素，并进行残差正态性检验、异方差检验，并建立牧草地流转价格模型。由模型可知，牧民年人均收入、牧民消费价格指数、产草量、降水量、地表水状况等因素是牧草地流转价格的主要影响因素。

通过对东乌珠穆沁旗牧草地流转现状调查的分析及牧草地流转价格形成机制研究，得出以下结论：

1) 东乌珠穆沁旗牧草地流转价格影响因素体系构建时，参考草原等级评价因素，并结合牧草地流转价格自身特点，选取牧民消费价格指数、牧民年人均收入、地区生产总值、载畜量、草场经营收入、产草量、植被高度、植被覆盖度、降水量及地表水状况等因素建立牧草地流转价格影响因素体系是适合的。

2) 采用主成分分析法，对所建立的牧草地流转价格指标体系进行因素分析。根据相关系数矩阵、KMO 和 Bartlett 球形度检验、主成分提取结果、因素旋转载荷等分析结果，判断出牧草地流转价格的影响因素中，植被覆盖度、载畜量、降水量、地表水状况及草场经营收入等因素的影响较大。

3) 采用多元回归分析法，对所建立的指标体系进行因素分析。通过逐步回归数据拟合程度检验、F 检验及 t 检验等验证，除去共线性因素，并建立牧草地流转价格模型，由此可知，牧民年人均收入、牧民消费价格指数、产草量、降水量、地表水状况等因素是牧草地流转价格的主要影响因素。

参 考 文 献

包乌日乐 . 2012. 牧户草原流转行为研究——以锡林浩特市为例 . 呼和浩特：内蒙古大学硕士学位论文 .

宝兴安 . 2011. 锡林浩特市牧区草地流转问题研究 . 呼和浩特：内蒙古农业大学硕士学位论文 .

东乌珠穆沁旗志编委会 . 2001. 东乌珠穆沁旗志 . 呼和浩特：内蒙古文化出版社 .

格日多杰.2010.青海省黄南州草地流转情况调查.草原与草坪,30(2):83-85.

郭洁,李晓丽.2005.草原承包经营权流转法律问题分析.辽宁大学学报(哲学社会科学版),33:144-147.

侯景新,尹卫红.2004.区域经济分析方法.北京:商务印书馆出版.

李金花,潘浩文,王刚.2004.内蒙古典型草原退化原因的初探.草业科学(5):49-51.

刘慧,盖志毅,张国志.2008.草原使用权流转与政府调控.内蒙古财经学院学报,(2):35-38.

刘兆谦.1982.草原土壤.中学地理教学参考,(1):5-8.

刘志刚,王英舜.2006.锡盟草原生态系统退化探析.内蒙古气象,(1):27-29.

孟林,张英俊.2010.草地评价.北京:中国农业科学技术出版社.

内蒙古自治区统计局.2015.内蒙古经济社会调查年鉴(2008—2015年).北京:中国统计出版社.

青照日格图,周伟红,孟和满达,等.2007.西乌珠穆沁旗草原经营权流转现状及对策.内蒙古草业,(3):19-23.

任雪松,于秀林.2011.多元统计分析(第二版).北京:中国统计出版社.

文明,塔娜.2015.内蒙古农村牧区土地流转问题研究.内蒙古社会科学(汉文版),36(2):176-180.

徐建华.2002.现代地理学中的数学方法(第2版).北京:高等教育出版社.

伊力奇,张裕凤,萨如拉.2014.内蒙古西乌珠穆沁旗草原承包经营权流转影响因素分析.中国土地科学,(10):20-24,32.

于学江.2014.山东省农村土地流转的影响因素分析与对策研究.北京:光明日报出版社.

张小平,韩志敏.1998.内蒙古自治区草原使用权流转现状及对策.内蒙古草业,(Z1):7-8.

张引弟,孟慧君,塔娜.2010.牧区草地承包经营权流转及其对牧民生计的影响——以内蒙古草原牧区为例.草业科学,(27):130-135.

郑书刚,陈永泉,于萍.2009.内蒙古自治区草原承包经营权流转概述.合肥:中国草原发展论坛论文集:273-276.

中华人民共和国农业部.2007.NY/T 1579—2007天然草原等级评定技术规范.北京:中国标准出版社.

5 牧草地流转定级估价研究

2021年3月，国务院办公厅印发《关于加强草原保护修复的若干意见》，提出2025~2035年的草原保护修复目标，并明确了实现目标的12条工作措施和4条保障措施，其中前两条就是建立草原调查体系和健全草原监测评价体系。构建草原分等定级指标体系是草原保护修复工作的基础，草地分等定级结果还可用于草地资产评估（张凤荣，2021）。

本章将分析牧草地价格形成规律及流转价格区域差异，研究适合草原经营权流转价格评估的思路和方法；在面向国家加强土地要素市场化管理要求、目前尚未公布草地基准地价的情况下，研究建立草地地价评估体系，研究草原所有权、承包权、经营权权能价格，促进草原承包经营权流转市场建设，为草地资源资产核算与草原保护奠定重要基础。

5.1 牧草地定级因素体系构建与级别确定

农用地定级是指，在行政区内依据构成土地质量的自然属性、社会经济状况和区位条件，根据地方土地管理和实际情况需要，遵照与委托方要求一致的原则，即根据一定的农用地定级目的，按照规定的方法和程序进行的农用地质量综合、定量评定，划分出的农用地级别（GB/T 28405—2012）。

城镇土地定级是指，根据城镇土地的经济、自然两方面属性及其在社会经济活动中的地位、作用，对城镇土地使用价值进行综合分析，揭示城镇内部土地质量的地域差异，评定城镇土地级别（GB/T 18507—2014）。

农用地定级与城镇土地定级虽然在概念上说法不同，但本质相同，都是综合考虑自然、经济及区位条件，划分出行政区内土地质量的地域差异，反映的是土地质量及土地使用价值的差异。

土地级别反映的是土地的使用价值差异，而估价是评定土地使用价值在市场上反映出的价格差异。土地定级是估价的基础，通过定级评定出牧草地的质量及使用价值优劣，才能提高估价的精度，评定合理的价格水平。而定级的前提是构建合理的价格影响因素体系，由于目前牧草地定级估价研究及实践较少，因此构建难度较大。本书在目前的研究的基础上，尝试构建定级因素体系，并确定出锡林郭勒盟牧草地级别，最终确定锡林郭勒盟牧草地价格（图5-1）。

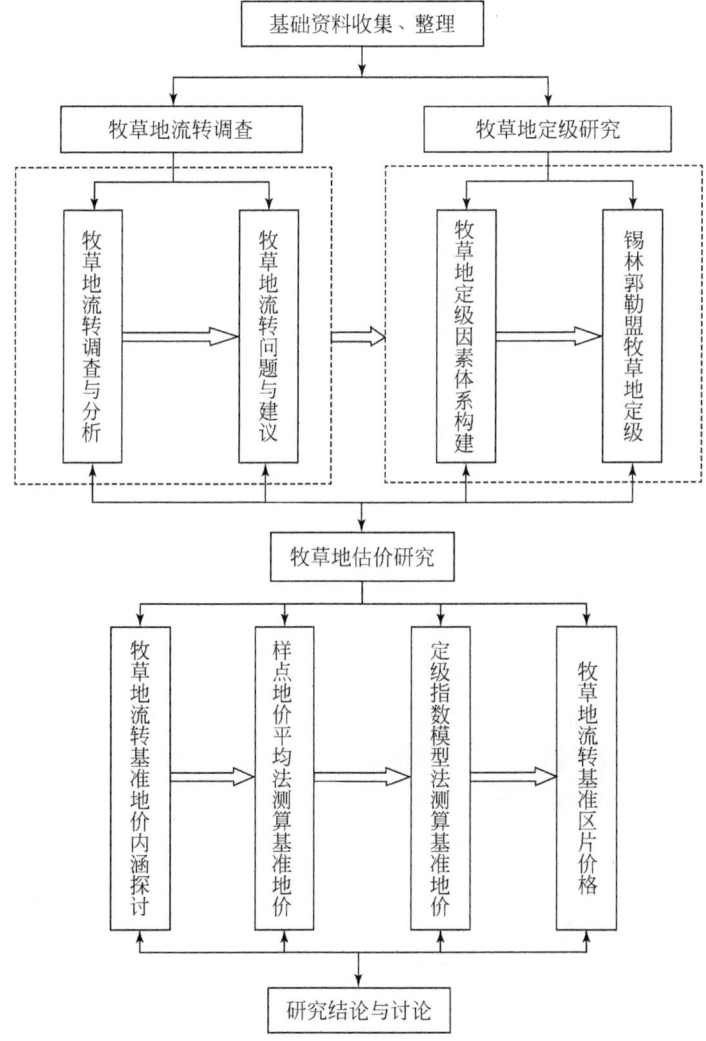

图5-1 锡林郭勒盟牧草地流转调查与定级估价研究技术路线图

5.1.1 牧草地定级因素体系构建

牧草地虽有其自身不同于其他农用地的特性，但其价格影响因素同样可分为自然因素、社会经济因素及特殊因素。

自然因素的优劣直接决定了牧草地的自然质量，直接影响牧草地的生产能力，而农业生产能力是农用地价值的核心所在，农用地所具备的其他功能性作用均从属或衍生于其核心价值（伍育鹏和薛剑，2009）。因此，对牧草地价值的自然影响因素的选择必须慎重、合理。

目前草地资源评价的研究内容已非常全面、成熟，涉及草地环境功能评价、草地基况评价、草地生态服务价值评价、草地生产适宜性评价、草地初级生产功能评价、草地次级生产功能评价、草业经济系统评价等（孟林和张英俊，2010），其中草地基况评价、草地生产适宜性评价及草地初级生产功能评价相较其他内容对合理选择牧草地价值影响因素更具参考意义，因此本书着重对这三部分内容做以下介绍。

（1）草地基况评价

草地基况评价就是指草地生长发育和发展演替的基本情况，其评价是通过群落学和生态学的特征，对草地健康状况进行鉴定与诊断，以说明和比较草地实际和潜在生态—生产能力的差异，并直接反映草地生长发育基本状况及其草地受过度干扰而发生逆行演替后的发展阶段与表现。草地的健康状况评价方法中有植物群落单指标评价、可食牧草百分比单指标评价、土壤有机质单指标评价、Poker 和 Woodhead 多指标评价、任继周草地健康评价等，在之前研究的基础上，我国于 2008 年形成了一部草原健康状况的国家标准：《草原健康状况评价》（GB/T 21439—2008）。该标准认为草原健康是指草原生态系统中的生物和非生物结构的完整性、生态过程的平衡及其可持续的程度，评价指标根据土壤的稳定性、水文功能及生物完整性三个草原生态属性确定为 12 项指标，通过对这些属性指标的分级定量赋值，计算出草原健康的综合指数，对草原健康状况进行分级和全面科学评价。

（2）草地生产适宜性评价

草地生产适宜性评价是按照草地资源适宜开发经营的不同要求全面衡量草地资源本身的条件和特征，分析和鉴定不同自然和社会经济条件的草地资源生产适宜性、适宜程度等。目前在草地的适宜性评价中一般将草地分为宜建人工草地类、天然放牧地类（冷季和暖季）、天然割草地类、封育地类四个生产适宜性类别，针对不同的利用方式和用途构建不同的评价因素体系（《内蒙古草地资源》编委会，1990）。

（3）草地初级生产功能评价

目前草地初级功能评价方法主要有草地产草量评价、草地营养评价及草地等级评价。

草地产草量评价是评价草地牧草的经济产量，是草地生产中最简单、应用非常广泛的一种评价体系，评价指标根据不同目的和要求确定，分以下三种：①不同草地类型（草地型、组、亚类、类、类组）或行政区域的年平均产草量、可食产草量、可采食产草量；②不同草地类型（草地型、组、亚类、类、类组）或行政区域不同季节（冷季、暖季）平均产草量、可食产草量、可采食产草量；③不同草地类型（草地型、组、亚类、类、类组）或行政区域的年、月动态的平均产草量、可食产草量、可采食产草量。

草地营养评价是用草地生产的营养成分或家畜可消化营养成分的多少来表明和比较草地的生产能力。该评价方法主要着眼于：①表明或比较不同草地类型或地区的单位草地面积营养物质或可消化营养物质生产能力的高低；②表明或比较地区的放牧场与割草场的全年、季节的营养物质或可消化营养物质生产总量。

草地等级评价是将草地的"质"与"量"相结合的一种评价方法。"质"以草地牧草被饲用价值为主，结合地形、水源等条件对草地基本状况进行综合评价；"量"则是以产草量的高低进行评价。草地等级评价是中国科学院内蒙古宁夏综合考察队在完成了对内蒙古自治区及东西毗邻地区天然草地全面考察后形成的成果之一，后又经专家学者补充完善，北方草场资源调查办公室于1986年起草形成了《全国重点牧区草场资源调查技术规程》，用于指导全国草地资源等级评定。该方法是以草地植被的好坏和地上部分产草量高低为标准划分草地等级的，规定"等"表示草地草群的品质优劣，"级"表示草地草群地上部分的产草量。《内蒙古草地资源》一书（《内蒙古草地资源》编委会，1990）中草地等级评价与该方法基本相同，"等"表示草地草群的品质优劣，按其营养价值、适口性和采食率划分为优、良、中、低、劣五等。依据全国制定的草地草群重量百分比组合的原则，首先以构成草地型的草群总产量60%以上的植物"等"的组合代表草地质量总体，计算这些植物"等"的重量加权平均得分，然后计算草地型"等"的总得分，最后按草地等级的评定标准划分"等"；"级"表示每个草地类型地上部分的产量，可以划分为八个级；在"等"和"级"评定的基础上叠加组合形成草地等级综合评价指标，归并为9类（表5-1）。在这些研究与实践的基础上，经完善形成了我国第一部草地等级评定行业标准——《天然草原等级评定技术规范》（NY/T 1579—2007），于2007年由农业部发布（张裕凤和赵红强，2016）。

表5-1 草原等级划分标准表

草地等级	划分标准
优质高产	优等和良等牧草占总产量≥60%，可食牧草产量≥3000kg/hm^2
中质高产	中等牧草及低等牧草以上占总产量≥60%，可食牧草产量≥3000kg/hm^2

续表

草地等级	划分标准
劣质高产	劣等牧草占总产量≥40%，可食牧草产量≥3000kg/hm²
优质中产	优等和良等牧草占总产量≥60%，500kg/hm²≤可食牧草产量<3000kg/hm²
中质中产	中等牧草及低等牧草以上占总产量≥60%，500kg/hm²≤可食牧草产量<3000kg/hm²
劣质中产	劣等牧草占总产量≥40%，500kg/hm²≤可食牧草产量<3000kg/hm²
优质低产	优等和良等牧草占总产量≥60%，可食牧草产量<500kg/hm²
中质低产	中等牧草及低等牧草以上占总产量≥60%，可食牧草产量<500kg/hm²
劣质低产	劣等牧草占总产量≥40%，可食牧草产量<500kg/hm²

草地等级评价一方面综合考虑了草地草群的品质及草地草群地上部分的产量，而草群的营养价值、适口性和采食率及产量直接影响牲畜的品质与产量，直接反映草地的质量与使用价值；另一方面，草地等级评价指标及方法不复杂，且用于指导全国草地等级评价，并形成了行业标准《天然草原等级评定技术规范》（NY/T 1579—2007），应用成熟、广泛。而草地基况评价及草地生产适宜性评价虽然能够较好地反映草地自身的自然状况，但无法充分反映草地的使用价值，而且评价指标和方法较复杂；草地初级生产功能评价中草地产草量评价及草地营养评价，评价因素比较单一，不能充分反映草地的自然质量状况及使用价值。因此，本书选取草地等级评价因素体系作为选取牧草地定级自然影响因素的重要参考依据。

5.1.2 自然因素

根据5.1.1研究内容，草地等级评价中草群的营养价值、适口性、采食率及产量直接影响牲畜的品质与产量，直接反映的是草地的质量与使用价值，契合牧草地定级内涵，因此本书优先选择草地等级（草群品质及草地产量）作为牧草地定级重要的自然影响因素。而草地等级的优劣划分，标准中已经包含气候、土壤及水文等自然因素。因此本书草地定级的自然因素不再重复考虑气候、土壤及水文等因素。

地形地貌虽然会影响草群品质及草地产量，但地形坡度更多会影响草场经营的难易程度，进而影响草场使用价值；同时，地表水状况不仅会直接影响牲畜的饮水半径，而且会直接影响草场的景观，进而会影响草场使用价值。

综上所述，并结合专家意见，确定锡林郭勒盟牧草地定级自然影响因素为草地等级、地形地貌、水文状况。

5.1.3 社会经济因素

牧草地定级社会经济影响因素的选择，参考《农用地定级规程》(GB/T 28405—2012)，并结合锡林郭勒盟牧草地自身特点确定。

影响草地价值的因素主要有基础设施条件（水井、网围栏、牲畜棚圈等）、草场经营便利条件（草场大小、草场形状、放牧距离、草场高差等）、土地利用状况（经营规模、经营效益、人均草地面积、经营方式等）。但草场经营不同于耕地，主要依靠草场自然质量，加上锡林郭勒盟牧区地广人稀，其使用价值受社会经济因素影响较小。

基础设施方面，牧区草场基础设施较少，主要有水井、网围栏及牲畜棚圈，而网围栏与牲畜棚圈是牧民放牧的必要设施，实地调查中其区域差异不大；水井的分布会直接影响牲畜的饮水半径，从而对牧草地的价值产生影响，但从目前的调查情况及锡林郭勒盟牧区基础设施建设实际情况（全盟水井42 708眼，其中机电井7744眼）来看，牧区水井及机井的建设情况较好，调查的牧户中有97%的牧户表示水源充足，运水方便，仅有3%的牧户表示缺水，运水不便，因此水源（饮水半径）的区域差异不大。

草场经营便利条件方面，由于牧户居住点一般位于自家草场，牧户之间距离较远，与耕地较多地区的集聚居住不同，放牧距离无明显的优劣势；从调查的情况看，锡林郭勒盟牧区草场面积均较大，草场形状及大小因素对经营的便利性影响很小。对牧区草场经营便利条件产生影响的主要是草场高差（地貌及地形坡度），这在自然因素中已有考虑。

土地利用状况方面，牧草地经营方式主要是放牧和打草，而这两种利用方式在牧区往往没有明确的界限，不好区分；人均草地面积少的地区对草场的投入会相应增加，造成草地价值差异；经营规模和经营效益的差异体现在经营者对草地的投入上的差异，但两者之间往往有比较紧密的联系，相比经营规模，经营效益更能体现出经营者对草地的投入差异，本研究采用草地经营收入指标来反映草地经营效益。

综上所述，并结合专家意见，确定锡林郭勒盟牧草地定级社会经济影响因素为土地利用状况。

5.1.4 区位因素

根据区位理论，土地因其相对位置不同，在空间上表现出不同的使用价值、不同的经济效益和不同的地租地价，区位因素是农用地定级中的重要影响因素。《农用地定级规程》(GB/T 28405—2012) 中，定级备选区位因素因子包括区位条件（中心城市影响度、农贸市场影响度）与交通条件（道路通达度、对外交通便利度）。根据实地调查，区位条件与交通条件对锡林郭勒盟牧草地价值同样有显著影响，其中区位条件以中心城镇为主，农贸市场也基本位于中心城镇，牧户为了放牧以散居为主，一般很少形成嘎查（村）聚集区；交通条件中道路通达度与对外交通便利度相关性较强，不宜同时选择，相对对外交通便利度，道路通达度更能反映不同区域草场的使用价值差异。

综上所述，并结合专家意见，确定锡林郭勒盟牧草地定级区位影响因素为区位条件和交通条件。

5.1.5 牧草地定级因素体系构建及权重确定

根据 5.1.1~5.1.4 节研究内容，并征询专家意见，确定锡林郭勒盟牧草地定级因素因子体系具体如表 5-2 所示。

表 5-2 锡林郭勒盟牧草地定级因素因子体系表

基本因素	因素	因子
自然因素	草地等级	草地等（草群品质）
		草地级（草地产量）
	地形地貌	坡度
	水文状况	地表水状况
社会经济因素	土地利用状况	人均草地面积
		草地经营收入
区位因素	区位条件	中心城镇影响度
	交通条件	道路通达度

确定了牧草地的定级因素因子体系后，还需确定因素因子的权重。权重确定的合理与否直接影响定级结果的准确性。目前关于因素因子权重确定的方法很多，包括传统的德尔菲法、层次分析法（analytic hierarchy process，AHP）、改进型的模糊聚类法（邵景安，2002）、主成分分析法（彭建等，2005）及灰色模型法（李光敏等，2008）等。这些方法各有优缺点，从目前大量的土地定级估价实践来看，多数还是采用德尔菲法，但德尔菲法最明显的缺点就是人为因素影响过大。目前得到普遍认可的方法是将德尔菲法与层次分析法相结合，层次分析法具有高度的逻辑性、系统性、简洁性和实用性，两者结合可实现定性与定量相结

合，能够更好地确定出因素因子的权重。因此，本书采用德尔菲法与层次分析法相结合的方式确定锡林郭勒盟牧草地定级因素因子的权重，方法步骤如下。

5.1.5.1 构造 AHP 层次结构模型

锡林郭勒盟牧草地定级影响因素因子层次结构模型，如图 5-2 所示。

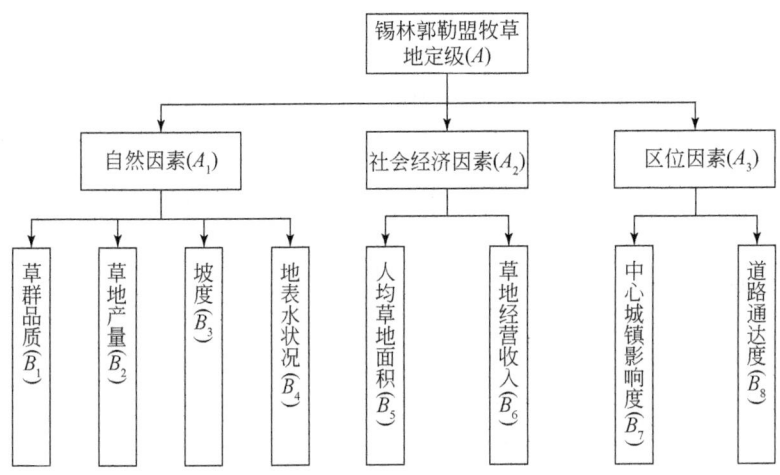

图 5-2 锡林郭勒盟牧草地定级因素 AHP 层次结构模型图

5.1.5.2 结合德尔菲法构造判断矩阵

构造判断矩阵是层次分析法的一个关键步骤，矩阵判断规则制定如表 5-3 所示。

表 5-3 各因素因子间相对重要度标度准则表

标度	比较结果	备注
1	同样重要	无差异
3	略显重要	轻微差异
5	明显重要	明显差异
7	非常重要	强烈差异
9	极其重要	极大差异
2、4、6、8		相邻判断的中间值

本书研究中，构造判断矩阵采用与德尔菲法相结合的方式，具体步骤如下：

1）根据德尔菲法的要求，选择相关专家。本次研究选择的专家包括草地科学方面的专家、土地定级估价方面的专家及参加本次锡林郭勒盟牧草地调查的相关工作人员等，将制作好的矩阵征询表格发放给专家，由专家对矩阵中各因素因子的相对重要性进行评判。

2）回收征询表格，整理专家意见，求出各判断矩阵平均值，同时求出每一专家给出的判断矩阵与判断矩阵平均值的偏差，然后将结果反馈给各位专家。

3）进行第二轮征询，将上轮结果反馈给专家，并反馈差异较大专家意见。重复进行上述步骤，直至各位专家意见统一，并保证结果能够通过一致性检验。

最终，确定出如下判断矩阵：

$$A = \begin{pmatrix} A & A_1 & A_2 & A_3 \\ A_1 & 1 & 5 & 3 \\ A_2 & 1/5 & 1 & 1/2 \\ A_3 & 1/3 & 2 & 1 \end{pmatrix}$$

$$A_1 = \begin{pmatrix} A_1 & B_1 & B_2 & B_3 & B_4 \\ B_1 & 1 & 1 & 5 & 4 \\ B_2 & 1 & 1 & 5 & 4 \\ B_3 & 1/5 & 1/5 & 1 & 2 \\ B_4 & 1/4 & 1/4 & 1/2 & 1 \end{pmatrix}$$

$$A_2 = \begin{pmatrix} A_2 & B_5 & B_6 \\ B_5 & 1 & 1/3 \\ B_6 & 3 & 1 \end{pmatrix}$$

$$A_3 = \begin{pmatrix} A_3 & B_7 & B_8 \\ B_7 & 1 & 1/2 \\ B_8 & 2 & 1 \end{pmatrix}$$

5.1.5.3　层次单排序、总排序及一致性检验

（1）层次单排序及一致性检验

层次单排序计算常用方法有和积法和方根法，本书选用方根法求值（张炳江，2014）。

根据最终确定的判断矩阵，得到各判断矩阵的层次单排序结果及一致性检验结果如下。

1）矩阵 A。

指标权重：$V_A = (0.6483, 0.1220, 0.2297)^T$。

一致性检验：CI=0.0018，CR=0.0032<0.10，通过一致性检验。

2）矩阵 A_1。

指标权重：$V_{A_1} = (0.3763, 0.3763, 0.1415, 0.1058)^T$。

一致性检验：CI=0.0356，CR=0.0395<0.10，通过一致性检验。

3）矩阵 A_2。

指标权重：$V_{A_2} = (0.25, 0.75)^T$。

一致性检验：CI=0，CR=0<0.10，通过一致性检验。

4）矩阵 A_3。

指标权重：$V_{A_3} = (0.3333, 0.6667)^T$。

一致性检验：CI=0，CR=0<0.10，通过一致性检验。

（2）层次总排序及一致性检验

层次总排序需要从上到下逐层顺序进行，对于最高层，其层次单排序就是其总排序。根据层次总排序及一致性检验方法（张炳江，2014），最终得到的各因素因子的层次总排序权重为：

$$V_A = (0.6483, 0.1220, 0.2297)^T$$

$$V_B = (0.2440, 0.2440, 0.0918, 0.0686, 0.0305, 0.0915, 0.0766, 0.1531)^T$$

一致性检验结果为：

$$CI_{总} = \sum_{j=1}^{m} a_j CI_j = 0.0231$$

$$RI_{总} = \sum_{j=1}^{m} a_j RI_j = 0.5835$$

$$CR_{总} = \frac{CI_{总}}{RI_{总}} = 0.0396 < 0.10$$

判断矩阵层次总排序通过一致性检验。

根据以上结果，得到锡林郭勒盟牧草地定级因素因子体系各因素因子权重，具体如表5-4所示。

表5-4 锡林郭勒盟牧草地定级因素因子体系权重表

基本因素	权重/%	因素	权重/%	因子	权重/%
自然因素	64.83	草地等级	48.80	草地等（草群品质）	24.40
				草地级（草地产量）	24.40
		地形地貌	9.17	坡度	9.17
		水文状况	6.86	地表水状况	6.86

续表

基本因素	权重/%	因素	权重/%	因子	权重/%
社会经济因素	12.20	土地利用状况	12.20	人均草地面积	3.05
				草地经营收入	9.15
区位因素	22.97	区位条件	7.66	中心城镇影响度	7.66
		交通条件	15.31	道路通达度	15.31

5.2 牧草地级别确定

根据《农用地定级规程》(GB/T 28405—2012)，农用地定级方法包括修正法、因素法及样地法等，本书采用因素法定级。确定了因素及因素权重后，因素法定级步骤一般是：①编制"定级因素–质量分"关系表；②编制定级因素因子分值图；③划分定级单元；④计算定级单元各定级因素分值；⑤计算定级指数，划分土地级别。

5.2.1 编制定级因素因子"级别–分值"表与分值图

根据定级因素因子对农用地级别的影响方式的不同，一般按类型分为面状因素、线状因素和点状因素，又可按属性分为扩散型因素与非扩散型因素。对于扩散型因素，如道路通达度、中心城镇影响度等，其作用分值会随着距离的变化按一定规律衰减（指数或直线衰减）；而非扩散型要素（面状要素），则可以直接采用区域赋值的方法确定作用分值。

扩散型因素是指该因素指标的优劣不仅对具备此指标的地块有影响，还对其周围地块或相邻的平行于该定级因素中心带的农用地产生影响，这些因素对周围地块的影响随距离的增加呈线性或非线性衰减，量化方法一般有指数衰减法和直线衰减法。非扩散型因素指因素指标的优劣仅对具备此指标的地块有影响，面状因素是非扩散型因素，量化方法一般采用最大最小值法或均值度法。

本书中所确定的定级影响因素因子根据其特点，可确定其类型，具体如表5-5所示。

5.2.1.1 草地等级

在评判草地质量时草地等和草地级均非常重要，缺一不可，在确定因素权重时，两者也处于同等重要的地位。在实际中，草地等级也常用于草地补偿的评定，因此在本书中，将参照《天然草原等级评定技术规范》(NY/T 1579—2007)的综合评定指标划分标准来评判锡林郭勒盟牧草地质量。

表 5-5　锡林郭勒盟牧草地定级影响因子类型表

因子	类型	属性
草群品质	面状因子	非扩散型
草地产量	面状因子	非扩散型
坡度	面状因子	非扩散型
地表水状况	线状因子/点状因子	扩散型
人均草地面积	面状因子	非扩散性
草地经营收入	面状因子	非扩散型
中心城镇影响度	点状因子	扩散型
道路通达度	线状因子	扩散型

根据锡林郭勒盟天然草原等级评定成果（内蒙古自治区国土资源厅，2004），锡林郭勒盟牧草地等别从Ⅰ等至Ⅴ等均有分布，草地级别从2级至8级均有分布，没有1级草地，将草地等级叠加组合综合评价，可得到锡林郭勒盟牧草地综合质量等级分布。

锡林郭勒盟牧草地综合质量等级有优质高产、中质高产、优质中产、中质中产、劣质中产、优质低产、中质低产共七个等级，劣质高产与劣质低产两个等级空缺，草地综合质量等级在定级因素中属于非扩散型面状因子，其作用分值计算参照《农用地定级规程》(GB/T 28405—2012)，采用最大最小值法确定，结合专家意见，最终确定锡林郭勒盟牧草地综合质量等级各等级作用分值，具体如表5-6所示。

表 5-6　锡林郭勒盟牧草地综合质量等级作用分值表

草地等级	作用分值
优质高产	100.00
中质高产	87.50
优质中产	62.50
中质中产	50.00
劣质中产	37.50
优质低产	25.00
中质低产	12.50

5.2.1.2 坡度

地形坡度会对草原的经营便捷性产生影响，本书采用 SRTM（Shuttle Radar Topography Mission）公开地形数据提取锡林郭勒盟等高线，用 ArcGIS10.0 做坡度分析，得到覆盖锡林郭勒全盟的坡度图。地形坡度在定级因素中属于非扩散型面状因子，其作用分值计算采用最大最小值法并结合专家意见确定。

本书参考《农用地定级规程》（GB/T 28405—2012）中坡度级别划分方法，将锡林郭勒盟地形坡度分为 5 个级别，分别为 ≤2°、2°~6°、7°~15°、16°~25°、>25°，形成锡林郭勒盟地形坡度分布，各级别作用分值见表 5-7。

表 5-7 锡林郭勒盟牧草地定级地形坡度作用分值表

坡度	坡度级别	作用分值
≤2°	1	100
2°~6°	2	80
7°~15°	3	60
16°~25°	4	40
>25°	5	20

5.2.1.3 地表水状况

地表水的分布不仅会影响其周边草地的质量，而且影响牲畜的饮水半径，同时也会对草地景观价值产生重要影响，其影响方式呈现扩散型。在进行草地定级时，河流作为扩散型的线状因素处理，依据河流年均径流量及支、干流划分等级；湖泊作为扩散型的点状因素处理，湖泊根据其面积大小划分等级，具体结果如表 5-8 所示。在作用分值的计算方法基础上，参考专家意见采用指数衰减法，河流与湖泊的作用分值加和做算术平均，最终确定地表水因子作用分值，形成锡林郭勒盟地表水系分布。

表 5-8 锡林郭勒盟地表水状况指标分析结果表

地表水类别	因子级别	数目/个 或 长度/m	功能分	作用半径/m
湖泊	一级	3	100	145 919.30
	二级	11	60	76 203.88
河流	一级	191 837.49	100	513 400.12
	二级	564 714.50	70	174 405.64
	三级	823 217.33	40	119 639.60

5.2.1.4 人均草地面积

人均草地面积的大小会形成草场投入的差异，从而造成草地价值差异。本书以锡林郭勒盟为研究区，人均草地面积指标以旗（县、市）为单位，形成地区差异。在定级中，人均草地面积为非扩散型的面状因子，其作用分值计算采用最大最小值法确定，形成各旗（县、市）人均牧草地作用分值分布，牧草地面积数据来源于锡林郭勒盟2012年土地变更调查成果，人口数据来源于《内蒙古统计年鉴2013》。

5.2.1.5 草地经营收入

草地经营收入多少能够反映草场经营者对草地的资本投入差异，在本书中，草地经营收入指标以旗（县）为单位，以每公顷草地经营收入形成地区差异。在定级中，草地经营收入同样为非扩散型的面状因子，其作用分值计算采用最大最小值法确定，形成各旗（县）草地经营收入作用分值分布。牧草地面积数据来源于锡林郭勒盟2012年土地变更调查成果，草地经营收入数据来源于《内蒙古统计年鉴2013》。

5.2.1.6 中心城镇影响

中心城镇影响度是区位因素中的重要影响因素，根据锡林郭勒盟实际情况，牧区牧民以散居为主，嘎查（村）一级聚集点较少存在，因此中心城镇以苏木（乡、镇）级、旗（县、市）级及盟（市）级聚集点为主，形成锡林郭勒盟牧草地定级中心城镇影响度分布，其指标分析结果如表5-9所示。通过对此三级中心城镇做点状因子扩散型分析，形成中心城镇影响度分布，其作用分值计算方法采用指数衰减法。

表5-9 锡林郭勒盟中心城镇指标分析结果表

因子级别	中心城镇类别	数目	功能分	作用半径/m
一级	盟（市）中心	1	100	250 400.30
二级	旗（县、市）中心	12	70	75 498.52
三级	苏木（乡、镇）中心	118	40	24 321.02

5.2.1.7 道路通达度

道路的便捷性对草地价值的影响是显而易见的，它不仅对自身客体所在位置上的土地具有影响力，而且还通过区域的波及性和效益外溢等作用与其周围地域乃至整个区域的土地形成正相关的区位关系。在定级中,将锡林郭勒盟道路分为4级,分别是铁路、国道、省道和其他道路,指标分析结果如表5-10所示,形成锡林郭勒盟道路通达度分布。在定级时,道路通达度作为扩散型的线状因子对草地产生影响,作用分值计算采用指数衰减法。

表5-10 锡林郭勒盟道路通达度指标分析结果表

道路级别	道路类型	长度/m	功能分	影响半径/m
1	铁路	688 052.57	100	143 142.25
2	国道	612 545.71	80	160 787.01
3	省道	2 324 215.81	70	42 375.32
4	其他道路	1 766 009.75	40	25 769.45

5.2.2 划分定级单元并计算定级单元各定级因素分值

定级单元是定级指数测算的基本空间单位,单元内的土地质量要求相对均匀、差异较小。目前,农用地定级单元的划分方法主要有叠置法、地块法、网格法、多边形法。叠置法是将土地利用现状图与地形图、土壤图叠加形成定级单元,适用于土地利用类型多样、地貌类型复杂的地区;地块法是以明显的界线为基础,将主导特性相对均一的地块划为定级单元,适用于所有定级类型和地区;网格法是用一定大小的网格作为定级单元,适用于定级因素空间变化不大的地区;多边形法是将所有定级因素分值图叠加形成封闭图形作为定级单元,适用于所有定级类型和地区。

由于目前关于牧草地定级研究较少,定级方法亦不完善,本书拟采用多边形法划分定级单元,通过定级因素的叠加,形成草地均质区域,使得各定级因素差异能准确地反映到各定级单元上。通过各定级因素叠加,将较小图斑进行归并,形成锡林郭勒盟牧草地定级单元。

在划分好的定级单元基础上,将各定级因素分值赋到定级单元上,使得每个定级单元具备所有定级因素分值。

5.2.3 计算定级指数并划分土地级别

定级指数的计算参考《农用地定级规程》(GB/T 28405—2012),采用加权求和法确定,得到锡林郭勒盟牧草地定级单元定级指数;并采用总分频率曲线法,初步划分牧草地级别,再通过调整与校验,形成最终的锡林郭勒盟牧草地级别分布。

通过计算,得到锡林郭勒盟牧草地定级指数范围为 21.27~78.84,通过绘制总分频率直方图(图 5-3),取频率图中总分值分段数目突变处作为草地级别的分值界限,划分草地级别。锡林郭勒盟草地级别共划分为 6 个级别,其中一级质量最好,六级质量最差。

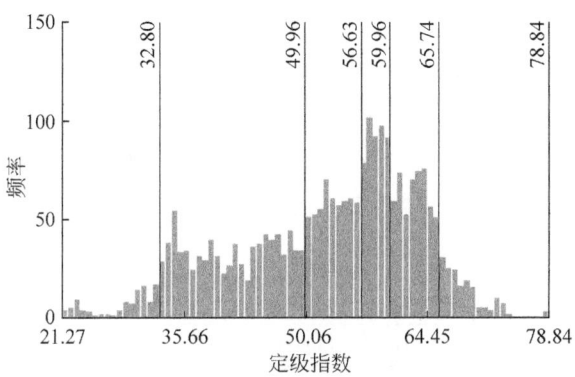

图 5-3　锡林郭勒盟牧草地定级指数频率分布直方图

在草地的级别区位分布上,一级草地区位分布以锡林浩特市为主,并向周边的东乌珠穆沁旗、西乌珠穆沁旗及阿巴嘎旗扩散,其他地区为零星分布或无一级草地;二级草地分布较广泛,但仍以锡林浩特市及周边旗(县)为主,如东乌珠穆沁旗和西乌珠穆沁旗二级草地分布面积较大,集中了全盟大部分的二级草地;三级草地分布以东乌珠穆沁旗及西乌珠穆沁旗为主,其他地区也有零星分布,分布特点是集中在二级草地边缘;四级草地分布以西南部的苏尼特左旗、苏尼特右旗、镶黄旗及正镶白旗四地区交界处为主,东部的东乌珠穆沁旗及西乌珠穆沁旗的东部边界也有较大范围分布;五级草地主要集中在苏尼特左旗、苏尼特右旗及阿巴嘎旗的中北部地区,其他地区分布较零星;六级草地大部分集中在苏尼特左旗的最北端,苏尼特左旗中部地区及苏尼特右旗中部地区有零星分布(表 5-11 和表 5-12)。

表 5-11　锡林郭勒盟草地级别面积标准化统计表

行政区 \ 级别	一级	二级	三级	四级	五级	六级	合计
锡林浩特市	4.39	2.00	0.36	0.53	0.50		7.78
西乌珠穆沁旗	1.55	2.84	3.01	3.59	0.41		11.40

续表

级别 行政区	一级	二级	三级	四级	五级	六级	合计
阿巴嘎旗	0.99	2.44	1.60	2.08	6.64		13.75
东乌珠穆沁旗	0.59	9.50	4.48	5.15	2.94		22.66
正蓝旗	0.14	1.60	0.70	2.15	0.47		5.06
二连浩特市		0.41	0.22		1.54		2.17
正镶白旗		0.33	0.53	2.25			3.11
多伦县		0.24	0.40	0.65	0.21		1.50
镶黄旗			0.53	1.53	0.48		2.54
苏尼特右旗		0.37	1.42	4.13	4.97	0.98	11.87
苏尼特左旗			0.49	1.91	8.89	6.02	17.31
太仆寺旗		0.30	0.18	0.34	0.03		0.85
锡林郭勒盟	7.66	20.03	13.92	24.31	27.08	7.00	100

表5-12 锡林郭勒盟各旗县草地级别面积比例统计表 （单位:%）

级别 行政区	一级	二级	三级	四级	五级	六级	总计
锡林浩特市	56.38	25.75	4.62	6.82	6.43		100
西乌珠穆沁旗	13.63	24.88	26.35	31.51	3.63		100
阿巴嘎旗	7.19	17.75	11.66	15.11	48.29		100
东乌珠穆沁旗	2.60	41.91	19.78	22.73	12.98		100
正蓝旗	2.79	31.64	13.84	42.52	9.21		100
二连浩特市		18.81	10.01		71.18		100
正镶白旗		10.56	17.15	72.29			100
多伦县		16.00	26.58	43.47	13.95		100
镶黄旗			20.96	60.13	18.91		100
苏尼特右旗		3.13	11.97	34.76	41.88	8.26	100
苏尼特左旗		0.01	2.85	11.02	51.37	34.75	100
太仆寺旗		35.33	20.69	40.85	3.13		100
锡林郭勒盟	7.66	20.03	13.92	24.31	27.08	7.00	100

总体上看，锡林郭勒盟牧草地质量分布呈现出如下明显的特点：①中东部地区草地质量优越，以一级、二级、三级草地为主；南部地区草地质量次之，以二

级、三级、四级草地为主；西部草地质量较差，以五级、六级草地为主。②全盟草地质量以锡林浩特市、东乌珠穆沁旗及西乌珠穆沁旗交界处为中心，向周围扩散，草地质量逐渐降低。

从表5-11及表5-12可以看出，占锡林郭勒盟草地面积比例最大的是五级草地，比例为27.08%，其次为四级和二级草地，分别占24.31%和20.03%；而一级、二级、三级质量较好草地面积比例共计占41.61%。

从各旗（县、市）草地级别的面积比例来看，锡林浩特市一级、二级草地面积比例达到了82.12%，质量最好；苏尼特左旗五、六级草地面积比例达到了86.12%，质量最差。而从绝对数值上来看，一级草地面积最大的是锡林浩特市，面积标准化数值为4.39；二级草地面积最大的是东乌珠穆沁旗，面积标准化值为9.50；质量较差的五、六级草地面积最大的均是苏尼特左旗，其面积标准化值分别为8.89和6.02。

总的来看，锡林郭勒盟牧草地级别分布上一级、二级、三级优质草地面积最大的是东乌珠穆沁旗，其次是西乌珠穆沁旗及锡林浩特市，四级、五级、六级较差草地面积分布最大的是苏尼特左旗，其次是苏尼特右旗。

5.3 牧草地流转基准地价测算

5.3.1 牧草地流转基准地价内涵探讨

土地价格内涵的确定是土地估价的基础，而目前主流观点认为农用地具有土地的一般特性，因而农用地价格也是一种二元价格，即农用地价格由农用地物质价格、社会对农用地资本支付过多的社会价值价格和农用地资本个别劳动价值价格，前两者形成农用地虚幻价格，后者为真实价格（黄贤金，1993），而实践中一般将土地收益的资本化定义为地价的实质内涵。

本书中牧草地的估价目的是要测算牧草地的流转基准地价，为锡林郭勒盟牧草地流转提供价格参考与服务。因此，测算的价格是一般状况下的牧草地流转平均价格，体现出的是牧草地的平均使用价值在市场上的反映，是牧草地权利在经济上的实现，也是牧草地平均收益的资本化。

目前，关于牧草地流转的研究较少，关于牧草地流转基准地价内涵如何确定有必要进行深入探讨。为准确界定牧草地流转基准地价内涵，笔者认为有必要从估价目的、土地权利流转方式、土地用途、土地权利年限等方面进行分析。

5.3.1.1 土地权利

土地权利的确定是牧草地流转基准地价内涵确定的重中之重，目前在实践中农用地基准地价内涵的土地权利一般界定为农用地使用权。《农用地估价规程》（GB/T 28406—2012）如此界定：土地权利一般界定为农用地使用权价格。虽然在实践中，农户之间的土地流转本质上流转的是土地使用权，但目前没有任何一部法律明确过农用地使用权这一权利。《中华人民共和国物权法》中关于使用权的规定只有用益物权中的建设用地使用权与宅基地使用权，关于农用地权利是与建设用地使用权及宅基地使用权并列为一章的土地承包经营权。因此，可以认为，关于农用地，法律上规定的权利只有土地承包经营权。所以，在本书中，流转的牧草地权利界定为草地承包经营权。

2014年，中共中央办公厅、国务院办公厅印发了《关于引导农村土地经营权有序流转发展农业适度规模经营的意见》，明确了要实现所有权、承包权、经营权"三权分置"，并提出要稳定土地承包权；紧接着国务院办公厅又出台了《国务院办公厅关于引导农村产权流转交易市场健康发展的意见》，该意见对现阶段农村产权交易类型做出明确规定：以农户土地承包经营权、集体林地经营权为主，且不涉及农村集体土地所有权和依法以家庭承包方式承包的集体土地承包权。这些意见的出台明确了农村土地权利的改革方向，即土地承包经营权要从原来模糊不清、合二为一的权利形式一分为二，形成土地承包权与土地经营权的分离。

考虑到今后农村土地制度改革的发展趋势，农村土地使用权与土地经营权在本质上相同，在本书研究中，基于为牧户草地流转提供价格服务与指导的目的，将牧草地流转基准地价的土地权利界定为草地经营权。而草地经营权在法律中有明确规定，这也是本书研究中牧草地定级估价的前提。

5.3.1.2 土地权利流转方式及土地用途

土地流转在实践中是有许多流转方式的，目前的观点主要分为外流与内转。外流主要是指农用地的用途发生改变，比如征收；内转主要是指在用途不变的前提下在不同的经营主体之间流转，比如牧户与牧户、牧户与企业之间的流转等。基于本书研究目的，牧草地权利的流转方式界定为在用途不变的前提下在不同的经营主体之间的流转，即内转。

基于本书的研究目的及土地权利流转方式的界定，本书中牧草地流转基准地价的土地用途界定为牧草地，即不改变牧草地用途方式。

5.3.1.3 土地权利年限

根据《中华人民共和国农村土地承包法》，耕地的承包年限为30年，草地的承包年限为30~50年，林地的承包年限为30~70年，特殊林地的承包期还可适当延长。农用地的承包年限没有统一标准，但考虑到土地经营权流转年限不能超过剩余承包年限，本书中，界定牧草地流转基准地价中的草地经营权流转年限为30年。

综上所述，本书尝试对牧草地流转基准地价的内涵作如下界定：在牧草地用途不变的前提下，不同均质地域的牧草地，在正常市场水平（平均利用水平、平均生产力水平）及平均水平的基础设施条件下，在不同的经营主体之间流转的30年期的草地经营权区域平均价格。

关于估价基准日的确定，本书实地调查时间为8~11月份，根据《农用地估价规程》并结合专家意见，估价基准日确定为当年的1月1日较合适。

5.3.2 估价方法的选择与估价思路

目前农用地估价的基本方法主要有收益还原法、市场比较法、成本逼近法、剩余法、评分估价法及基准地价修正法等，在农用地基准地价评估上，主要有以下三个方法：样点地价平均法、定级指数模型法与基准地块评估法。本书拟采用样点地价平均法与定级指数模型法来评估锡林郭勒盟牧草地流转基准地价。

估价思路上，在锡林郭勒盟牧草地定级基础上，实地调查草场投入产出资料和市场交易样点资料，利用样点地价平均法和定级指数模型法，分别评估出不同草地级别内现有草地在基准地价内涵条件下的价格，并以两种方法的加权算术平均法求得最终牧草地流转基准地价。

5.3.3 样点地价平均法测算牧草地流转基准地价

5.3.3.1 样点地价平均法评估思路

结合《农用地估价规程》（GB/T 28406—2012）中样点地价平均法估价思路与锡林郭勒盟牧草地利用实际，确定锡林郭勒盟牧草地估价思路。

1) 在牧草地定级的基础上，整理实地调查的牧草地投入产出样点资料，确定各级别牧草地样点，并剔除异常样点。

2) 分析计算投入产出样点资料。

3）修正样点地价。

4）对样点地价进行数据检验，使同一级别样点总体通过一致性检验。

5）计算牧草地各级别基准地价。

5.3.3.2 样点资料整理分析与计算

(1) 样点资料整理分析

在此次锡林郭勒盟牧草地流转实地调查中，共收集到432个样点调查资料，通过对所有调查表的逐个审查，对主要数据不全或不准确、数据不符合要求及数据明显异常且难以再补充调查的样点进行剔除；然后将样点按照空间位置归类，确定出不同牧草地级别中样点数量与分布（表5-13）。

表5-13 锡林郭勒盟牧草地价格评估样点分布表　　　（单位：个）

草地级别	Ⅰ级	Ⅱ级	Ⅲ级	Ⅳ级	Ⅴ级	Ⅵ级	合计
有效样点	44	76	63	71	76	36	366
无效样点	7	9	12	10	17	11	66
合计	51	85	75	81	93	47	432

(2) 样点价格计算

本书采用收益还原法计算草地投入产出样点地价，具体计算步骤如下。

1）计算牧草地样点年总收益。锡林郭勒盟牧草地的收益主要来源于牧草和牲畜，在计算样点总收益时，采用的是三年的平均收益值。

2）计算牧草地样点年总费用。牧草地的投入费用主要包括草场的维护费用及牲畜的养殖费用。草场的维护费用主要是修补围栏等；牲畜的养殖费用包含直接费用及间接费用，如草料费用、放牧人工费、农用机械使用维护费用、运水费用、电费、农具费用及有关税费和利息等。对于投入所形成的固定资产，按其使用年限摊销费用。

3）求取牧草地年纯收益。牧草地年纯收益＝牧草地年总收益－牧草地年总费用。

4）牧草地还原利率的确定。根据《农用地估价规程》（GB/T 28406—2012），土地还原利率的确定有三种方法：租价比法、安全利率加风险调整值法和投资风险与投资收益率综合排序插入法。租价比法较为科学，但目前牧区土地市场还处于孕育之中，资料收集困难；投资风险与投资收益率综合排序插入法同样存在资料收集困难，因为关于牧业的投资利率的研究较少；安全利率加风险调整值法是在数学模型基础上计算出来的，避免了定性确定的不明确性，有较好的科学性和合理性，所以锡林郭勒盟牧草地基准地价评估采用安全利率加风险调整值的方法确定还原利率。

安全利率为同时期的一年期国债年利率或银行一年期定期存款利率，风险调整值是根据农业生产所遇到的灾害性天气、评估对象所处地区的社会经济发展水平和农用地市场状况等对其影响程度而确定。

根据收集到的资料，综合近三年我国一年期定期存款利率的平均值（2.91%），经征询当地有关部门和专家意见，确定锡林郭勒盟牧草地风险调整值为1.09%，最终将锡林郭勒盟牧草地还原利率确定为4.0%。

5）计算牧草地样点地价

锡林郭勒盟牧草地样点地价计算公式采用有限年期的收益还原法计算公式，其中年限确定为30年。

$$P = \frac{a}{r}\left[1 - \frac{1}{(1+r)^n}\right] \qquad (5-1)$$

式中，P 为土地价格；a 为土地年纯收益；r 为土地还原利率；n 为土地使用年期。

5.3.3.3 样点价格修正与检验

样点地价的修正主要是通过期日修正及其他修正，将样点地价修正成基准地价内涵条件下的正常地价。同时，对上述样点地价要进行总体同一性检验，本书采用均值-方差法剔除样点异常值。

（1）样点地价期日修正

将样点地价某期日的价格调整为估价期日的价格。理论上期日修正系数应通过分析土地价格随时间推移的变动规律，采用时间序列分析，建立土地价格与时间的相互关系模型求取期日修正系数（K_t）。由于缺少多年的地价样点变化值，且农用地价格与第一产业生产总值相关系数较大，因此本次估价期日修正采用第一产业生产总值，选取锡林郭勒盟2008~2013年第一产业生产总值数据（表5-14），建立与时间的关系模型（图5-4），依据此模型计算期日修正系数。

表5-14　锡林郭勒盟第一产业生产总值情况表　　（单位：万元）

年份	2008	2009	2010	2011	2012	2013
第一产业产值	470 900	521 400	596 000	718 700	815 800	930 100

数据来源：锡林郭勒盟统计局的统计公报. http：//tjj.xlgl.gov.cn/ywlm/tjgb/

期日修正关系式为：

$$y = 0.0155x^2 + 0.0918x + 0.878$$

（2）样点地价交易情况

根据交易地价资料情况，还应进行交易情况修正，把交易情况不正常的样点

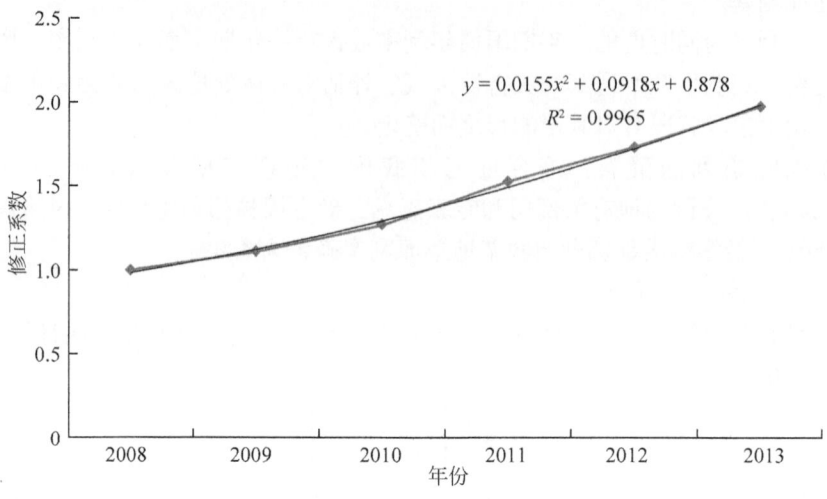

图 5-4 锡林郭勒盟期日修正系数

地价修正到在公开、公平的正常市场条件下的交易地价。

(3) 样点地价的检验

对初步审查合格的样点采用均值-方差法进行检验,剔除异常样点,最终得到通过总体一致性检验的样点数据。计算公式如下:

$$X = \sum_{i=1}^{n} X_i / n, \quad i = 1,2,\cdots,n \tag{5-2}$$

$$\delta = \sqrt{\frac{\sum_{i=1}^{n}(X_i - X)^2}{(n-1)}}, \quad i = 1,2,\cdots,n \tag{5-3}$$

式中,X 为样点地价均值;X_i 为样点地价;n 为样点数;δ 为样点地价标准差。正常样点检验区间为:$X-2\delta<X_i<X+2\delta$。

5.3.3.4 确定级别基准地价

级别基准地价确定方法有算术平均值法、加权算术平均值法、中位数及众数等,本书拟采用算术平均值法计算级别基准地价。利用牧草地各级别区域的有效样点,计算锡林郭勒盟样点基准地价:

$$P_{la} = \frac{\sum_{i=1}^{m} P_{li}}{M}, \quad i = 1,2,\cdots,m \tag{5-4}$$

式中,P_{la} 为不同级别区域基准地价;P_{li} 为不同级别区域有效样点单位面积地价;

M 为有效样点数量。

最终经计算得到锡林郭勒盟牧草地各级别基准地价，如表 5-15 所示。

表 5-15 锡林郭勒盟样点地价平均值法牧草地基准地价表

草地级别	基准地价		有效样点个数
	元/hm²	元/亩	
Ⅰ级	4106.77	273.78	44
Ⅱ级	2804.33	186.96	76
Ⅲ级	2543.12	169.54	63
Ⅳ级	1708.94	113.93	71
Ⅴ级	1095.34	73.02	76
Ⅵ级	953.09	63.54	36

5.3.4 定级指数模型法测算牧草地流转基准地价

5.3.4.1 定级指数模型法评估思路

定级指数模型法评估基准地价是在土地定级的基础上，根据定级单元定级指数与市场交易地价资料，建立定级指数与地价的关系模型，并利用此模型计算级别基准地价。结合《农用地估价规程》(GB/T 28406—2012) 中定级指数模型法估价方法与锡林郭勒盟牧草地利用实际，确定锡林郭勒盟牧草地估价思路如下。

1) 整理调查样点地价资料，采用比较法修正并测算有效样点地价定级单元的平均地价。
2) 选择确定有效样点地价定级单元的指数。
3) 建立定级单元平均地价与定级指数关系模型。
4) 模型检验，确定级别基准地价。

5.3.4.2 定级指数模型法确定级别基准地价

(1) 测算有效样点地价定级单元平均地价，确定定级单元指数

通过整理调查资料，统计出各级别、各定级单元牧草地流转价格样点 (表 5-16)，并对样点进行审查，剔除异常样点。对定级单元内有 3 个以上有效样点的采用算术平均法计算定级单元平均地价；对于有效样点少于 3 个的定级单元，采用比较法进行修正。

表 5-16　锡林郭勒盟牧草地流转价格样点统计

草地级别	I级	II级	III级	IV级	V级	VI级	合计
有效样点个数	18	65	47	62	68	26	286
无效样点个数	13	11	21	9	17	7	78
合计	31	76	68	71	85	33	364

对于计算完成的定级单元平均地价，还需进行年期修正、期日修正及其他修正，修正后的价格作为最终的定级单元地价，建立与定级单元指数的关系模型。

在计算定级单元平均地价时，同时提取定级单元定级指数，作为建立两者关系模型的数据基础。

（2）建立定级单元平均地价与定级指数关系模型并检验

定级单元平均地价与定级指数关系模型如何确定，需要进行不同的尝试。基本的关系模型主要有线性模型、对数模型、指数模型、多项式模型等，通过绘制定级单元平均地价与定级指数的二维散点图，来逐个验证其符合哪种模型。通过比较，根据锡林郭勒盟牧草地定级单元平均地价与定级指数数据，最终确定出最佳关系模型，如图5-5所示。

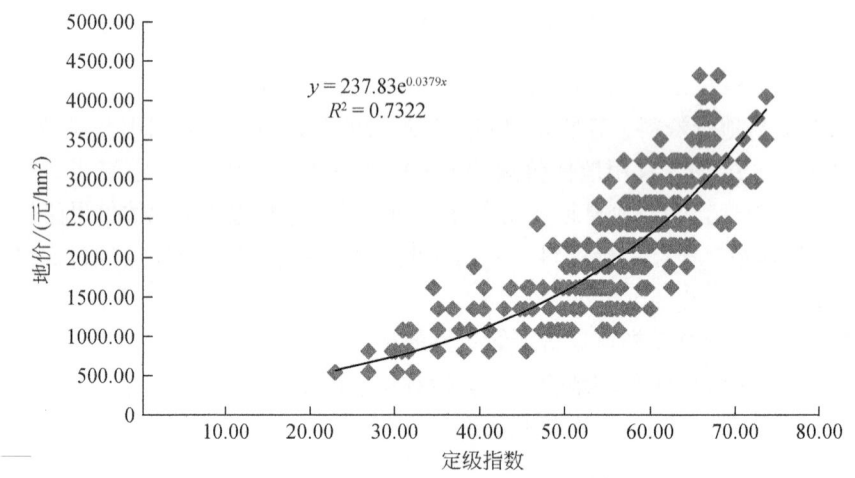

图 5-5　锡林郭勒盟牧草地定级单元平均地价与定级指数关系模型图

由模型可得出地价与定级指数关系式为：

$$y = 237.83 e^{0.0379x}$$

通过对样点的检验剔除后，建立牧草地定级指数-地价关系模型，其线性化处理后的线性关系系数为0.7322，模型符合统计要求。

(3) 确定级别基准地价

利用建立好的定级指数与地价关系模型，计算所有定级单元的价格。最终的级别基准地价确定方法有简单算术平均值、加权算术平均值、中位数及众数等。本书拟采用算术平均法计算级别基准地价，利用牧草地各级别定级单元价格计算基准地价，最终得到锡林郭勒盟牧草地各级别基准地价，如表5-17所示。

表5-17 锡林郭勒盟定级指数模型法牧草地基准地价表

草地级别	基准地价		有效样点个数
	元/hm²	元/亩	
Ⅰ级	3132.49	208.83	18
Ⅱ级	2519.95	168.00	65
Ⅲ级	2119.41	141.29	47
Ⅳ级	1658.60	110.57	62
Ⅴ级	1178.35	78.56	68
Ⅵ级	709.79	47.32	26

5.3.5 牧草地流转基准地价确定

比较样点地价平均法与定级指数模型法确定的锡林郭勒盟牧草地各级别价格，发现以上两种方法的计算结果相近，故采用算术平均值法确定最终的牧草地级别价格。

最终得到的锡林郭勒盟牧草地各级别价格如表5-18所示。

表5-18 锡林郭勒盟牧草地基准地价表

草地级别	基准地价	
	元/hm²	元/亩
一级	3619.63	241.31
二级	2662.14	177.48
三级	2331.27	155.42
四级	1683.77	112.25
五级	1136.85	75.79
六级	831.44	55.43

从牧草地级别与级别基准地价的关系可以看出，级别高的区域地价高、级别低的区域地价低，锡林浩特市大部及周边相邻旗（县、市）部分地区地价是全锡林郭勒盟最高的区域，地价最低的区域位于苏尼特左旗北部地区。基准地价主要取决于自然质量条件和区位条件，各级牧草地地价随着土地区段不同呈现出明显变化，总体上体现出地价由中心的锡林浩特市向外逐渐递减的变化规律。除了牧草地自然质量的差异，牧草地所处的区位及交通条件的差异等也是其呈现出如此变化规律的直接原因。

市场调查的牧草地流转样点地价资料显示，锡林浩特市流转样点平均地价最高，其次是锡林郭勒盟东部及南部旗（县），流转样点平均地价最低的是西部的苏尼特左旗，市场交易价格的分布与牧草地基准地价测算结果分布总体一致。

综上所述，锡林郭勒盟牧草地基准地价测算结果能够较好地反映自然质量条件、社会经济条件及区位条件的差异，同时与市场情况总体一致，表明牧草地基准地价测算方法切实可行，测算结果合理、科学。

通过对锡林郭勒盟牧草地流转现状调查的分析及牧草地定级估价的研究，得出以下结论。

1）目前锡林郭勒盟牧民参与牧草地流转的规模较大，扩大草场规模意愿强烈，但同时存在流转价格差异大、不合理，流转方式单一及流转期限较短等问题，不利于牧草地资源的有效利用与生态环境保护。这些问题需要通过进一步完善牧草地流转法律法规、加强政府部门管理与服务、加快牧区社会保障体系建设及深入牧草地流转相关理论研究等加以解决。

2）锡林郭勒盟牧草地定级因素因子体系构建在参考耕地定级因素的同时，需要结合牧草地自身特点，形成了以草群品质与草地产量综合评价（草地等级）为主要自然影响因素，并结合相关区位因素及社会经济因素的牧草地定级因素体系，体现了牧草地定级与耕地定级的区别与联系。

3）锡林郭勒盟牧草地共划分出六个级别，一级草地主要分布于锡林浩特市，六级草地主要分布于苏尼特左旗，二级、三级、四级草地主要分布在东乌珠穆沁旗及西乌珠穆沁旗；总体上呈现出以锡林浩特市为中心，向周围扩散，草地级别逐渐降低的变化规律；牧草地基准地价分布与级别分布变化规律相一致，级别高的区域地价高，级别低的区域地价低，一级牧草地基准地价为 3619.63 元/hm^2，六级牧草地基准地价为 831.44 元/hm^2，较好地反映了牧草地的自然质量条件、社会经济条件及区位条件的差异，同时与市场情况相吻合。

4）牧草地定级结果与基准地价测算结果分布规律一致，基准地价测算结果与市场情况吻合，表明锡林郭勒盟牧草地定级估价结果合理，同时表明，锡林郭勒盟牧草地定级因素体系构建科学，在实际应用中切实可行。

参 考 文 献

格日多杰.2010.青海省黄南州草地流转情况调查.草原与草坪,30(2):83-85.
黄海.2004.农用地估价中的评分估价法研究.重庆交通学院学报,(23):112-114.
黄贤金.1993.农用地估价理论和方法研究.农业经济问题.(11):31-35.
李光敏,李国屏,于雷.2008.灰色层次分析法在农用地定级因素因子权重确定中的应用.湖北师范学院学报(自然科学版),28(2):47-50.
李媛媛,盖志毅,马军.2010.内蒙古牧区政策的变迁与农牧业发展研究.农业现代化研究,31(1):56-68.
刘慧,盖志毅,张国志.2008.草原使用权流转与政府调控.内蒙古财经学院学报,(2):26-34.
孟林,张英俊.2010.草地评价.北京:中国农业科学技术出版社.
闵庆文,刘寿东,杨霞.2004.内蒙古典型草原生态系统服务功能价值评估研究.草地学报,(3):165-169,175.
《内蒙古草地资源》编委会.1990.内蒙古草地资源.呼和浩特市:内蒙古人民出版社.
内蒙古自治区国土资源厅.2004.内蒙古自治区国土资源经济地图集.呼和浩特:内蒙古自治区国土资源厅.
内蒙古自治区统计局.2013.内蒙古统计年鉴2013.北京:中国统计出版社.
彭建,蒋一军,刘松,等.2005.我国农用地分等定级研究进展与展望.中国生态农业学报,13(4):167-170.
钱建平.2004.基于灰色系统理论的收益还原法在农用地估价中的应用.农业工程学报,20(6):282-284.
邵景安.2002.农用地分等定级研究进展.成都大学学报(自然科学版),21(3):32-34.
田艳丽,乔光华,乌云.2009.完善草原家庭承包经营制度——对联户经营模式的思考.乡镇经济,(4):58-62.
伍育鹏,薛剑.2009.对农用地估价方法的反思.中国土地科学,23(9):36-40.
张炳江.2014.层次分析法及其应用案例.北京:电子工业出版社.
张凤荣.2021.从本底与现状两个维度构建草地分等定级体系.中国土地,(10):16-19.
张引弟,孟慧君,塔娜.2010.牧区草地承包经营权流转及其对牧民生计的影响——以内蒙古草原牧区为例.草业科学,(27):130-135.
张裕凤,赵红强.2016.基于牧草地流转服务的锡林郭勒盟牧草地定级因素体系构建与基准地价内涵探讨.内蒙古师范大学学报(哲学社会科学版),45(2):75-79.

6 牧草地流转空间格局分析

本章以西乌珠穆沁旗（以下简称西乌旗）为研究区，以实地牧户问卷调查为数据来源，进行牧草地流转价格的空间格局分析及其影响因素的研究。通过整理调研数据，分析西乌旗牧草地流转市场现状，在此基础上通过 ESDA 模型和数字地价模型分析牧草地流转价格的空间分布格局，采用相关性分析和空间计量模型从全旗及苏木（镇）具体分析牧草地流转价格的影响因素，以期为政府完善牧草地流转市场提供依据，为稳步推进草原"三权分置"改革奠定基础，为牧户合理流转牧草地提供参考。

牧草地流转在协调草原生态保护和牧民生计提升方面发挥重要作用，是深化草原产权制度改革的枢纽，草原"三权分置"改革是内蒙古牧区产权制度改革的一项重要内容。在这样的背景下研究牧草地流转价格的空间分布及其影响因素，分析各区域价格变动的趋势可以认识牧草地流转价格形成机制，为政府完善牧草地流转市场提供依据，为稳步推进草原"三权分置"改革奠定基础。

以西乌旗牧草地流转价格为研究对象，从空间上对牧草地流转价格进行研究，有利于全面地认识各苏木（镇）间牧草地流转价格的规律与差异，分析流转价格在空间上的变化趋势、分布格局及空间分异影响因素的影响程度，为政府完善牧草地流转管理提供参考，为合理制定牧草地流转价格提供依据，为西乌旗牧户合理流转牧草地提供参考。

6.1 牧草地流转价格时间变化特征

6.1.1 牧草地流转价格时间变化特征

西乌旗于 1984 年开始推行牧草地承包使用责任制，明确牧草地所有权归集体，使用权归牧户。在此基础上 1985 年开始实行草畜双承包制度，牧草地承包初期以联户承包和单户承包两种形式为主，1986～1989 年实行联户承包牧草地为主，使用本旗辖区内草原的单位和个人都要缴纳草原管理费。收费以每年六月三十日牲畜头数为准，当年仔畜不算在内，借场、赶运的畜群的草原管理费，必须在使用草场前一次性缴纳。此时，按牲畜头数收缴草原管理费，分类收取标准有以下几条：一是嘎查牧民交费标准（按年计算），小畜0.5元/只，牛1.5元/头，马、骆驼3元/头；二是城镇居民和矿区职工的交费标准（按月计算），小畜0.3元/只，牛1元/头，马、骆驼、骡1.5元/头；三是苏木（镇）居民的交费标准（按年计算），小畜1元/只；牛3元/头，马、骆驼、驴、骡6元/头；四是部队、机关团体、企事业单位的收费标准（按年计算），小畜2元/只，牛6元/头，马、骆驼、驴、骡9元/头。

对于打草场收费来说，收费标准有以下5条：一是外地来本旗打草的收取0.03元/kg；二是旗内单位或个人在他人草场上打草的收取0.02元/kg；三是为牧民或畜牧业生产服务性质的储草单位或专业户在他人草场上打草的收取0.01元/kg；四是挖沙取石、土的，收取填坑费0.50元/m³；五是搂穄草收取0.02元/kg（白和平，2003）。

从1989年开始了牧草地家庭承包制度，并于1990年完成了全旗93个嘎查3365万亩牧草地的家庭承包，实现了100%的牧草地家庭承包。此后开始实施草原"双权一制"制度，此阶段牧草地有偿使用形式主要以单户承包为准，把可利用牧草地按人口为单位承包给各牧户。草场费收取按承包草场面积与牲畜头数收费相结合，有以下收费标准：一是牲畜头数没有超载的情况下，一类草场收取0.05元/亩；二类草场收取0.04元/亩；三类草场收取0.03元/亩；二是若载畜量超载在10%以内的，每只羊单位收取10元，超11%以上，每只养单位收取20元。第二年度继续超载者，加倍收费。按草牧场面积收费制度从1990年开始正式执行，同时废止了过去按牲畜头数收费办法，超载收费从1992年起执行（白和平，2003）。1999年底，对西乌旗21个苏木（场）的6305户牧户发放《草场使用权证》，与4826户牧户签订了《草场有偿承包合同书》，明确了责、权、利，巩固了牧民的合法权益。

现阶段，牧区牧草地"三权分置"改革是内蒙古牧区牧草地产权制度改革的一项重要内容。从牧草地承包到户到"三权分置"改革，草原产权制度的变化为西乌旗牧草地流转起到了推动作用，全旗牧草地流转价格在时间变化上存在着一定的规律性，同时在发展中产生了一些变化。根据牧户采访资料整理出6个苏木（镇）牧草地流转价格的时间变化，具体如图6-1所示。

从西乌旗牧草地流转价格时间变化情况看，从2000年至2018年西乌旗牧草地流转价格整体呈上升趋势，但价格上涨速度缓慢。2000年流转价格在15~30元/hm²不等，当时未明显区分牧草地流转用途，且各苏木（镇）之间流转价格相差不大。1999年，随着《内蒙古自治区草原承包经营权管理办法》《锡林郭勒盟草原管理若干规定》等政策的颁布，使得草原承包经营权可按照有关原则依法

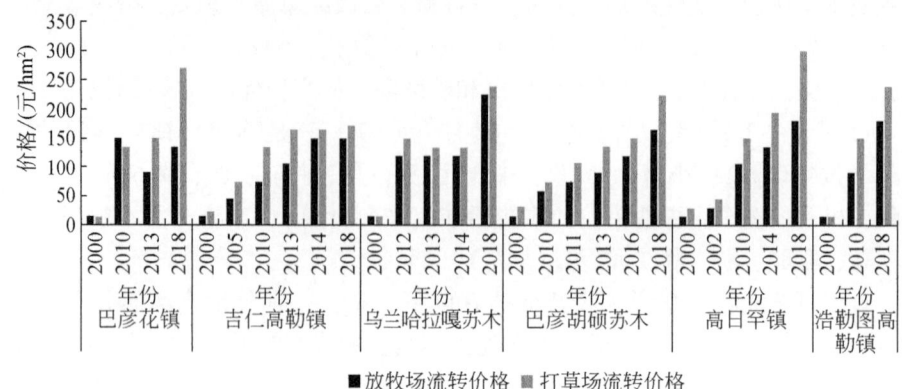

图 6-1 2000~2018 年西乌旗 6 个苏木（镇）牧草地流转价格时间变化情况

转让，2000~2010 年，西乌镇牧草地流转价格上涨了 120~135 元/hm²，至 2010 年牧草地平均流转价格约为 150 元/hm²。这阶段相继颁布了《锡林郭勒盟草畜平衡实施细则（暂行）》《西乌珠穆沁旗草牧场承包经营权管理办法》等相关政策规定，明确保护草原是全体公民的义务，对超载过牧等行为进行监督管理和相应的处罚（包祥，2014）。

2010~2014 年牧草地流转价格上涨缓慢。2014 年末随着"三权分置"改革的开始，西乌旗为了进一步加快改革进程，开始新一轮草原确权工作。作为锡林郭勒盟试点之一，西乌旗率先开展牧草地经营权流转服务平台建设工作，并于 2015 年制定了《西乌旗草原承包经营权流转暂行管理办法》，牧民草原承包权得到保障，经营权得到规范流转，使牧草地平均流转价格从 2014 年的 150 元/hm² 上涨到 2018 年的 250 元/hm² 左右。

6.2 牧草地流转价格空间分异特征

6.2.1 牧草地载畜量的空间分布特征与流转关系

随着西乌旗人均牧草地的逐年减少，牧区草畜不平衡矛盾的加剧，草原生态正面临着严峻的考验，实现草畜平衡是促进草原生态系统良性循环的有力手段，是草原畜牧业持续发展的基础（赵澍，2015）。草畜平衡是牧户牧场管理的核心和理论基础。载畜率是衡量草畜平衡的主要指标，它与牧草地产草量、饲养牲畜头数及牧草地流转等都有很大关系，同时反映出区域超载放牧的情况。牧草地载畜率越低，对牧草地承载压力越小，对草原的生态保护越好。

本书参考基于饲养标准的家畜折算方法（杨正荣，2018），计算 2018 年西乌旗各苏木（镇）的载畜率，载畜率公式为：

$$载畜率(SR) = 总羊单位(SE) / 牧草地面积(hm^2) \qquad (6-1)$$

根据式（6-1）计算西乌旗 6 个苏木（镇）的载畜率，并通过 SPSS19.1 软件绘制各苏木（镇）载畜率与牧草地面积关系图（图 6-2）。其中，横坐标代表牧户家庭牧草地总面积，牧户家庭牧草地总面积是牧户家庭的承包面积加上或减去牧户流入或流出的牧草地的面积；纵坐标代表该牧草地的载畜率，而灰色点为该苏木（镇）流转样点。

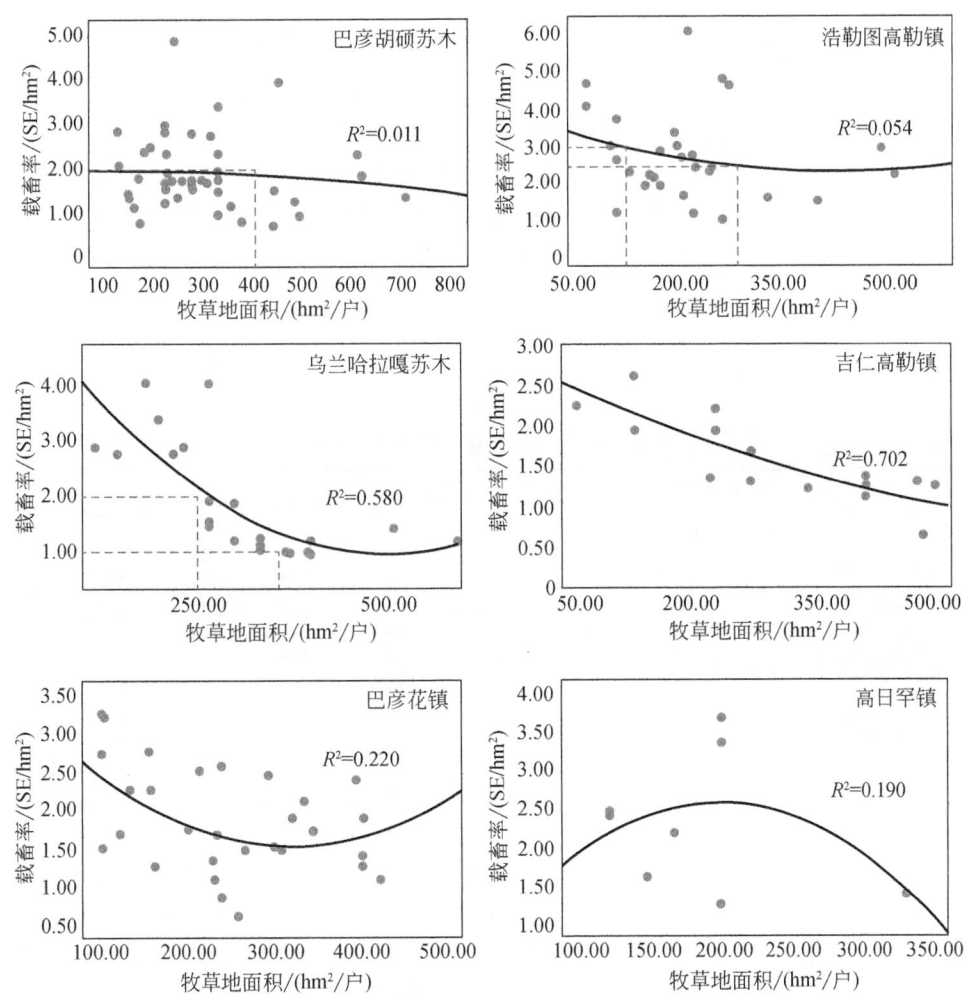

图 6-2　2018 年 6 个苏木（镇）载畜率与牧草地面积关系

从西乌旗调查苏木（镇）载畜率与牧草地面积关系图分析，除了高日罕镇由于流转样点少，载畜率规律不明显外，其他苏木（镇）载畜率都随着牧户牧草地面积的增加呈现递减的规律，例如，巴彦胡硕苏木流转样点牧户牧草地面积多集中在 100～400hm^2，载畜率为 2；浩勒图高勒镇流转样点牧户面积集中在 125～275hm^2，载畜率在 2.5～3；乌兰哈拉嘎苏木牧户面积在 250～375hm^2，而载畜率在 1～2。

使用 SPSS19.1 软件对 6 个苏木（镇）牧户载畜量采用独立样本 t 检验，从"检验统计量 a，b"可以看出，渐进显著性为 0.005，由于 0.005<0.01，所以得出结论：各苏木（镇）的载畜率分布是不同的，且牧草地面积相同的牧户载畜率也不同。

根据西乌旗样本牧户载畜率对比分析可得，西乌旗人均牧草地面积少、载畜率高和人均牧草地面积多、载畜率低的规律（表 6-1）。牧民的生产决策行为受到多方面因素的共同制约，对于人均牧草地面积少的牧户而言，其养畜数量较大程度上受到牧草地面积的影响。例如，高日罕镇平均载畜率为 2.3，人均牧草地面积为 39.8hm^2；同样人均牧草地面积少的巴彦花镇，牧民通过牧草地流转来扩大经营面积，牧草地流转率高达 71.2%，载畜率下降为 1.8；浩勒图高勒镇虽然牧草地流转率达 63.8%，但载畜率达 2.6，原因是在所调查牧户中转出牧草地的牧户数量较多，导致自身利用的牧草地减少，载畜率增加；而吉仁高勒镇、巴彦胡硕苏木、乌兰哈拉嘎苏木因为牧草地面积大，载畜率低。

表 6-1　西乌旗 6 个苏木（镇）样本牧户载畜率对比表

苏木（镇）	人均牧草地面积/（hm^2/人）	年末牲畜总头数/头	平均载畜率	流转率/%
浩勒图高勒镇	32.8	167 002	2.6	63.8
高日罕镇	39.8	106 902	2.3	47.4
乌兰哈拉嘎苏木	43.1	126 271	1.9	73.5
巴彦花镇	39.6	178 281	1.8	71.2
巴彦胡硕苏木	51.2	176 483	1.8	68.5
吉仁高勒镇	48.3	157 988	1.6	42.6

根据实地调研，西乌旗个别苏木（镇）仍有超载情况，以巴彦胡硕苏木的阿日哈图嘎查为例，该嘎查北部大部分地区处于嘎亥额勒苏沙地，牧民所承包的牧草地面积过小，人均牧草地面积为 40hm^2，无法满足家庭生活所需规模的畜群。实施草畜平衡政策后，该嘎查核定的载畜标准为 1.5hm^2/羊单位，若以每户 120hm^2 牧草地面积计算得出理论承载能力仅为 80 只羊单位。但调研发现，在阿

日哈图嘎查，每户至少饲养200～300只基础母羊，才能保证每年出栏100～150只羔羊，方能勉强维持家庭基本生活及各类生产性支出。因牧户牧草地不足，导致当地牧户不得不超载使用牧草地。因此，需要进行转入牧草地来扩大草场面积，减轻草场放牧压力。但从扩大规模来看，部分牧户没有能力支付扩大牧草地这部分租金，在草原"三权分置"改革背景中，可以探索牧户草原经营权抵押贷款。政府可以在草原承包经营权确权基础上，依据草场类型、等级、利用现状、面积、产草量、饲养牲畜价值、流转价格、承包经营期限等综合因素，按照草牧场经营权抵押登记、审核、评估流程，探索性办理草原承包经营权抵押贷款他项权证。这样的做法既缓解了牧民贷款难的问题，也促进了牧区草原生态保护，进一步夯实草原产权制度。

在牧草地承载压力大的情况下，政府应该推进"三权分置"改革的进度，稳定牧户承包权的同时，流转牧草地经营权，大力培养新型经营主体，不但解决了牧草地细碎化问题，还促进实现适度规模经营，进一步发挥牧户家庭经营最优的特征，使得牧户土地经营权更加完整（王克强等，2005）。西乌旗《牧民专业合作社、生态家庭牧场鼓励办法》中规定，若养殖合作社租赁2万亩以内牧草地，按2元/亩标准给予补贴，若生态家庭牧场牧户在本嘎查租赁1万亩以内牧草地，则给予2元/亩补贴，且针对建设资金短缺问题可以申请抵押贷款。从这个角度分析，政府通过草原补贴政策，促进了牧草地流转。前者鼓励新型规模经营主体建立合作社，后者鼓励生态家庭牧场的建设，从政策上引导牧民合理流转牧草地，实施规模经营。

西乌旗牧区流转新型组织形式有"牧民专业合作社"，即组织牧户入股牧草地、牲畜、机械等，进行股权设置、评估作价，按交易量返还利润，按股份分红。但调研发现，西乌旗当前新型组织较少，且规模发展缓慢。例如，新高勒嘎查牧民建立的"共享"合作社，从2013～2018年，合作社的规模由3户扩大为现在的19户，共享牧草地（牧户入股牧草地）仅有2000hm^2（王克强等，2005）。同时，贫困牧户很难达到合作社或家庭牧场的标准，因此，政府在培育新型合作社或家庭牧场的同时，可以针对贫困牧户制定专门的成立标准，如减少基础母羊数、机械设备条件等。

6.2.2　牧草地流转价格空间分异特征

6.2.2.1　数据处理

本节运用ArcGIS软件将调查取得的流转样点进行坐标投影，导入研究区中建立空间地理数据库，再完善样点的牧草地流转价格属性字段信息，包括苏木（镇）、嘎查、牧户姓名、承包牧草地面积、流转牧草地面积、草地类型、是否签订合同、流转期限、流转方式、流转价格、牧草地产草量等。流转样点空间地理数据库的建立为空间插值法和空间计量模型进行数据处理和分析提供了基础条件，数据库具体属性字段见表6-2。

表6-2 西乌旗牧草地流转价格样点数据库相应属性字段设计表

序号	字段名称	字段类型	单位	备注
1	ID	整型	—	唯一编码
2	苏木（镇）	字符型	—	样点所在行政区
3	嘎查	字符型	—	样点所在嘎查
4	牧户姓名	字符型	—	被调查牧户姓名
5	年龄	字符型	—	被调查牧户年龄
6	文化程度	字符型	—	被调查牧户受教育水平
7	劳动力	字符型	—	被调查牧户家庭劳动力
8	承包牧草地面积	浮点型	hm^2/户	被调查牧户牧草地面积
9	流转牧草地面积	浮点型	hm^2/户	被调查牧户流转牧草地面积
10	牧草地类型	字符型	—	流转牧草地草地类型
11	地形地貌	字符型	—	流转牧草地地形地貌
12	水域条件	字符型	—	流转牧草地水域条件
13	是否签订合同	字符型	—	交易是否到相关部门签订合同
14	流转期限	整型	年	草原承包经营权出让年限
15	流转对象	字符型	—	流转对象
16	流转方式	字符型	—	转包或转租及其他方式
17	流转价格	浮点型	元/($hm^2 \cdot a$)	每公顷牧草地流转价格
18	牧草地产草量	浮点型	kg/hm^2	每公顷牧草地产草量
19	畜牧业纯收入	浮点型	万元/a	牧户年均畜牧业纯收入

6.2.2.2 探索性空间数据分析

(1) 牧草地流转价格样点正态分布检验

样点数据录入及修正完成后需要对数据进行检验，将不符合条件的数据筛除。首先通过统计模块中提供的直方图和"Q-Q图"来判断牧草地流转价格数据集是否符合正态分布。

通过西乌旗牧草地流转价格样点直方图（图6-3）分析，价格原始数据并没有很好地符合正态分布，经过对数变换处理后呈现正态分布特征，且没有明显的离群值，因此不需要进行异常值处理。

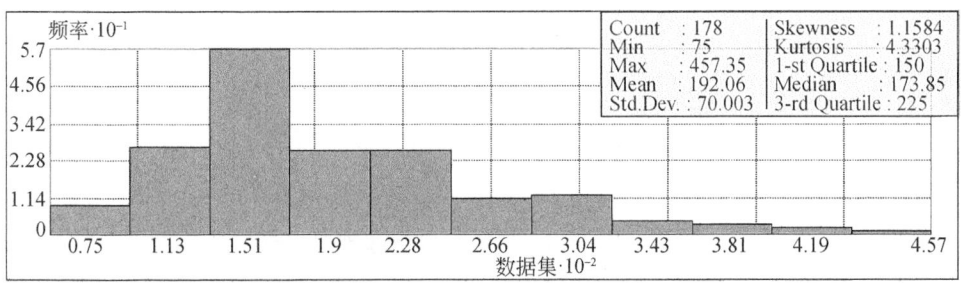

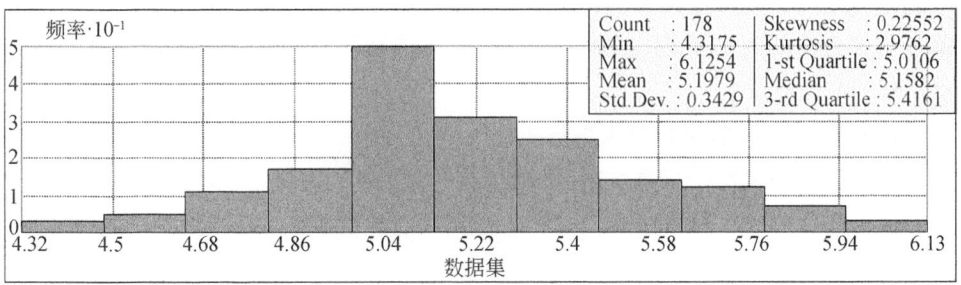

图6-3　西乌旗牧草地流转价格对数变换前后直方图

西乌旗牧草地流转价格对数转换前后"Q-Q图"对比可知，原始数据图显示部分价格数据明显偏离参考线，说明不符合正态分布，而对数变换后得到的图形虽然在流转价格较低的区域存在轻微的偏离情况，但基本数据点都在45度参考线周边。因此可以认为样点数据对数变换后服从正态分布，满足普通克里金插值的条件。

（2）样点数据的全局趋势分析

为了研究牧草地流转价格在水平和竖直方向上变化的总体特征和规律，利用ArcGIS软件的三维透视工具对数据进行分析，结果如图6-4所示。

从图6-4可以看出，图X-Y平面上的点即牧草地流转价格样点的地理位置点，Z轴代表牧草地流转价格，X轴代表西乌旗由西向东方向，Y轴代表由南向北方向。X-Z平面的点即流转价格在东西方向上的投影，Y-Z平面上的点即流转价格在南北方向上的投影。趋势图从东西方向看呈"倒U"型，中部存在价格高值区，且东部价格高于西部价格（乌日罕等，2020a），如位于浩勒图高勒镇的阿拉坦高勒嘎查位于流转价格高值区，其最高流转价格为390元/（hm²·a）；西部吉仁高勒镇的巴彦青格勒嘎查低于流转价格低值区，流转价格为150元/（hm²·a）。

| 牧草地流转研究 |

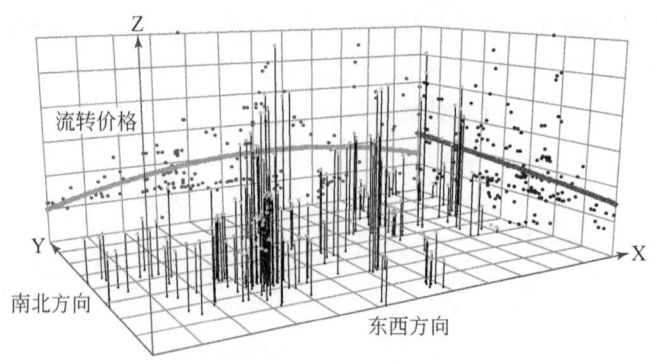

图 6-4 西乌旗牧草地流转价格趋势分析图

南北方向上的流转价格总体呈现南高北低的不平衡特点，如北部高日罕镇的白音嘎查流转价格高达 330 元/(hm²·a)，而南部浩勒图高勒镇的道伦达坝嘎查流转价格仅 120 元/(hm²·a)。

(3) 样点数据的空间自相关分析

牧草地流转价格不仅具有空间位置特性，同时也具有空间异质性和空间集聚的特征，因而流转价格之间理应存在一定的空间依赖性，所以在分析牧草地流转价格的空间规律时必须考察邻近样点之间的相关关系。

1) 全局空间自相关分析。通过 Open Geoda 软件首先生成 4 个邻居的权重矩阵，再通过 Univariate Moran's I 模块得到西乌旗牧草地流转价格 Moran 散点图（图 6-5）。从 Moran's I =0.609101 的结果来看，流转价格在空间上具有较强的正相关性，且散点图多集中在第一、第三象限，即存在各苏木（镇）牧草地流转价格"高-高"地区与"低-低"地区相对聚集的状态，并存在一定的差异。

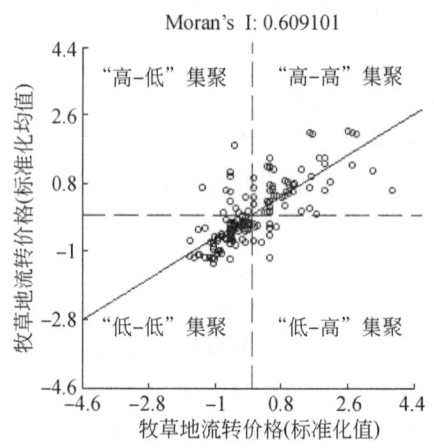

图 6-5 西乌旗牧草地流转价格全局 Moran 散点图

| 112 |

6 | 牧草地流转空间格局分析

由于 Moran's I 的计算是基于随机排列计算的，改变排列的计算次数或者方式，结果会有一定的区别，本章将莫兰指数结果通过 Open Geoda 软件排列 999 次，得到牧草地流转价格模拟的显著性水平分布为 0.0010，说明在 99.99% 的置信度下其空间自相关是显著的。

关于全局 Moran's I 的计算，运用同样的方法分别计算 4 个、5 个、6 个、10 个最近距离权重矩阵。从表 6-3 分析得出，不同距离权重矩阵下的 Moran's I 结果都大于零，即流转价格存在空间正相关性，且 4~最近邻权重矩阵相关性最强，因此上述分析是最优的。

表 6-3 西乌旗牧草地流转价格不同最近邻居权重矩阵下的 Moran's I 表

k~最近邻居权重	Moran's I	Z-value	E (I)	Mean	Sd
4~最近邻居权重	0.6091	12.4529	−0.0056	−0.0058	0.0494
5~最近邻居权重	0.5285	12.5266	−0.0056	−0.0043	0.0425
6~最近邻居权重	0.4632	12.4562	−0.0056	−0.0069	0.0377
10~最近邻居权重	0.2737	9.4465	−0.0056	−0.0050	0.0295

2）局部空间自相关分析。利用局部空间自相关分析来探讨牧草地流转价格分布的空间异质性，通过 Open Geoda 软件中 Univariate Local Moran's I 模块绘制对应的 LISA 集聚图，显示空间集聚位置和分布特征，揭示区域单元空间自相关程度。

空间集聚和分布特征可分为"高-高"集聚（样点与其周围牧草地流转价格都处于较高的水平）、"低-低"集聚（样点与其周围牧草地流转价格都处于较低的水平）、"低-高"集聚和"高-低"集聚（样点周围牧草地的流转价格存在差异）。

巴彦花镇牧草地流转价格集聚情况相对复杂，由于大部分嘎查处于草地生产力较高的草甸草原区，牧草地流转价格普遍较高，因此流转价格"高-高"集聚情况显著，存在正的空间自相关性。但也存在"低-低"集聚情况，据调研得知，当地北部和南部偏远地区牧户流转情况少，因此流转价格偏低；而西部有白音华矿区及金山电厂等，导致草地质量差且牧民生活受到影响，因此存在"低-低"集聚情况。少量样点存在"低-高"集聚和"高-低"集聚，说明巴彦花镇牧草地流转价格存在空间差异性，且异质性较突出，表现为负的空间自相关性。

西乌旗其他"高-高"集聚情况位于北部的盆地及少部分低山丘陵区，如巴彦胡硕苏木和乌兰哈拉嘎苏木。浩勒图高勒镇"高-高"集聚区大部分处于阿拉坦高勒嘎查，原因是该嘎查人均牧草地少，牧草地供需不平衡，因此流转价格偏高。其他"低-低"集聚情况零星分布于东南部的大兴安岭山麓。总之，西乌旗牧草地流转价格集聚情况显著，即存在正的空间自相关性（"高-高"集聚和

"低-低"集聚，Moran's Ⅰ >0）；部分地区空间差异性较大，异质性较突出，表现为负的空间自相关性（"高-低"集聚和"低-高"集聚，Moran's Ⅰ <0）。

6.2.2.3 牧草地流转价格的空间格局分析

（1） 牧草地流转价格总体分布特征

牧草地流转价格剖面模型是通过空间插值方法对离散样点进行插值而形成的流转价格分布曲面，通过上6.2.2.2节分析，样点数据经对数变换后服从正态分布，数据在空间上存在二阶趋势的同时存在正的空间相关性，满足普通克里金插值的前提条件，因此选择普通克里金插值法能较好地反映出西乌旗牧草地流转价格的空间分异特征。西乌旗牧草地流转价格空间分布插值特点为牧草地流转价格分为10级，且每级价格差没有很大跨度，这样划分的原因有两点：一是西乌旗牧区牧草地流转价格较低，相邻区位价格变化小，划分10级是为了从苏木（镇）角度更加细化地研究流转价格的具体分布特征；二是这样划分使样点数据正态分布更显著，普通克里金插值结果更加精确。

1）西乌旗牧草地流转价格分布整体上呈现圈层式结构，价格从高值区向外围递减，高值区主要分布在乌兰哈拉嘎苏木和高日罕镇北部、浩勒图高勒镇、巴彦花镇大部分地区。东部牧草地流转价格高值区面积最大，有明显的流转价格突起；低值区主要分布在吉仁高勒镇、巴彦胡硕苏木、高日罕镇东部和巴彦花镇北部。

2）西乌旗牧草地流转价格变化幅度区域差异明显。浩勒图高勒镇、乌兰哈拉嘎苏木和巴彦花镇牧草地流转价格等值线密集，反映出牧草地流转价格变化速率大、价格衰减速度快的特点；随着距离的增大，等值线也逐渐稀疏，流转价格逐渐降低。吉仁高勒镇和巴彦胡硕苏木价格等值线稀疏，区域内牧草地流转价格变化幅度低。

3）牧草地流转价格高值区集中在东部地区，已显现明显的空间差异。例如，巴彦花镇流转价格高峰区主要在额日登宝力格嘎查，其牧草地流转价格最高达450元/（hm²·a）。由于该嘎查处于低山丘陵区，牧草地产草量高于西部平原地区，且相对于东部海拔较高的山区更容易打草储草，因此该地区牧草地流转价格相对要高。最低的牧草地流转价格在东南部海拔较高的乌仁图雅嘎查，其牧草地流转价格低至75元/（hm²·a）。主要原因是该嘎查交通不便利，阻碍了牧草地流转。浩勒图高勒镇价格高峰区主要在阿拉坦高勒嘎查和乌日图高勒嘎查，最高牧草地流转价格为390元/（hm²·a），这是由于这两嘎查位于低地草甸草原，牧草长势好、产草量高，且该地区人均牧草地少，牧民对牧草地的需求大，导致牧草地流转价格比周边高。

6 牧草地流转空间格局分析

（2）牧草地流转价格局部分布特征

牧草地流转价格剖面模型是在数字地价模型基础上，沿某一方向上的牧草地流转价格表面进行垂直投影所得到的平均流转价格切面。以西乌旗政府驻地为中心基点，由基点向牧草地流转价格样点集中的6个方向（N、NE、E、SE、SW、NW方向）引出6条剖面线，以西乌旗草地类（亚类）为基底，在此基础上可以更直观地了解各苏木（镇）存在的区域差异，进而更易于认识牧草地流转价格区域差异形成的原因。

西乌旗牧草地流转价格剖面如图6-6所示，牧草地流转价格沿不同方向表现出不同的递变特点。其中，原点代表中心基点，横坐标代表样点距中心基点的距离，纵坐标代表牧草地流转价格。流转价格局部分布规律具体表现在以下几个方面：

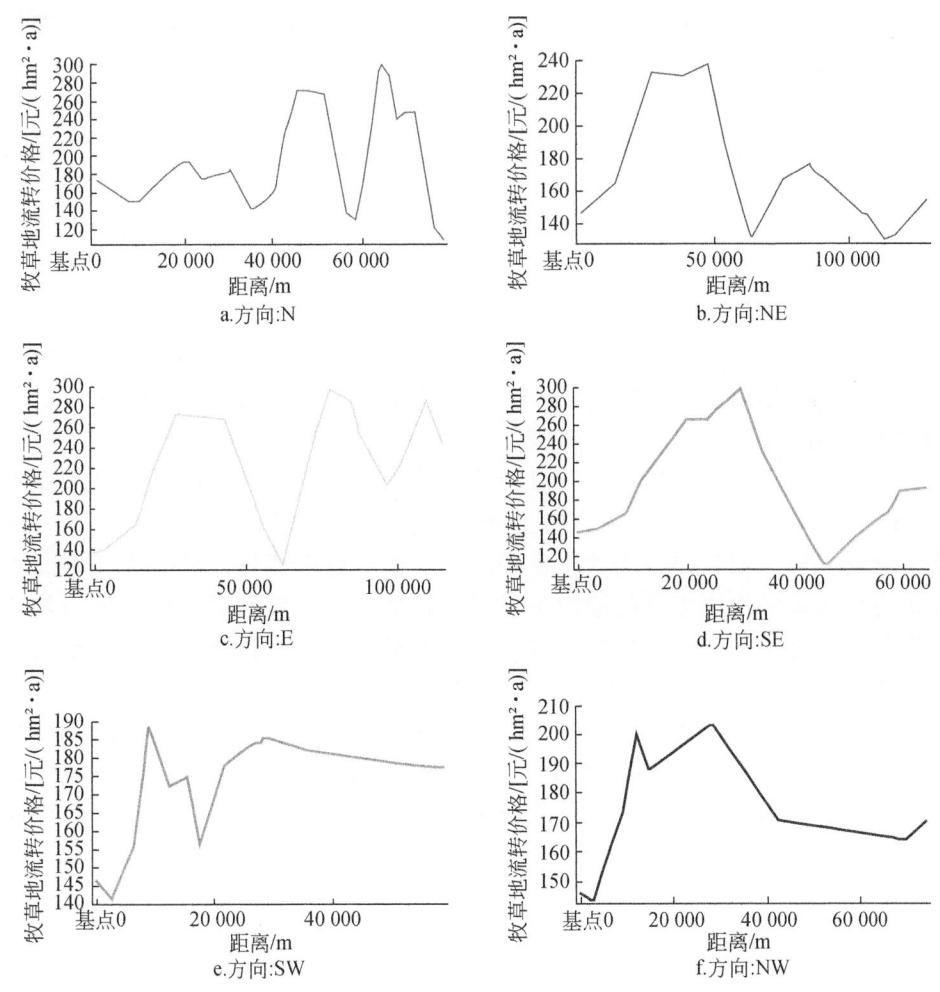

图6-6 西乌旗牧草地流转价格剖面图

1）从西乌旗牧草地流转价格剖面图可以看出，牧草地流转价格东西区域差异显著，流转价格从东向西呈递减趋势，南北流转价格差异不显著。东部地区牧草地流转价格普遍在 150~300 元/($hm^2 \cdot a$) 的价格区间波动，西部区流转价格在 140~200 元/($hm^2 \cdot a$) 区间波动。西乌旗各苏木（镇）所处区位的自然条件决定了牧草地产草量的空间分布的区域性，进而影响区域牧草地流转价格。西乌旗地貌类型从东到西为中山山地—低山丘陵—波状高平原，部分地区布着沙丘沙地，而牧草地类型由东南向西北依次为草甸草原、典型草原及部分疏林沙地，并以典型草原为主。因此，各苏木（镇）牧草地产草量随着地理位置从东南向西北的推移而逐渐减少，牧草地产草量下降规律与牧草地地带性分布规律基本吻合，导致东部草甸草原的流转价格普遍高于西部典型草原由此可以看出，地形地貌的差异是影响西乌旗牧草地流转价格高低的主要原因之一。

2）方向为 N 的剖面线，其牧草地流转价格最高峰［300 元/($hm^2 \cdot a$)］为额仁淖尔嘎查，位于北部乌拉盖盆地，内有乌拉盖水系，水源丰富，因此牧草地流转价格相对较高。

3）基点向 NE 和 E 方向的剖面线，牧草地流转价格低点位于浩勒图高勒镇的新高勒嘎查，该嘎查北部是嘎亥额勒苏沙地，牧草地质量差、产量低，导致流转价格偏低；牧草地流转价格最高峰位于巴彦花镇的额日登宝力格嘎查，该嘎查草原类型为草甸草原，且由于矿产资源丰富、经济情况良好，导致流转价格偏高，该嘎查牧草地流转价格最高为 450 元/($hm^2 \cdot a$)，平均流转价格在 300 元/($hm^2 \cdot a$) 左右。

4）基点向 SE 方向的剖面线流转价格波动大，从北部的巴彦额日和图嘎查 140 元/($hm^2 \cdot a$) 的流转价格上升到阿拉坦高勒镇 300 元/($hm^2 \cdot a$) 的流转价格，由于两个嘎查均处于丘陵区，且牧草地产草量差异不大，因此可以认为导致流转价格差异的原因不仅仅是牧草地的自然状况，还可能与牧草地交易情况有关，如流转期限、签订合同情况、流转面积或者与牧户个人情况有关。

5）基点向 SW、NW 两个方向的剖面线流转价格波动不大，牧草地流转价格低点位于巴彦胡硕苏木温都来嘎查，因位于沙地地貌，牧草地产量低导致流转价格不足 150 元/($hm^2 \cdot a$)，最高值至 200 元/($hm^2 \cdot a$)，但远低于东部地区流转价格水平。

6.3 牧草地流转价格的影响因素分析

6.3.1 变量选取及其量化

基于研究角度并结合西乌旗实际情况，本节从牧草地自然条件、交易情况、牧户特征3个角度选取15个相关变量进行牧草地流转价格影响因素实证分析，变量如下。

1）牧草地自然条件：牧草地用途、牧草地产草量、地形地貌、水域条件、至主干道距离。

地形地貌对气候条件和土壤条件有着一定的影响，因而影响植被类型的分布，影响牧草地产草量；同时地形坡度会对牧草地经营及割草的难易程度造成影响，进而影响其使用价值；水域条件不仅影响牲畜的饮水半径，同时影响牧草地的景观，进而影响到牧草地流转价格。牧草地至铁路、国道、省道以及乡镇道路的距离越近，越有利于牧户秋季打草储草、对外运输、出售草料，以及畜产品交易，减少了牧户运输等费用，对提升周围牧草地流转价格有影响。

2）交易情况：流转面积、流转行为、流转对象、是否签订合同、交易期限。

牧草地面积的大小反映了牧草地破碎化程度，会影响草地集约化利用程度及家庭牲畜饲养规模，进而影响流转价格。牧草地流转行为决定了牧民牧草地产权的转移，因此也会影响牧草地流转价格。我国农村牧区是"乡土社会"和"熟人社会"，因此流转对象也会影响流转价格，发生在亲友熟人之间的牧草地流转往往考虑到亲情关系，且亲友熟人之间往往存在口头流转情况，不签订流转合同，这些因素都在一定程度上影响牧草地流转价格。牧草地交易期限长短会影响使用者效益，短期交易使用一般不考虑草地长远发展，因此可能存在过度使用草场的情况，长期租赁关系往往相反，因此交易期限会影响牧草地流转价格。

3）牧户特征：牧户年龄、文化程度、承包牧草地面积、年均牧业纯收入、牧民对政策了解程度。

牧户年龄及受教育程度往往在主观层面上影响牧草地流转价格。个人承包的牧草地面积或年均牧业纯收入反映经营规模和经营效益，其差异体现经营者对牧草地的投入差异，决定牧户是否扩大牧草地面积，进而影响牧草地流转价格。人均草地少的地区对牧草地的投入会相应增加，进而造成牧草地价值差异。

变量的具体量化过程见表6-4（乌日罕等，2020b），再通过SPSS19.1软件将因变量牧草地流转价格和15个自变量代入模型，计算得到描述性统计表6-5。

表 6-4 变量及其量化方式

类别		变量名称	代码	量化方式
牧草地流转情况	牧草地自然条件	牧草地用途**	X_1	放牧场=1；打草场=2
		牧草地产草量/(kg/hm²)	X_2	实测值
		地形地貌**	X_3	波状高平原=1；低山丘陵=2；中山山地=3；沙地=4
		水域条件*	X_4	有河流赋值1；否则为0
		至主干道距离/km	X_5	距主干道<10km赋值1；10~20km赋值2；20~30km赋值3；30~40km赋值4；>40km赋值5
	交易情况	流转面积/hm²	X_6	样本地块流转面积
		流转行为**	X_7	部分转出=1；全部转出=2；转入=3
		流转对象**	X_8	嘎查内亲朋=1；嘎查其他牧户=2；嘎查牧业大户=3；其他嘎查牧户=4
		是否签订合同*	X_9	是=1；否=0
		交易期限/年	X_{10}	1年=1；2~5年=2；6~10年=3
	牧户特征	牧户年龄	X_{11}	小于30岁=1；31~40岁=2；41~50岁=3；51~60岁=4；大于60岁=5
		文化程度**	X_{12}	小学及以下=1；初中=2；高中或大专=3；大专、本科=4
		承包牧草地面积/hm²	X_{13}	牧户个人承包牧草地面积
		年均牧业纯收入/万元	X_{14}	牧业收入—牧业投入
		牧民对政策了解程度**	X_{15}	不了解=1；了解一点=2；了解=3

＊为虚拟变量；＊＊为定阶定序变量

表 6-5 变量描述性统计表

变量	变量名称	代码	样本数	最小值	最大值	平均值	标准差
因变量	牧草地流转价格	P	178	75	457.35	192.06	70.0035
自变量	牧草地用途	X_1	178	1	2	1.40	0.4910
	牧草地产草量	X_2	178	450	1 800	726.52	192.3850
	地形地貌	X_3	178	1	4	2.28	0.8550
	水域条件	X_4	178	0	1	0.16	0.3700
	至主干道距离	X_5	178	1	5	2.04	1.2770

续表

变量	变量名称	代码	样本数	最小值	最大值	平均值	标准差
自变量	流转面积	X_6	178	22	547	122.74	85.2900
	流转行为	X_7	178	1	3	2.77	0.5290
	流转对象	X_8	178	1	4	1.94	0.9670
	是否签订合同	X_9	178	0	1	0.92	0.2790
	交易期限	X_{10}	178	1	3	1.90	0.3930
	牧户年龄	X_{11}	178	1	5	2.74	0.9280
	文化程度	X_{12}	178	1	4	2.26	0.8980
	承包牧草地面积	X_{13}	178	33	540	147.17	93.6700
	年均牧业纯收入	X_{14}	178	0.4760	69.70	16.66	14.0542
	牧民对政策了解程度	X_{15}	178	1	3	2.01	0.7740

6.3.2 流转价格与影响因素的相关性分析

6.3.2.1 牧草地流转价格与影响因素的相关性分析

从15个自变量中筛选与牧草地流转价格相关性显著的影响因子进行下一步的空间计量模型分析，其中自变量的相关系数越显著，与流转价格的相关性越大。

将2018年西乌旗6个苏木（镇）牧草地流转价格及相关变量通过SPSS19.1计算得到相关系数，如表6-6所示。结果发现流转价格仅与牧草地用途（X_1）、牧草地产草量（X_2）、流转对象（X_8）、年均牧业纯收入（X_{14}）有0.01水平上的显著正相关性，即打草场产草量越大、将牧草地流转给非亲朋，且牧户年均牧业纯收入越高，对牧草地流转价格影响越大。流转价格与流转行为（X_7）、是否签订合同（X_9）、承包牧草地面积（X_{13}）在0.05水平呈现显著相关性，即牧户签订流转合同、个人承包牧草地面积越大，对牧草地流转价格影响相对较大。通过相关性分析，虽然揭示了影响因素X_1、X_2、X_7、X_8、X_9、X_{13}、X_{14}与牧草地流转价格存在统计学意义上的相关性，但不能确定是否存在空间上的耦合性，因此通过Open Geoda软件计算因变量与自变量之间双变量Moran's I，其中Moran's I>0，且指数越接近1，说明相关性越强（表6-7）。结果得到影响因素X_1、X_2、X_9、X_{13}的P值大于0.05，证明与牧草地流转价格具有很强的空间耦合性，即存在空间上的相关性；而X_7、X_8、X_{14}未通过0.05水平上的显著性检验，说明流转行为、流转对象、年均牧业纯收入与牧草地流转价格之间不具有显著的空间耦合性。

表6-6 西乌旗牧草地流转价格与影响因素相关系数表

影响因素	X_1	X_2	X_3	X_4	X_5	X_6	X_7	X_8
相关系数	0.4310**	0.6010**	0.0510	−0.0670	−0.0280	0.0900	0.1490*	0.2500**
影响因素	X_9	X_{10}	X_{11}	X_{12}	X_{13}	X_{14}	X_{15}	
相关系数	0.1520*	0.0190	0.0060	−0.0070	0.1730*	0.3760**	0.1170	

**表示在0.01水平上显著；*表示在0.05水平上显著

表6-7 西乌旗牧草地流转价格与影响因素的全局空间双变量 Moran's I 表

影响因素	X_1	X_2	X_7	X_8	X_9	X_{13}	X_{14}
Moran's I	0.1939	0.1970	0.1168	0.1785	0.0605	0.2003	0.3084
P Value	0.0010	0.0010	0.1220	0.2312	0.0440	0.0010	0.0650

由于西乌旗6个苏木（镇）之间自然条件和经济发展水平存在差别，导致牧草地流转价格与自变量之间的相关系数不高，平均值低于0.3。为了进一步认识区域之间差异，通过将西乌旗在地理位置上按照草原类型、区位条件及牧草地流转价格聚集程度等情况划分为东南草原区和西北草原区。其中，东南草原区包括巴彦花镇、高日罕镇和浩勒图高勒镇，这三个镇均处于大兴安岭西北麓，海拔1000~1900m，地貌由山地和波状丘陵组成；西北草原区包括乌兰哈拉嘎苏木、巴彦胡硕苏木、吉仁高勒镇，这三个苏木（镇）大部分地区处于波状高平原区，东南部有小部分处于丘陵区，以及嘎亥额勒苏沙地组成，地势总体上南高北低。

6.3.2.2 不同区域流转价格与影响因素的相关性分析

(1) 东南草原区牧草地流转价格与影响因素的相关性分析

东南草原区牧草地流转价格与影响因素的相关性分析见表6-8。在0.01的显著性水平上，流转价格与牧草地用途（X_1）、流转面积（X_6）、流转对象（X_8）、年均牧业纯收入（X_{14}）存在显著正相关性；在0.05的水平上与地形地貌（X_3）、流转行为（X_7）、文化程度（X_{12}）、承包牧草地面积（X_{13}）存在显著正相关性。而X_2、X_4、X_5、X_9、X_{10}、X_{11}、X_{15}等因素并不具有统计学意义上的相关性。

表6-8　东南草原区牧草地流转价格与影响因素相关系数

影响因素	X_1	X_2	X_3	X_4	X_5	X_6	X_7	X_8
相关系数	0.6250**	0.5670	0.2180*	0.0210	-0.1210	0.2290**	0.2540*	0.3820**
影响因素	X_9	X_{10}	X_{11}	X_{12}	X_{13}	X_{14}	X_{15}	
相关系数	0.1240	0.0950	0.1360	-0.2310*	0.2180*	0.5780**	0.2010	

**表示在0.01水平上显著；*表示在0.05水平上显著

将具有显著相关性的 X_1、X_3、X_6、X_7、X_8、X_{12}、X_{13}、X_{14} 因素进行全局双变量 Moran's I 计算，除了牧户文化程度（X_{12}）未通过检验（P Value>0.05），X_1、X_3、X_6、X_7、X_8、X_{13}、X_{14} 与牧草地流转价格均存在空间上相关性（表6-9），表明在东南草原区将草原经营权流转给嘎查外牧户，且流转面积越大，流转价格相对更高；同时，牧户的承包牧草地面积大、年均牧业纯收入高的地区，牧草地流转的价格越高。

表6-9　东南草原区牧草地流转价格与影响因素的全局空间双变量 Moran's I

影响因素	X_1	X_3	X_6	X_7	X_8	X_{12}	X_{13}	X_{14}
Moran's I	0.3738	0.2162	0.1759	0.2444	0.1843	-0.0451	0.1759	0.4451
P Value	0.0010	0.0020	0.0020	0.0010	0.0040	0.2280	0.0080	0.0010

（2）西北草原区牧草地流转价格与影响因素的相关性分析

关于西北草原区牧草地流转价格与自变量相关系数见表6-10。流转价格与牧草地产草量（X_2）、是否签订合同（X_9）、牧户文化程度（X_{12}）显著正相关，与牧草地用途（X_1）、水域条件（X_4）、牧户年龄（X_{11}）显著负相关。具有显著相关性的自变量相关系数绝对值排序为：$X_2>X_{12}>X_9>X_1>X_{11}>X_4$。

表6-10　西北草原区牧草地流转价格与影响因素相关系数

影响因素	X_1	X_2	X_3	X_4	X_5	X_6	X_7	X_8
相关系数	-0.2030**	0.7070**	-0.0420	-0.1960*	0.1060	-0.0350	0.0380	0.0740
影响因素	X_9	X_{10}	X_{11}	X_{12}	X_{13}	X_{14}	X_{15}	
相关系数	0.2270*	-0.1010	-0.2000*	0.3090**	0.0960	0.0910	0.0200	

**表示在0.01水平上显著；*表示在0.05水平上显著

通过全局空间双变量 Moran's I 分析，除 X_4 未通过显著性检验，X_1、X_2、X_9、X_{11}、X_{12} 均与牧草地流转价格存在较高的空间相关性（P Value>0.05），X_1、X_2、X_9、X_{11}、X_{12} 与牧草地流转价格均存在空间上相关性（表6-11）。其中，牧草地产草量（X_2）的相关性最高，为0.7070，说明牧草地质量依旧是决定牧草地流转价格高低的重要原因之一。西北草原区多为平原，同时嘎亥额勒苏沙地横贯中部，水资源较稀缺，因此牧户流转牧草地更关注草场质量与水源情况，因而X_2、X_4对牧草地流转价格产生正面影响。其次，牧户文化程度从侧面反映一个地区的经济发展水平，西北草原区牧户文化程度在高中及以上水平占39%左右，牧户文化程度越高，对牧草地流转市场认识程度更深，进而影响其是否进行牧草地流转。是否签订合同与当地牧草地流转市场完善程度和草原监察力度有关，若牧民意识到规范流转牧草地有利于维护自身利益，则该影响因素对牧草地价格产生正面影响。

表6-11　西北草原区牧草地流转价格与影响因素的全局空间双变量 Moran's I

影响因素	X_1	X_2	X_4	X_9	X_{11}	X_{12}
Moran's I	−0.0679	0.0837	−0.0882	0.0498	−0.0177	0.0716
P Value	0.0010	0.0010	0.2310	0.0220	0.0410	0.0010

6.3.3　空间计量结果分析

（1）西乌旗牧草地流转价格与影响因素的空间计量分析

将相关性分析中筛选出的与牧草地流转价格显著相关的自变量，继续通过空间计量模型深入研究，以确定各个影响因素对牧草地流转价格的影响程度。

运用SPSS19.1软件对变量之间的多重共线性进行检验，结果显示，各变量的VIF值均小于10，多重共线性不严重。再利用Open Geoda软件进行牧草地流转价格与影响因素的空间计量分析，在此之前需对普通回归模型（OLS）、空间滞后模型（SLM）、空间误差模型（SEM）进行最优化选择。常用的检验准则包括：拟合优度检验（R^2）、自然对数似然函数值（log L）、赤池信息准则（AIC）、施瓦茨准则（SC）。对数似然值越大，AIC和SC越小，模型拟合度越好。

先进行LM、R-LM检验分析，LM（lag）与LM（error）均通过显著性检验，并且R-LM（lag）显著度更高，证明空间滞后模型的估计结果应更拟合。表6-12为不同模型之间效果比较，SLM和SEM的R^2、log L值均大于OLS模型，AIC和SC值均小于OLS模型，表明SLM与SEM的拟合优度更高。进一步对这两个模型进行比较，SLM的拟合优度系数为0.9613，高于SEM（0.9379），同时SLM的log L大于SEM（−726.0930>−768.3455），且SLM模型中的AIC与SC值均小于SEM模型中的值，说明SLM模型的估计效果更好，因此，选取空间滞后模型进行牧草地流转价格的影响因素分析。

表6-12 西乌旗不同空间计量模型估计结果

模型 变量	普通回归模型（OLS）		空间滞后模型（SLM）		空间误差模型（SEM）	
	回归系数	T值	回归系数	Z值	回归系数	Z值
常量	-68.9821*	-2.2624	-77.7409**	-8.8557	684.8543	1.5299
X_1	33.3314**	4.1897	13.7501**	6.0050	7.2611**	2.2633
X_2	0.1887**	9.2252	0.0360**	6.1105	0.0294**	3.8525
X_7	4.2717	0.5375	4.2166	1.8436	2.1794	0.7549
X_8	0.3595	0.0856	0.9163	0.7582	1.2492	0.8291
X_9	36.0750**	2.7616	17.3216**	4.6073	14.0586**	2.9139
X_{13}	0.0708	1.4611	0.0338*	2.4240	0.0166*	0.9407
X_{14}	1.2793**	3.5625	0.0395	0.3817	-0.0130	-0.0954
ρ			0.9962	382.8053		
λ					0.9971	501.6428
统计检验	统计值		统计值		统计值	
R^2	0.5535		0.9613		0.9379	
log L	-936.5520		-726.0930		-768.3455	
AIC	1889.1000		1470.1900		1552.6900	
SC	1914.5600		1498.8200		1578.1500	

** 表示在0.01水平上显著；* 表示在0.05水平上显著；ρ为空间相关系数，λ为残差空间相关系数

通过分析，SEM模型中，流转行为（X_7）、流转对象（X_8）、年均牧业纯收入（X_{14}）不具有显著性，即相关系数均小于0.05，对牧草地流转价格影响程度小，所以进行剔除；而牧草地用途（X_1）、牧草地产草量（X_2）及是否签订合同（X_9）的回归系数均为正值并通过0.01水平的显著性检验，与6.3.2节中相关性检验一致，表明西乌旗牧草地用途显著影响牧草地流转价格，其中对打草场的流转价格影响更大，且牧草地产草量越高的地区流转价格越高，这是因为牧草地质量反映了由长期稳定的光、温、水及土壤所决定的牧草地承载力大小的差异，这种差异直接表现在产草量上，而牧草地流转价格很大程度上依赖于牧草地质量，因此对于流转价格的高低有很大影响。同时，牧户签订流转合同，避免了私下进行交易而造成的流转价格下降的情况，因此该因素对流转价格有正面影响。牧户个人承包面积（X_{13}）在0.05水平下显著，表明牧户个人承包面积越大的地区，当地牧草地流转价格往往更高。这是因为承包面积大的牧户，往往牲畜饲养规模大，集约化管理程度较高，同时牧草地破碎化程度低，这些因素都在提高牧草地

流转价格。

（2）东南草原区流转价格与影响因素的空间计量分析

根据6.3.2节中相关性分析结果，选取X_1、X_3、X_6、X_7、X_8、X_{12}、X_{13}、X_{14}这8个变量进行分析，各变量VIF值均小于10，通过共线性检验。模型的估计分析结果是SEM模型的拟合优度R^2更高，同时Log L值大于OLS模型和SLM模型的值，且AIC、SC值均小于两者，说明3个模型中SEM模型的拟合效果更佳。因此，结合空间相关性检验结果，选取SEM模型对东南草原区牧草地流转价格的影响因素进行分析。

从SEM各变量回归系数来看，空间自相关系数为0.8305，且在0.01水平下显著，说明东南草原区的牧草地流转价格在苏木（镇）之间存在很强的空间依赖性。在0.01水平下影响因素X_1、X_6、X_{14}的回归系数为正。X_1为正说明在东南地区牧草地用途同样影响流转价格高低，且打草场流转价格高于放牧场。X_6为正说明牧草地流转面积越大，牧草地流转价格越高，因为东南地区人均牧草地面积小，如浩勒图高勒镇仅32.76hm²/人，从供求角度来讲草地资源越稀缺流转价格越高，当地牧草地流转价格最高可达390元/（hm²·a），X_{14}为正，说明年均牧业纯收入对牧草地流转价格有显著的影响，其影响主要表现在：年均牧业纯收入越高的地区，支付能力越强，牧民对牧草地流转的收入期望会随着收入的增加而上升。东南草原区年均纯收入高于20万元的牧户约占牧户总数的33%，牧草地转入牧户约占牧户总数的81%，牧户转入意愿高。在0.05水平下，因素X_8回归系数为正，即流转对象也会影响牧草地流转价格的高低，牧户流转给亲朋的流转价格更低，流转给嘎查外牧户的价格更高，这与牧户对承租人的信任度有很大的关系。X_3、X_7、X_{12}、X_{13}变量对流转价格影响程度不显著，因而不进行分析。

（3）西北草原区流转价格与影响因素的空间计量分析

西北草原区选取牧草地用途（X_1）、牧草地产草量（X_2）、水域条件（X_4）、是否签订合同（X_9）、牧户年龄（X_{11}）、牧户文化程度（X_{12}）6个解释变量进行分析。分析结果表明6个解释变量均通过共线性检验。从模型估计结果分析，SEM模型相对于SLM模型、OLS模型的拟合效果更好，因此选取SEM模型进行影响因素分析。

西北草原区SEM模型中，影响因素X_1、X_2在0.01水平上显著，表明西北地区牧草地流转价格在很大程度上受牧草地用途与产草量的影响。该地区处于低山丘陵区至波状高平原区的过渡区，牧户一般自留打草场，而没有打草场的牧户一般通过租赁产草量高的牧草地或买捆草来解决冬季饲草问题，因此牧户对打草场的产草量要求很高，从而提高了牧草地流转价格。由西北草原区调研数据可知，流转价格在250~300元/（hm²·a）的牧草地，产量在700~1100kg/hm²；而流转价格小于 150 元/(hm²·a) 的牧草地，产草量不足 600kg/hm²；同时，西南草原区打草场平均流转价格比放牧场价格高 30 元/hm²。相对而言，东南草原区产草量高于 900kg/hm² 的牧草地占比达 54%，而西北草原区的占比仅有 10%，因此牧草地产草量是影响东南草原区流转价格的主要因素。其次，是否签订合同（X_9）及牧民文化程度（X_{12}）与牧草地流转价格在 0.05 水平上显著相关，表明是否签订合同对于牧民是否进行交易有一定的影响，同时牧民文化程度决定了牧民经营牧草地的能力以及对牧草地流转的接受能力。牧民对于牧草地流转的认知度、接受度是影响流转的重要因素。牧民受教育程度越高，接受新鲜事物的能力就越强，这样选择牧草地流转的行为就会越强烈。变量 X_4、X_{11} 对牧草地流转价格不具有显著影响，因而不进行分析。

(4) 相关性分析与空间计量分析的总结

首先，从空间计量结果看，牧草地产草量是影响西乌旗牧草地流转价格的主要影响因素之一，且牧草地产草量的高低主要与区域地形地貌有关，这与 6.3.2 节中牧草地流转价格的空间格局分析结果相一致。其次，研究发现，牧户对于打草场要求高于放牧场。再次，牧户个人承包面积与流转面积、年牧业纯收入之间也存在一定的规律，个人承包面积大的牧户年牧业纯收入较高，这时会通过转入牧草地来扩大经营规模；承包面积小的牧户一般转出或不流转牧草地。最后，牧户签订合同情况及受教育程度间接地促进牧草地流转。

将相关性分析和空间计量分析的结果进行对比，可知牧草地流转价格的影响因素与其相关性存在异同。相同之处在于，无论从全旗还是苏木（镇）角度，牧草地流转价格不仅与牧草地用途、牧草地产草量等自然因素有关，还通过地区经济发展水平、牧户收入水平影响牧户对收益高低的预期，进而影响牧草地流转价格的高低。不同之处在于：一是相同的影响因素对不同区域的牧草地流转价格相关性强弱存在差异。例如，牧草地流转面积对东南草原区流转价格的相关性（0.2290**）大于西北草原区流转价格的相关性（-0.0350）。二是不同区域牧草地流转价格的主要影响因素存在差异。其中，西乌旗与苏木（镇）的牧草地流转价格存在差异是因为，以全旗进行分析时会弱化区域流转价格之间的空间依赖性。例如，对西乌旗牧草地流转价格产生显著影响的牧户承包面积，在东南草原区和西北草原区中因回归系数不显著而被剔除，说明该因素在不同区位条件下对牧草地流转价格的影响力有限，并不是影响苏木（镇）牧草地流转价格的主要因素，也说明了仅以西乌旗作为整体对牧草地流转价格影响因素进行分析是不合理的。而牧草地产草量在西北草原区对牧草地流转价格具有显著影响，但不是东南草原区牧草地流转价格的主要影响因素。因此，自然、经济、社会等条件的不同是导致牧草地流转价格影响因素存在区域差异的主要原因，其中牧草地自然因素是影响其流转价格的主要因素。

综上所述，总结如下：

1）西乌旗牧草地流转价格时间变化特征方面，牧草地平均流转价格从2000年的15~30元/hm²上涨至2010年的150元/hm²左右，价格上涨快速。2010~2014年牧草地流转价格上涨缓慢，随着草原"三权分置"改革开始，牧草地流转价格从2014年的150元/hm²上涨到2018年的250元/hm²，且苏木（镇）之间牧草地流转价格区域差异显著。

2）西乌旗牧草地载畜量的空间分布特征与牧草地流转关系方面，人均牧草地面积与载畜率成反比关系。牧民的生产决策行为受到多方面因素的共同制约，对于人均牧草地面积少的牧户，其养畜数量可能较大程度上受到牧草地面积的影响。根据实地调研，西乌旗个别苏木（镇）仍有超载情况，在当前草原"三权分置"改革背景下，可以探索牧户草原经营权抵押贷款机制，并鼓励适合西乌旗本地的新型流转组织形式。

3）西乌旗牧草地流转价格总体分布上呈现圈层结构，且价格变化速率不同，乌兰哈拉嘎苏木、浩勒图高勒镇、巴彦花镇位于高值区，然后逐渐向外围递减，具有很强的空间关联性；空间分布存在差异性和变异性，具有明显的区域性，且东部流转价格高于西部。牧草地流转价格局部分布特征显示：牧草地流转价格由东向西价格逐渐降低，变化趋势明显，东部地区牧草地流转价格在150~300元/(hm²·a)的价格区间波动，西部地区牧草地流转价格在140~200元/(hm²·a)区间波动，牧草地流转价格高值区位于东部山地丘陵区和北部乌拉盖盆地，价格低值区位于中西部嘎亥额勒苏沙地，说明地形地貌的差异是影响西乌旗牧草地流转价格高低的主要原因之一。

参 考 文 献

白和平. 2003. 西乌珠穆沁旗志. 呼和浩特：内蒙古文化出版社.

包祥. 2014. 锡林郭勒盟志·草原志. 呼和浩特：内蒙古文化出版社.

陈金涛，刘文君. 2016. 农村土地"三权分置"的制度设计与实现路径探析. 求实，（1）：81-89.

代琴，杨红. 2019. 草原承包经营制度功能间的矛盾与草原"三权分置"的法权构造. 中国农村观察，（1）：98-114.

莉莉，张裕凤，都日斯哈拉图. 2016. 内蒙古镶黄旗牧草地流转价格及其影响因素分析. 农业与技术，36（16）：167-169.

李洁茹，张军海，李仁杰，等. 2017. 数字地价模型的石家庄城区地价空间分布规律探讨. 测绘科学，42（8）：60-68，101.

李先东，米巧，李录堂，等. 2019. 增收与生态保护：双重保障型草地市场化流转机制探析.

生态经济，35（9）：128-132.

刘津. 2019. 农地流转市场的价格机制失灵及其解决之道. 重庆理工大学学报（社会科学），33（8）：64-71.

萨日盖，张裕凤. 2015. 锡林郭勒盟东乌珠穆沁旗牧草地流转价格调查与确定. 中国土地科学，29（11）：89-94.

石玲玲. 2018. 农地流转市场异质性、认知与选择意愿. 农村经济，(4)：49-57.

王克强，王洪卫，刘红梅. 2005. 土地经济学. 上海：上海财经大学出版社.

乌日罕，白文龙，张裕凤. 2020a. 内蒙古西乌珠穆沁旗草地流转价格的空间格局. 草原与草业，32（1）：19-22.

乌日罕，白文龙，张裕凤. 2020b. 牧草地流转价格空间分异格局及形成机制分析——以内蒙古西乌珠穆沁旗为例. 畜牧与饲料科学，41（2）：46-51.

吴一恒，徐砾. 2018. 农地"三权分置"制度实施潜在风险与完善措施——基于产权配置与产权公共域视角. 中国农村经济，(8)：46-63.

杨正荣. 2018. 内蒙古草原牧户草场载畜率分布特征及影响因素分析. 兰州：兰州大学硕士学位论文.

姚洋. 2009. 内蒙古草牧场承包经营权内部流转市场的问题研究. 呼和浩特：内蒙古农业大学硕士学位论文.

曾辉，杨平. 2012. 南京市住宅价格的空间回归分析. 西南大学学报：自然科学版，34（5）：141-145.

张忠学，杨富萍，逄淑花，等. 2014. 草地市场分析. 吉林畜牧兽医，35（3）：18-20.

赵澍. 2015. 草原产权制度变迁与效应研究. 北京：中国农业科学院博士学位论文.

郑新奇，王家耀，阎弘文，等. 2004. 数字地价模型在城市地价时空分析中的应用. 资源科学，(1)：14-21.

周敏，甄峰. 2008. 基于空间分析的城市商品住宅价格空间分布研究——以南京市2007年开盘在售商品住宅为例. 现代城市研究，(7)：47-53.

Wang Q X, Zhang X L. 2017. Three rights separation: China's proposed rural land rights reform and four types of local trials. Land Use Policy, 63: 111-121.

Zhang J, Brown C. 2018. Spatial variation and factors impacting grassland circulation price in Inner Mongolia, China. Sustainability, (10): 75-78.

7 牧草地流转模式及其分化

本章将在阐述牧草地流转模式相关概念基础上，评估草原承包经营权流转对牧区社会、经济及生态的作用，分析不同类型牧草地流转模式及其特点，进行牧草地流转模式绩效评价；分析不同流转模式下的效益差异，进行牧草地流转模式绩效对比分析。实现草地资源的优化利用、规模化经营和市场化进程顺利进行是实现牧草地规模经营、提高农牧民生活水平、更好保护草原生态环境的重要手段之一。牧草地流转的顺利进行是提高资源利用率的有效途径，也是改善草原生态环境的重要措施，对于草原资源资产清查、巩固牧区脱贫攻坚成果及牧区乡村振兴具有重要作用。

7.1 相关概念及问卷调查

自 2014 年我国提出完善草原承包制度及草牧场"三权分置"改革之后，随着草原确权承包工作和改革的推进，以牧草地为主要土地利用类型的内蒙古自治区草场流转和适度规模经营发展已成为趋势，新型经营主体不断涌现，牧民牧草地流转的意愿不断加强。本章选取锡林郭勒盟东乌珠穆沁旗（以下简称"东乌旗"）为研究区，首先，结合草原确权承包工作，在掌握牧草地流转现状及牧业产业特征的基础上，根据参与牧草地流转经营主体的不同，将东乌旗牧草地流转模式进行分类，总结不同模式的特征。其次，在一定的理论基础上，定量分析牧草地流转模式的形成因素，并评价不同牧草地流转模式运行情况。再次，研究牧草地流转对实现牧民生计改善、促进畜牧业发展、缓解牧草地的放牧压力等方面的促进作用，引导经营主体通过牧草地流转发展适度规模经营，以期为类似地区提供借鉴。最后，结合牧草地"三权分置"改革，提出牧草地流转模式优化对策，为东乌旗牧草地流转精细化管理提供参考，加快推进畜牧业现代化建设、落实乡村振兴战略。

以 2016 年和 2020 年调研数据分别作为牧草地流转前和流转后的数据，结合东乌旗社会经济资料，采用熵值法和综合指数法，从经济、生态和社会三个层面评价不同流转模式的绩效，并根据东乌旗区域特点进行差异性评价。

7.1.1 相关概念

(1) 分散牧户

分散牧户是指以家庭为单位进行畜牧业生产的经营主体,经营者主要以家庭成员为主,是整个畜牧业生产过程中的直接参与者,以个人劳动为基础,生产资料和劳动所得归个人所有。分散牧户以自给自足型形式开展生产经营。东乌旗地广人稀,牧户分布相对分散,因此定义为分散牧户。

(2) 家庭牧场

家庭牧场是指符合国家认定标准,已达到一定规模并到工商行政管理部门登记注册了的畜牧业经营大户(杜富林等,2019),是一种新型畜牧业经营主体。家庭牧场仍是以家庭为生产单位的经营主体(游小燕,2016;张敏,2016),但不同于传统牧户的是家庭牧场以市场型生产为主,主要从事畜牧业的商品性生产。适度规模的生产经营是家庭牧场的一个重要特征,其具有适度的草场和畜群规模(周艳青,2018)。

(3) 联户共有

如果牧户承包的草场没有租给他人,而是和其他牧户的草场合在一块使用,那么草地的经营权就归这些草地的合伙者共同使用;如果草场以联户的形式承包,且其中没有牧户租出草场,那么这些联户共同拥有草场的承包权和经营权(谭淑豪,2020)。

(4) 畜牧业合作社

畜牧业合作社是指牧户按章程规定以资金、草场经营权或畜牧业经营资产等量化入股,并签订协议,共同组建经营的大规模的畜牧业经营单位。畜牧业合作社往往会与互联网电商为合作方,将牲畜和畜产品直接提供给后者,确保畜产品具有良好的销路(文新和许露元,2019);同时为周边普通牧户提供采购饲草料、接种优质种畜、加工、销售、运输畜产品、畜牧兽医、低息贷款等服务,力求降低畜牧业经营成本,提高牧户经济收益。

(5) 畜牧业企业

畜牧业企业以一定注册资金为基础逐步发展,通过招商融资,流转大面积草场,通过规模化经营,从事畜产品生产、加工、包装、销售、畜牧业基础设施建设、牲畜养殖、寄养等畜牧业经营服务,饲草料加工,民族工艺品展览展示等生产经营活动的规模经营主体。

(6) 绩效评价

在管理实践中,人们对绩效的含义有不同的理解。第一种观点强调结果;第二种观点将绩效界定为行为；第三种观点将绩效界定为行为和结果的总和（付亚和和许玉林，2009）。绩效评价是运用数理统计和运筹学方法，采用特定的指标体系，对照统一的评估标准，通过定量定性对比评估，对组织一定经营时期的经营效益和经营者业绩做出科学、客观、公正和准确的综合评判，从而及时、有效地对政策实施进行合理的调整完善（杜立燕等，2012）。

7.1.2　问卷调查数据

基于对东乌旗草场流转现状分析和流转模式分类，结合 2016 年和 2020 年问卷调查资料对草场流转模式进行分析。通过整理，共得到分散牧户流转模式样点 122 户、家庭牧场流转模式样点 79 户、合作社流转模式样点 47 户、企业流转模式样点 11 户。

(1) 分散牧户流转模式

参与分散牧户流转模式的 122 个牧户中，有 59 户为草场转出方，其余 63 户为转入方，户均承包草场面积为 386hm²，平均流转面积为 187hm²，平均流转期限为 2.5 年，流转价格最低为 45 元/hm²，最高为 119 元/hm²，均一次性付清。

(2) 家庭牧场流转模式

参与家庭牧场流转模式的 79 个牧户中，有 48 户为家庭牧场经营者，为草场转入方，其余 31 户为转给家庭牧场的普通牧户。家庭牧场平均经营规模为 1858hm²，平均流转面积为 1420hm²，平均流转期限为 5 年，流转价格最低为 54 元/hm²，最高为 135 元/hm²，租金按合同期限每一个阶段支付一次，均签订了流转合同，合同期限为三年，到期后续签。

(3) 合作社流转模式

参与合作社流转模式的 47 个牧户，分别加入了 15 个合作社，其中有国家级、自治区级、旗级等不同等级的合作社。例如，哈日高壁畜牧业专业合作社、诺图格畜牧业专业合作社等，主要分布在东部满都胡宝拉格镇，西部额吉淖尔镇和嘎达布其镇，中部萨麦苏木、道特淖尔镇和乌里雅斯太镇。样点的合作社平均经营规模为 2778hm²，牧户平均流转面积为 687hm²。

(4) 企业流转模式

参与企业流转模式的 11 个牧户将牧草地转给了东乌旗宝满来畜牧业公司，均采取了转包方式，流转期限 10 年，流转价格为 75 元/hm²·a。这些参与企业流转的户主大部分为嫁到他乡的女性，因不便管理草场进行了长期流转。

7.2 不同类型牧草地流转模式及其特点

当前牧民参与牧草地流转的积极性在提高,流转规模和比例不断增长,同时,越来越多的规模经营主体出现并参与其中,参与主体多样化,使得牧草地流转逐步分化为牧户与牧户之间流转及牧户与规模经营主体之间的流转。而不同经营主体对牧草地的利用方式不同,导致牧草地利用类型、流转规模、流转期限、收益方式不同。因此根据参与流转的经营主体的不同,将牧草地流转模式分为分散牧户流转模式、家庭牧场流转模式、合作社流转模式、企业流转模式等四类。

7.2.1 分散牧户流转模式

分散牧户流转模式是普通牧户之间自发进行的流转,完全出自牧户自身需求和意愿,多发生在亲戚与熟人之间,流转方式有转包、出租和互换,以个人转包为主,模式运行情况如图 7-1 所示。

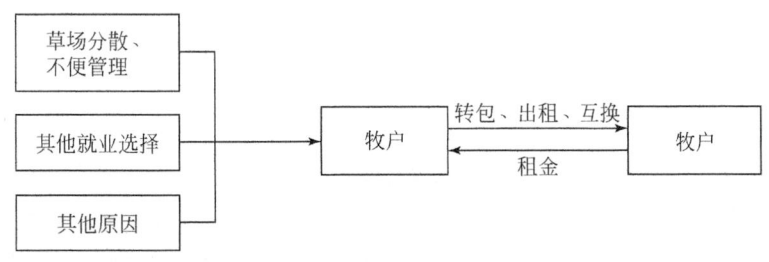

图 7-1 分散牧户流转模式运行示意图

分散牧户流转模式有以下几个特征:①流转规模小、牧草地分散,优势是交易流程简单,操作方便,牧户可通过牧草地流转解放家庭劳动力去选择其他收益更高的就业渠道。但由于小规模流转,牧业生产效率无法得到明显的提升。②流转期限短,一般为 1 至 3 年,优势是交易成本低,承包方也可以及时根据牧草地收益情况调整租金,保证流转价格的合理性。但这种流转模式双方受益提升不明显,且影响承租方对牧草地和牧业的长期规划和投资。③流转自由,牧户可以根据自己意愿和条件进行流转,优势是承包方将闲置或不便管理的牧草地进行流转,不仅降低了管理成本,而且能提高财产性收入,直接改善牧民生活。但这种流转模式的缺点是资源配置率低,且无法改善当前草原分散化经营现状。④信息获取容易,牧户与亲戚或熟人之间进行流转,信息交流方便,能够及时进行流转；但这种流转往往只有口头协议，容易引发牧草地纠纷，甚至破坏社会治安。

7.2.2 家庭牧场流转模式

家庭牧场流转模式是畜牧业经营大户将多个牧户的牧草地集中起来一起经营，牧草地通过流转实现适度规模经营（谭仲春和谭淑豪，2018）。转出牧草地的牧户部分选其他就业渠道或继续经营畜牧业，流转方式有个人转包、委托转包、出租，模式运行情况如图7-2所示。

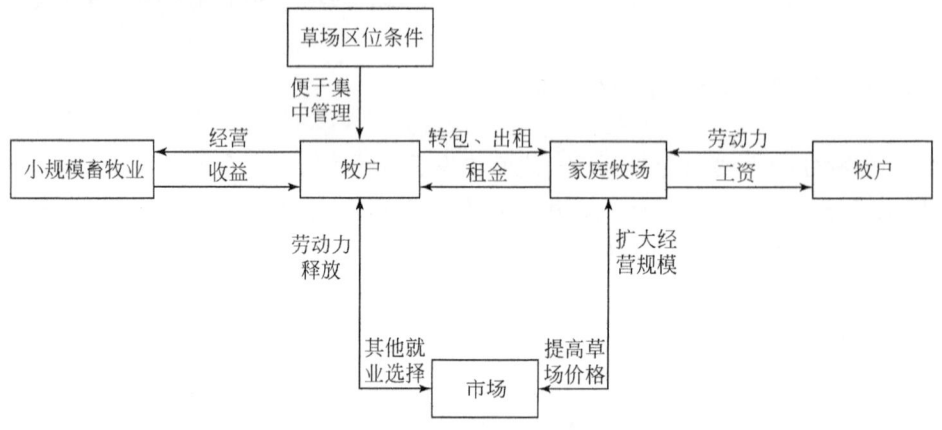

图7-2　家庭牧场流转模式运行示意图

家庭牧场流转模式有以下几个特征：①流转期限较长，一般3至5年。优势是经营者可对牧草地进行长期投资，稳定经营，有效提高牧业生产效率，同时承包方可获取稳定的财产性收入，双方实现增收；劣势是部分家庭牧场没有夏营盘和冬营盘之分，无法实施轮牧和休牧，长期定点放牧会加剧牧草地退化。②集中流转，可实现集中经营。优势是促进规模化经营，实现效益最大化，并且降低草原细碎化程度，有助于草原生态恢复；劣势是东乌旗家庭牧场经营规模差距较大，样点家庭牧场的牧草地面积最大为2700hm^2，最小的仅为800hm^2，收益率参差不齐，且规模较小的牧户抵抗自然灾害和市场风险能力弱。③流转规模大，样点的平均流转面积为1420hm^2。优势是容易达到适度经营规模；劣势是由原来的分散经营到大规模经营的转变，需要大量资金，融资困难，经营过程中可能面临资金短缺。

7.2.3 合作社流转模式

合作社流转模式是相邻的牧户之间通过整合牧草地和经营资产进行联合经营，或牧户带资金加入已有合作社，成为合作社一员，共同经营、共享收益；同时，也会以转包、出租的方式进一步扩大规模，模式运行情况如图 7-3 所示。牧业合作社不同于农业合作社，主要以共同养殖种畜、联合采购饲草料、共享机械设备、共同运输销售等方式降低经营成本为目的。同时，为周边普通牧户提供牧业经营服务，如提供畜牧兽医、优质种畜、销售渠道、包装运输、基础设施建设等服务，以此减轻牧户的经营成本，提升牧业经营收益。

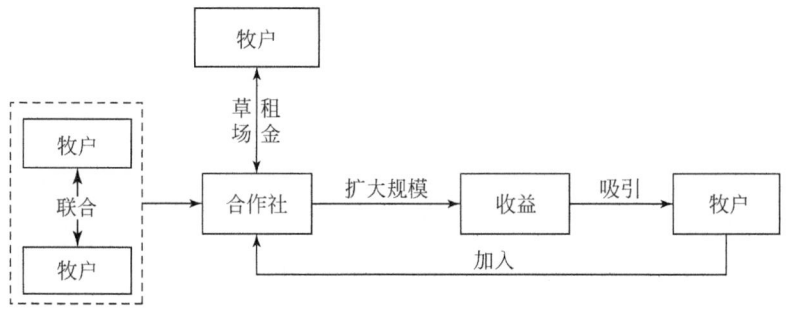

图 7-3　合作社流转模式运行示意图

合作社流转模式有以下几个特征：①牧户自愿加入、自由退出，流转期限根据牧户意愿决定。优势是牧户有意愿扩大规模但资金和实力不足时，可以通过加入合作社得以实现；劣势是东乌旗牧业合作社经营技术和管理水平较低，大部分合作社未形成系统的管理体系，牧户加入合作社门槛低，对于经营能力的把控不严格，整体素质偏低。②带动性强，合作社具有把散户整合起来连接市场的功能。优势是降低牧业的经营管理成本，能有效提高牧业经济收益，推动牧区经济发展，且能缓解牧区劳动力剩余问题；劣势是由于草原地广人稀、牧户分散，大部分合作社发展未能消除地方分割，区域上有局限性，且组织规模偏小。③实现了专业化经营，以天然绿色肉食、奶制品、牧草林业等产品生产、加工和销售为主，促进畜产品商品率最大化，实现了订单牧业，推动了区域产业化发展；但目前东乌旗合作社缺少多元化发展，如缺少民族工艺、旅游休闲等文化类产业。

7.2.4 企业流转模式

畜牧业企业以一定注册资金为基础逐步发展，通过招商融资，流转大面积牧草地，形成一定经营规模后上市，并将品牌推向市场。企业流转模式有市场和政府的参与，以委托转包和个人转包为主，流转模式运行情况如图7-4所示。

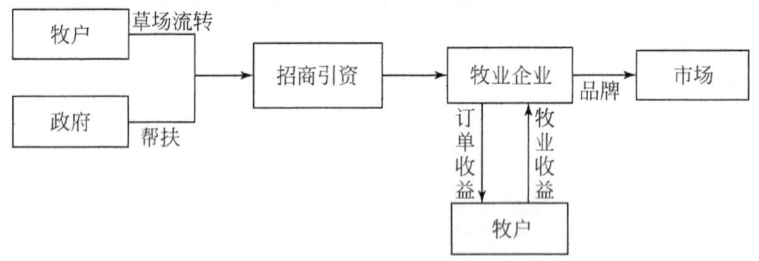

图7-4　企业流转模式运行示意图

企业流转模式有以下几个特征：①流转期限长，有利于对牧草地进行长期投资和规划。东乌旗畜牧业企业牧草地流转期限一般为10年。②企业的融资渠道广，资金储备充足，有较强的经济实力投资畜牧业经营。③流转规模大，集中流转多个牧户的牧草地，引进先进的技术和设备进行规模化经营。但是，目前东乌旗畜牧业企业缺少高素质的生产管理团队，实力较弱，生产效率较低。

7.3　牧草地流转模式绩效评价

7.3.1　评价指标体系构建

以2016年和2020年调研数据分别作为流转前和流转后的数据，结合东乌旗社会经济资料，采用熵值法和综合指数法，从经济、生态和社会三个层面选取14个指标评价不同流转模式的绩效。

7.3.1.1　经济指标

经济指标包括畜牧业经营净收入、畜牧业经营资产总额、畜牧业补贴收入、外出务工收入、牧草地投入产出率等的变化指数。

(1) 畜牧业经营净收入变化指数

畜牧业经营净收入指畜牧业收入减去畜牧业固定投入所得，即出售牲畜、畜产品收入之和减去种羊费用、饲草料投入、医药摊销成本、修建棚圈费用、劳动力等成本。转入牧草地的牧户通过规模生产，牧业收入会增加；转出牧草地的行为则会降低牧户的牧业收入，但外出务工收入、牧草地流转的财产性收入会弥补牧业收入的损失。

$$畜牧业经营净收入变化指数 = \frac{流转后经营净收入 - 流转前经营净收入}{流转前经营净收入} \quad (7-1)$$

(2) 畜牧业经营资产总额变化指数

畜牧业经营资产总额是指畜牧业生产和流通过程中牲畜、饲草料和经营设备等能够提供畜产品的资产总额，本书计算方法是将年末牲畜存栏数和饲草料剩余量按当年的市场价折算得出的资产总额，以及经营机械设备按折旧率折算得出的资产总额进行相加。

$$畜牧业经营资产总额变化指数 = \frac{流转后资产总额 - 流转前资产总额}{流转前资产总额} \quad (7-2)$$

(3) 畜牧业补贴收入变化指数

畜牧业补贴是牧户收入的一项重要来源，本书计算的畜牧业补贴有三项内容：一是牲畜良种补贴，是牧户养殖牲畜品种质量达到一定标准后发放的奖励；二是对养殖进口牲畜的牧户所发放的补贴；三是草原生态保护补奖补贴，包括草畜平衡补贴、禁牧补贴、湿地补贴等。

$$畜牧业补贴变化指数 = \frac{流转后补贴收入 - 流转前补贴收入}{流转前补贴收入} \quad (7-3)$$

(4) 外出务工收入变化指数

对于兼业户和非牧户来说外出务工收入是家庭收入主要来源，在调查中发现，牧户户主年龄为45~65岁的家庭选择转出牧草地，让子女进城选择其他就业渠道，自己跟随进城定居的居多。

$$外出务工收入变化指数 = \frac{流转后外出务工收入 - 流转前外出务工收入}{流转前外出务工收入} \quad (7-4)$$

(5) 牧草地投入产出率变化指数

牧草地投入产出率按管理牧草地所投入量与产草量比值计算得出。牧草地管理投入量包括保护牧草地所投入的农牧业机械投入、汽油柴油费、修建围栏成本、防疫防灾投入、打井费用、劳动力投入等。牧草地产量是将产草量乘以草料价格得出。

$$牧草地投入产出率变化指数 = \frac{流转后投入产出率 - 流转前投入产出率}{流转前投入产出率} \quad (7-5)$$

7.3.1.2 生态指标

生态指标包括载畜量、植被覆盖度、适度经营规模、牧草地生态状况等的变化指数。

(1) 载畜量变化指数

载畜量是指承包牧草地面积和流转牧草地面积上承载的牲畜数量（即多少公顷牧草地养一羊单位），牲畜数量的增加超出草原承载能力是造成草原退化的根本原因。草原承载量变化是反映草原生态状况的重要指标之一，载畜量越高，超载程度就越低，越有利于草原生态保护（刘慧慧，2020）。

$$载畜量变化指数 = \frac{流转后载畜量 - 流转前载畜量}{流转前载畜量} \tag{7-6}$$

(2) 植被覆盖度（FVC）变化指数

植被覆盖度是指植被冠层的垂直投影面积与土地总面积之比，是衡量地表植被状况的重要指标，能直观地反映草原的生态状况（王颖等，2012）。本书将样点图层贴合植被覆盖度图进行对比后得出植被覆盖度变化。

$$植被覆盖度变化指数 = \frac{流转后植被覆盖度 - 流转前植被覆盖度}{流转前植被覆盖度} \tag{7-7}$$

(3) 适度经营规模变化指数

草原的细碎化、分散化经营是导致草原生态功能下降的直接原因，同时也阻碍畜牧业规模化发展（刘慧慧，2020）。本书根据项目课题组成员对东乌旗牧草地适度规模经营研究成果，将东乌旗东部、中部和西部牧草地适度规模确定995.15hm²/户、533.40hm²/户和673.88hm²/户，以牧户现经营规模除以适度经营规模标准评判适度程度。

$$适度经营规模变化指数 = \frac{流转后适度程度 - 流转前适度程度}{流转前适度程度} \tag{7-8}$$

(4) 牧草地生态状况变化指数

牧户对自家牧草地生态变化的感知可以直接反映牧草地的状况，根据问卷调查数据，对比2016年和2020年牧户对牧草地变化的感知，分为三个等级：1级为变差；2级为没变化；3级为变好。

$$牧草地生态状况变化指数 = \frac{流转后牧草地生态状况 - 流转前牧草地生态状况}{流转前牧草地生态状况} \tag{7-9}$$

7.3.1.3 社会指标

社会指标包括恩格尔系数、劳动力、外出务工人口、低保人口、牧户对社会保障满意度等的变化指数。

（1）恩格尔系数变化指数

恩格尔系数是衡量牧民生活水平高低的一项重要指标，一般随牧民家庭收入和生活水平的提高而下降。划分标准是恩格尔系数大于60%为贫穷；50%~60%为温饱；40%~50%为小康；30%~40%属于相对富裕；20%~30%为富足；20%以下为极其富裕。根据2019年统计数据计算，东乌旗牧区恩格尔系数为30.47%，属于相对富裕。

$$恩格尔系数变化指数 = \frac{流转前恩格尔系数 - 流转后恩格尔系数}{流转前恩格尔系数} \quad (7\text{-}10)$$

（2）劳动力变化指数

本章研究中，劳动力指嘎查内16~65岁有劳动能力的人口。2019年东乌旗牧区总人口为33 443人，实有劳动力人数为21 693人，劳动力约占牧区总人口的65%，比例适中。导致牧区劳动力变化的原因：一是牧户外出务工导致劳动力转移，二是牧民搬迁或在城市定居。

$$牧区劳动力变化指数 = \frac{流转后户均劳动力数 - 流转前户均劳动力数}{流转前户均劳动力数} \quad (7\text{-}11)$$

（3）外出务工变化指数

牧民转出牧草地进城打工是牧草地流转模式形成条件与表现特征的重要指标，本章以嘎查外出务工人数占劳动力比例的变化来计算。外出务工变化，一方面体现牧民非牧就业能力；另一方面外出务工人数越多，牧区现有劳动力会缺乏，导致牧业经营劳动力不足，会雇佣其他劳动力或流转牧草地。

$$外出务工变化指数 = \frac{流转后外出务工占比 - 流转前外出务工占比}{流转前外出务工占比} \quad (7\text{-}12)$$

（4）低保人口变化指数

东乌旗是我国边疆少数民族地区，主要依靠牧业经济，嘎查低保人口变化可以体现牧区经济发展状况。一般牧区经济较发达地区，低保人口相对少，而欠发达地区，低保人口相对较多。本章根据低保人口在牧区劳动力人数中的占比计算分析低保人口变化指数。

$$低保人口变化指数 = \frac{流转后低保人口占比 - 流转前低保人员占比}{流转前低保人口占比} \quad (7\text{-}13)$$

（5）牧户对社会保障满意度的变化指数

通过问卷调查了解牧民对社会保障和服务的满意程度来判定牧草地流转是否改善牧民生活环境。本章将牧户满意程度分五个等级：1级为很不满意；2级为不满意；3级为一般；4级为满意；5级为很满意。

$$牧户对社会保障满意度的变化指数 = \frac{流转后满意度 - 流转前满意度}{流转前满意度} \quad (7\text{-}14)$$

7.3.2 构建指标体系与指标赋权

牧草地流转模式绩效是一种综合绩效,影响综合绩效的因素众多且复杂,参评指标多样,为使牧草地流转模式能够达到经济上的有效性、生态上的合理性与社会上的可接受性,以东乌旗牧草地流转的目标和功能为着手点,综合构建由目标层、准则层、指标层组成的绩效评价指标体系。目标层是不同流转模式的综合绩效;准则层是牧草地流转反馈的经济、生态和社会3个方面;指标层是准则层所涉及的各方面,共14个指标因子构成,具体如表7-1所示。采用熵值法确定各项指标的权重,权重分别为经济指标0.4438、生态指标0.3370、社会指标0.2192。

表7-1 牧草地流转模式绩效评价指标体系权重

目标层	准则层	权重	指标层	权重
不同牧草地流转模式综合绩效（A）	经济指标（B_1）	0.4438	畜牧业经营收入变化指数（C_1）	0.1032
			畜牧业经营资产总额变化指数（C_2）	0.0982
			畜牧业补贴收入变化指数（C_3）	0.0770
			外出务工收入变化指数（C_4）	0.0879
			牧草地投入产出率变化指数（C_5）	0.0775
	生态指标（B_2）	0.3370	牧草地载畜量变化指数（C_6）	0.1211
			牧草地植被覆盖度变化指数（C_7）	0.0967
			适度经营规模变化指数（C_8）	0.0695
			牧草地生态状况变化指数（C_9）	0.0497
	社会指标（B_3）	0.2192	恩格尔系数变化指数（C_{10}）	0.0555
			劳动力变化指数（C_{11}）	0.0420
			外出务工变化指数（C_{12}）	0.0403
			低保人口变化指数（C_{13}）	0.0336
			牧户对社会保障满意度变化指数（C_{14}）	0.0478

为检验指标体系的科学性,对构建的指标体系进行信度检验,采用SPSS19.1软件,对构建的指标体系计算Cronbach内部一致性来检验信度,结果表明牧草地流转模式绩效评价指标体系Cronbach'α信度系数为0.687,因此可以认定绩效评价指标体系具有科学性。

7.3.3 牧草地流转模式绩效评价结果

7.3.3.1 分散牧户流转模式结果分析

(1) 全旗范围情况

分散牧户流转模式综合绩效值为225.5149，其中经济指标绩效值为95.133、生态指标绩效值为77.8791、社会指标绩效值为52.5028（表7-2）。

表7-2 分散牧户流转模式绩效评价结果

目标层	准则层	权重	绩效值	指标层	权重	绩效值
分散牧户流转模式综合绩效（A）	经济指标（B_1）	0.4438	95.133	畜牧业经营收入变化指数（C_1）	0.1032	33.4519
				畜牧业经营资产总额变化指数（C_2）	0.0982	14.3548
				畜牧业补贴收入变化指数（C_3）	0.0770	23.8148
				外出务工收入变化指数（C_4）	0.0879	17.798
				牧草地投入产出率变化指数（C_5）	0.0775	5.7135
	生态指标（B_2）	0.3370	77.8791	牧草地载畜量变化指数（C_6）	0.1211	19.9673
				牧草地植被覆盖度变化指数（C_7）	0.0967	34.476
				适度经营规模变化指数（C_8）	0.0695	6.5002
				牧草地生态状况变化指数（C_9）	0.0497	16.9356
	社会指标（B_3）	0.2192	52.5028	恩格尔系数变化指数（C_{10}）	0.0555	17.5656
				劳动力变化指数（C_{11}）	0.0420	8.3591
				外出务工变化指数（C_{12}）	0.0403	4.5438
				低保人口变化指数（C_{13}）	0.0336	16.8767
				社会保障满意度变化指数（C_{14}）	0.0478	5.1576
	综合绩效	—	—	—	—	225.5149

经济指标中畜牧业经营收入和畜牧业补贴收入变化指数绩效值较高，分别为33.4519和23.8148，说明参与该模式的牧户大部分仍经营畜牧业。根据实地调查了解，2016年羊羔平均价格为600元/只、牛犊为5000元/头，2020年羊羔价格涨到1000元/只，牛犊涨到10 000元/头，牲畜价格由市场需求、牲畜质量等因素决定。2016年东乌旗开始实施了牲畜质量检测及良种补贴发放，良种母牛二等以上补贴5000元/头，母羊400元/只，而草原生态保护补奖补贴不会随着牧草地流转而转移，仍归原承包方所有，说明参与该流转模式的牧户一定程度上

提升了牧业生产效率和质量，实现了增收。

生态指数中牧草地植被覆盖度变化指数绩效值较高，为34.476，对比2016年和2020年东乌旗植被覆盖度图，可以看出2020年草原植被覆盖度比2016年整体有所提升，说明随着牧草地流转市场的发展以及牧民牧草地保护意识的提高，草原生态环境逐渐得到了恢复。适度规模经营变化指数绩效（6.5002）较低，说明参与该模式的牧户实现适度经营规模程度较低。

社会指标中牧区恩格尔系数变化指数和低保人口变化指数绩效值较高，分别为17.5656和16.8767，说明该模式的发展改善了牧户所在地区的社会环境。近几年，我国对牧区经济的扶持使得牧区经济得到显著的提升，进而牧民生活得到改善、生产积极性得以提高、牧业生产效率明显进步，牧区、牧业、牧民形成一个相互促进发展的良性循环。此外，从外出务工收入变化指数和外出务工变化指数中可以看出，该模式的发展提高了牧户的非牧收入，推动了劳动力转移，对于提升牧民生活保障具有重要意义。总体而言，分散牧户流转模式的发展在牧民经济收益、牧草地生态恢复和牧区环境改善方面都有一定的作用。

（2）不同区域情况

分散牧户流转模式各区域绩效值分别为东部248.3897、中部229.9284、西部240.6058，具体如表7-3所示。

表7-3　分散牧户流转模式绩效区域差异性评价结果

目标层	准则层	权重	指标层	权重	东部地区绩效值	中部地区绩效值	西部地区绩效值
分散牧户流转模式不同区域综合绩效（A）	经济指标（B_1）	0.4438	畜牧业经营收入变化指数（C_1）	0.1032	50.5937	40.7645	39.12
			畜牧业经营资产总额变化指数（C_2）	0.0982	17.9303	12.688	13.7157
			畜牧业补贴收入变化指数（C_3）	0.077	34.5895	25.9696	21.3983
			外出务工收入变化指数（C_4）	0.0879	9.7037	13.9245	23.8828
			牧草地投入产出率变化指数（C_5）	0.0775	8.0753	5.2263	6.3026
			—	—	120.8925	98.5729	104.4194
	生态指标（B_2）	0.3370	牧草地载畜量变化指数（C_6）	0.1211	16.8426	12.4694	8.0327
			牧草地植被覆盖度变化指数（C_7）	0.0967	31.8426	36.2857	41.8426
			适度经营规模变化指数（C_8）	0.0695	6.5902	2.3333	3.0327
			牧草地生态状况变化指数（C_9）	0.0497	23.8034	26.5455	34.2281
			—	—	79.0788	77.6339	87.1361

续表

目标层	准则层	权重	指标层	权重	东部地区绩效值	中部地区绩效值	西部地区绩效值
分散牧户流转模式不同区域综合绩效（A）	社会指标（B₃）	0.2192	恩格尔系数变化指数（C₁₀）	0.0555	16.5656	17.2458	16.419
			劳动力变化指数（C₁₁）	0.042	6.6936	7.2268	5.9016
			外出务工变化指数（C₁₂）	0.0403	3.4554	5.4356	4.0805
			低保人口变化指数（C₁₃）	0.0336	16.8519	18.8	17.8246
			社会保障满意度变化指数（C₁₄）	0.0478	4.8519	5.0134	4.8246
			—	—	48.4184	53.7216	49.0503
	综合绩效	—	—	—	248.3897	229.9284	240.6058

经济指标绩效值由高到低，依次是东部 120.8925、西部 104.4194、中部 98.5729。根据样点数据，东部地区户均承包牧草地面积为 422hm²，而中部和西部分别为 298hm² 和 346hm²，由于东部地区牧草地面积大，相应的牧业补贴和经营收入增长空间大。东部地区牧草地流转价格高于其他两个地区，且从 2016 到 2020 年，东部地区牧草地流转价格增长幅度为 60 元/hm²，而中部和西部地区分别为 44 元/hm² 和 29 元/hm²，对于东部地区转出牧草地的牧户来说财产性收入提升比其他两个地区的牧户要高。另外，外出务工收入西部地区提升最明显，说明非牧户和兼业户较多。三个地区的生态指标和社会指标绩效并无明显差距。

7.3.3.2 家庭牧场流转模式结果分析

(1) 全旗范围

家庭牧场流转模式综合绩效值为 368.7897，其中经济指标绩效值为 171.3715、生态指标绩效值为 141.7586、社会指标绩效值为 55.6596，具体见表 7-4。

经济指标中畜牧业经营收入变化指数、畜牧业经营资产总额变化指数和畜牧业补贴收入变化指数绩效值较高，分别为 47.8645、43.668 和 50.6918，说明参与该模式进行规模化经营的牧户的牧业收入明显提高。样点中有 48 个家庭牧场经营者，东乌旗家庭牧场以专业化经营模式为主，大部分养殖乌珠穆沁羊、肉牛和进口牛。内蒙古自治区提出实施"稳羊增牛"战略，鼓励养牛，并给予牧户一定的补贴，如安格斯牛标准补贴 5000 元/头、西门塔尔牛 1500 元/头，从而提高了牧户的牧业补贴收入。

表 7-4　家庭牧场流转模式绩效评价结果

目标层	准则层	权重	绩效值	指标层	权重	绩效值
家庭牧场流转模式综合绩效（A）	经济指标（B_1）	0.4438	171.3715	畜牧业经营收入变化指数（C_1）	0.1032	47.8645
				畜牧业经营资产总额变化指数（C_2）	0.0982	43.668
				畜牧业补贴收入变化指数（C_3）	0.0770	50.6918
				外出务工收入变化指数（C_4）	0.0879	12.5656
				牧草地投入产出率变化指数（C_5）	0.0775	16.5816
	生态指标（B_2）	0.3370	141.7586	牧草地载畜量变化指数（C_6）	0.1211	29.6684
				牧草地植被覆盖度变化指数（C_7）	0.0967	43.5366
				适度经营规模变化指数（C_8）	0.0695	36.3291
				牧草地生态状况变化指数（C_9）	0.0497	32.2245
	社会指标（B_3）	0.2192	55.6596	恩格尔系数变化指数（C_{10}）	0.0555	17.2373
				劳动力变化指数（C_{11}）	0.0420	8.0085
				外出务工变化指数（C_{12}）	0.0403	3.9943
				低保人口变化指数（C_{13}）	0.0336	18.2773
				社会保障满意度变化指数（C_{14}）	0.0478	8.1422
	综合绩效	—	—		—	368.7897

生态指标中牧草地植被覆盖度变化指数和适度经营规模变化指数绩效值较高，分别为 43.5366 和 36.3291。草原生态失衡的主要原因是草原细碎化经营而导致，说明该模式的发展通过整合零散牧草地，进行集中经营提高了牧草地载畜量，实现了牧草地和畜群的适度经营规模，从而草原生态得到了一定程度的恢复。大部分家庭牧场将牧草地分为夏营盘和冬营盘，实施轮牧、休牧，家庭牧场流转模式的发展有效缓解了草原生态失衡与畜牧业发展之间的矛盾。

社会指标中恩格尔系数变化指数和低保人口变化指数绩效值较高，分别为 17.2373 和 18.2773，说明该模式的发展对牧区经济发展也有推动作用。从外出务工收入变化指数中可以看出，将牧草地流转给家庭牧场的牧户非牧收入提升明显，收入方式的改变及社会保障的完善促进了牧区劳动力的转移，进一步推动了城镇化进程。总之，家庭牧场流转模式的发展对牧民经济收益、牧草地生态恢复和牧区环境改善方面影响显著。

(2) 不同区域情况

家庭牧场流转模式各区域绩效值分别为东部地区 370.2317、中部地区 302.7069、西部地区 329.1934，具体如表 7-5 所示。

表 7-5 家庭牧场流转模式区域差异性评价结果

目标层	准则层	权重	指标层	权重	东部地区绩效值	中部地区绩效值	西部地区绩效值
家庭牧场流转模式不同区域综合绩效（A）	经济指标（B_1）	0.4438	畜牧业经营收入变化指数（C_1）	0.1032	58.3278	34.8877	39.4572
			畜牧业经营资产总额变化指数（C_2）	0.0982	48.7706	23.2253	24.0324
			畜牧业补贴收入变化指数（C_3）	0.077	59.538	51.9367	48.5734
			外出务工收入变化指数（C_4）	0.0879	7.1245	9.3998	12.836
			牧草地投入产出率变化指数（C_5）	0.0775	17.5571	13.4398	12.2911
			—	—	191.318	132.8893	137.1901
	生态指标（B_2）	0.3370	牧草地载畜量变化指数（C_6）	0.1211	29.3243	19.3826	20.7969
			牧草地植被覆盖度变化指数（C_7）	0.0967	30.2621	43.8095	47.2468
			适度经营规模变化指数（C_8）	0.0695	36.4516	20.7692	35.7143
			牧草地生态状况变化指数（C_9）	0.0497	27.5726	30.3248	36.1905
			—	—	123.6106	114.2861	139.9485
	社会指标（B_3）	0.2192	恩格尔系数变化指数（C_{10}）	0.0555	16.966	18.2394	17.1902
			劳动力变化指数（C_{11}）	0.042	7.2758	7.0119	6.2722
			外出务工变化指数（C_{12}）	0.0403	3.6816	4.988	4.4346
			低保人口变化指数（C_{13}）	0.0336	18.5484	16.6282	16.4286
			社会保障满意度变化指数（C_{14}）	0.0478	8.8313	8.664	7.7292
			—	—	55.3031	55.5315	52.0548
	综合绩效	—	—	—	370.2317	302.7069	329.1934

经济指标绩效值由高到低，依次是东部地区 191.318、西部地区 137.1901、中部地区 132.8893，东部地区提升效果最明显，一方面，东部地区经营规模相对较大，其中东部地区家庭牧场的平均经营规模为 2067hm²，而中部地区和西部地区分别为 1700hm² 和 1807hm²。另一方面，东部地区牧区劳动力较多，根据 2019 年统计数据，东部地区牧区劳动力为 3058 人，而中部地区、西部地区分别为 2782 人和 3017 人。由于东部地区牧业经营方面的优势，收益提高最明显。

生态指标绩效值由高到低，依次是西部地区 139.9485、东部地区 123.6106、中部地区 114.2861，西部地区提升最明显。西部地区户均承包牧草地面积小，牧草地分散程度相对高，因此说明该模式的发展对西部地区牧草地整合，实现牧草地适度规模经营有推动作用。同时，从 2016 年和 2020 年东乌旗植被的对比可以看出，西部地区植被覆盖度提升最明显，促进了草原生态恢复。

社会指标绩效方面，三个地区的并无明显差距。

综合来看，东部地区各项指标提升最为显著。东乌旗全旗范围内有 11 家现代化家庭牧场，其中 8 家分布在东部地区，另有 2 家自治区级肉牛家庭牧场，可以看出，东部地区的牧户实现现代化经营和适度规模经营程度较高。

7.3.3.3　合作社流转模式绩效结果分析

(1)　全旗范围情况

合作社流转模式综合绩效值为 334.6475，其中经济指标绩效值为 156.5337、生态指标绩效值为 114.2866、社会指标绩效值为 63.8272，具体如表 7-6 所示。

经济指标中畜牧业经营收入变化指数和畜牧业经营资产总额变化指数绩效值较高，分别为 38.9727 和 47.8082，表明牧户之间的联合经营，有效提高了资产运行质量和资产效益。同时，合作社作为牧户和市场之间的桥梁，获取信息快速、销售渠道广，并为牧户提供经营服务，实现了牧业收入增长，说明资产的盈利水平也有所提高。

生态指标中牧草地载畜量变化指数、牧草地植被覆盖度变化指数和牧草地生态状况变化指数绩效值较高，分别为 29.917、36.4887 和 29.2128。牧区实施家庭联产承包责任制之后，牧户为明确对牧草地的承包经营权在牧草地上建立了牧草地网围栏，从而严重影响生物多样性和草原生态平衡，同时出现过牧、滥牧现象，加剧了草原退化。合作社通过合并牧草地，拆除了网围栏，恢复了牲畜四季轮牧模式，满足了牧户扩大牧草地的意愿，提高了牧草地载畜量，对草原生态恢复起到显著提升作用。

表7-6 合作社流转模式绩效评价结果

目标层	准则层	权重	绩效值	指标层	权重	绩效值
合作社流转模式综合绩效（A）	经济指标（B_1）	0.4438	156.5337	畜牧业经营收入变化指数（C_1）	0.1032	38.9727
				畜牧业经营资产总额变化指数（C_2）	0.0982	47.8082
				畜牧业补贴收入变化指数（C_3）	0.0770	34.7119
				外出务工收入变化指数（C_4）	0.0879	4.4619
				牧草地投入产出率变化指数（C_5）	0.0775	30.5790
	生态指标（B_2）	0.3370	114.2866	牧草地载畜量变化指数（C_6）	0.1211	29.917
				牧草地植被覆盖度变化指数（C_7）	0.0967	36.4887
				适度经营规模变化指数（C_8）	0.0695	18.6681
				牧草地生态状况变化指数（C_9）	0.0497	29.2128
	社会指标（B_3）	0.2192	63.8272	恩格尔系数变化指数（C_{10}）	0.0555	18.5638
				劳动力变化指数（C_{11}）	0.0420	9.6885
				外出务工变化指数（C_{12}）	0.0403	5.4805
				低保人口变化指数（C_{13}）	0.0336	20.5920
				社会保障满意度变化指数（C_{14}）	0.0478	9.5024
	综合绩效	—	—		—	334.6475

社会指标中恩格尔系数变化指数和低保人口变化指数绩效值较高，分别为18.5638和20.592。合作社的发展需要大量劳动力，由此创造出许多就业岗位，吸纳贫困家庭劳动力、外来劳动力及青年劳动力，提供稳定就业岗位和收入；并通过牧业产业化发展，提高畜产品商品率，推动牧业经济。例如，额吉淖尔镇哈哈日高壁合作社设立食品加工部门，由当地高校毕业生管理，并创造牛肉酱品牌推向了市场，激发了其他经营的者投资积极性，起到了带动作用。总之，合作社流转模式的发展对牧民经济收益、牧草地生态恢复和牧区环境改善方面提升比较明显。

（2）不同区域情况

合作社流转模式各区域绩效值分别为东部地区287.6852、中部地区339.6673、西部地区251.3454，具体如表7-7所示。

经济指标绩效由高到低，依次是中部地区161.1006、东部地区134.1618、西部地区104.4639。样点主要位于中部地区，级别分别为国家级、自治区级、旗级合作社。东乌旗合作社经营范围比较广，如综合牧业、马业、良种牛业、草业等，不同产业合作社的经营模式和收益情况不同。除此之外，合作社地理位置对收益情况也有影响，离城镇近、交通运输方便、销售渠道广等条件对合作社发展

| 牧草地流转研究 |

具有优势，并且中部地区牧草地用途为割草放牧并用，更能满足合作社放牧与储草的需求。

表7-7 合作社流转模式区域差异性评价结果

目标层	准则层	权重	指标层	权重	西部地区绩效值	中部地区绩效值	东部地区绩效值
合作社流转模式不同区域综合绩效（A）	经济指标（B_1）	0.4438	畜牧业经营收入变化指数（C_1）	0.1032	35.4774	45.7578	30.4163
			畜牧业经营资产总额变化指数（C_2）	0.0982	33.6007	40.4123	31.1089
			畜牧业补贴收入变化指数（C_3）	0.0770	32.4276	37.5037	22.2339
			外出务工收入变化指数（C_4）	0.0879	3.2857	5.6337	3.5278
			牧草地投入产出率变化指数（C_5）	0.0775	29.6725	31.7931	16.8749
			—	—	134.4639	161.1006	104.1618
	生态指标（B_2）	0.3370	牧草地载畜量变化指数（C_6）	0.1211	29.8044	26.9582	15.7745
			牧草地植被覆盖度变化指数（C_7）	0.0967	24.8980	35.9524	30.2867
			适度经营规模变化指数（C_8）	0.0695	16.4286	19.800	18.87
			牧草地生态状况变化指数（C_9）	0.0497	26.6129	33.9506	31.6697
			—	—	97.7439	116.6612	96.6009
	社会指标（B_3）	0.2192	牧区恩格尔系数变化指数（C_{10}）	0.0555	16.0512	19.2167	17.6044
			牧区劳动力变化指数（C_{11}）	0.0420	6.2249	8.3691	6.8278
			牧区外出务工变化指数（C_{12}）	0.0403	3.3653	5.7605	4.3145
			牧区低保人口变化指数（C_{13}）	0.0336	21.4286	20.2796	15.4074
			社会保障满意度变化指数（C_{14}）	0.0478	8.4074	8.2796	6.4286
			—	—	55.4774	61.9055	50.5827
	综合绩效	—	—	—	287.6852	339.6673	251.3454

三个地区的生态指标和社会指标绩效并无明显差距。

总体而言，合作社流转模式绩效区域差异明显，说明在不同区域发挥作用的程度不同。合作社作为生产、销售、服务为职能的经济组织，与市场连接较密切，对于经济地理区位和交通地理区位有较高要求。由于畜牧业经营的特殊性，合作社的发展同样对牧草地自然地理区位也具有较高要求。由此看来，合作社流转模式应根据不同区域特点进行选择经营范围和选址范围。

| 146 |

7.3.3.4 企业流转模式绩效结果分析

企业流转模式综合绩效值为152.0383，在经济、生态、社会方面提升不明显，绩效值分别为47.2231、67.3356和37.4796，具体如表7-8所示。

表7-8 企业流转模式绩效评价结果

目标层	准则层	权重	绩效值	指标层	权重	绩效值
企业流转模式综合绩效（A）	经济指标（B_1）	0.4438	47.2231	畜牧业经营收入变化指数（C_1）	0.1032	14.3358
				畜牧业经营资产总额变化指数（C_2）	0.0982	18.8458
				畜牧业补贴收入变化指数（C_3）	0.0770	4.22
				外出务工收入变化指数（C_4）	0.0879	0.9091
				牧草地投入产出率变化指数（C_5）	0.0775	8.9124
	生态指标（B_2）	0.3370	67.3356	牧草地载畜量变化指数（C_6）	0.1211	8.9147
				牧草地植被覆盖度变化指数（C_7）	0.0967	25.50
				适度经营规模变化指数（C_8）	0.0695	2.83
				牧草地生态状况变化指数（C_9）	0.0497	30.0909
	社会指标（B_3）	0.2192	37.4796	恩格尔系数变化指数（C_{10}）	0.0555	17.4904
				劳动力变化指数（C_{11}）	0.0420	5.1885
				外出务工变化指数（C_{12}）	0.0403	3.3477
				低保人口变化指数（C_{13}）	0.0336	15.9984
				社会保障满意度变化指数（C_{14}）	0.0478	-4.5454
	综合绩效	—	—	—	—	152.0383

经济指标中畜牧业经营收入和畜牧业经营资产总额变化指数绩效值较高，分别为14.3358和18.8458，说明转出牧草地的大部分牧户仍继续经营畜牧业。生态指标中牧草地植被覆盖度和牧草地生态状况变化指数绩效较高，分别25.5和30.0909，表明牧户牧草地生态状况得到了提升，且牧户对牧草地质量较为满意。

社会指标中牧区恩格尔系数变化指数和低保人口变化指数绩效值较高，分别为17.4904和15.9984，根据2016年和2020年数据，阿拉坦合力苏木牧区低保人口从289人减少到86人，表明牧区整体收支水平有所提升。其中，社会保障满意度变化指数绩效为负数，在调查过程中，流转给企业的牧户以75元/hm²的价格10年为期进行了流转，并一次性收取了租金，部分牧户表示对流转价格和流转期限不满意。

7.3.4　牧草地流转模式绩效对比分析

7.3.4.1　不同模式绩效对比分析

根据四种模式绩效评价结果，对比不同模式的绩效，如图 7-5 所示。综合绩效最高的是家庭牧场流转模式，其次是合作社流转模式。规模化经营、现代化发展是畜牧业的出路，自实施家庭承包责任制之后，以户为单位一种"单兵突围"的模式经营，由于牧草地面积有限且分散，导致经营效益低。加之抗自然灾害和市场风险能力低，造成牲畜死亡率上升，牧草地生产力下降，牧户损失较重。同时受牲畜市场价格波动影响，单户经营成本提高，牧民利润缩水。家庭牧场流转、合作社流转模式的发展从过去的"单兵突围"转变为"兵团作战"，实现了生态恢复、牧户增收的双赢目标；并且通过"互助互帮"，有效地促进了牧业经济发展，推动了牧区社会进步。分散牧户流转模式作为牧户之间的资源交换，资源配置率低，尽管在各方面都有提升作用，但无法缓解牧草地细碎化经营现状，达到长远的提升。企业流转模式当前还处于发展起步阶段，因此提升作用并不明显。

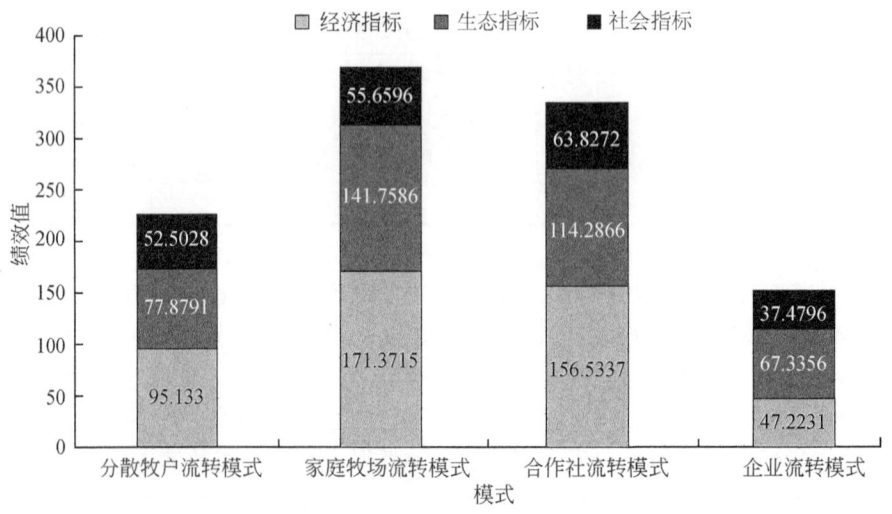

图 7-5　四种模式绩效对比情况

7.3.4.2　不同区域绩效对比分析

根据模式区域差异性评价结果发现，分散牧户流转模式区域差异最小，家庭牧场流转和合作社流转模式区域差异较大（图7-6）。根据模式形成因素分析结果可知道，分散牧户流转模式结构简单、形成条件少、对外部条件约束力低，适用范围广。而其他两个模式形成相对复杂，牧草地流转市场、牧草地区位条件、牧草地自然条件等受外部因素影响较大。因此家庭牧场流转、合作社流转模式绩效呈现出的差异较明显。

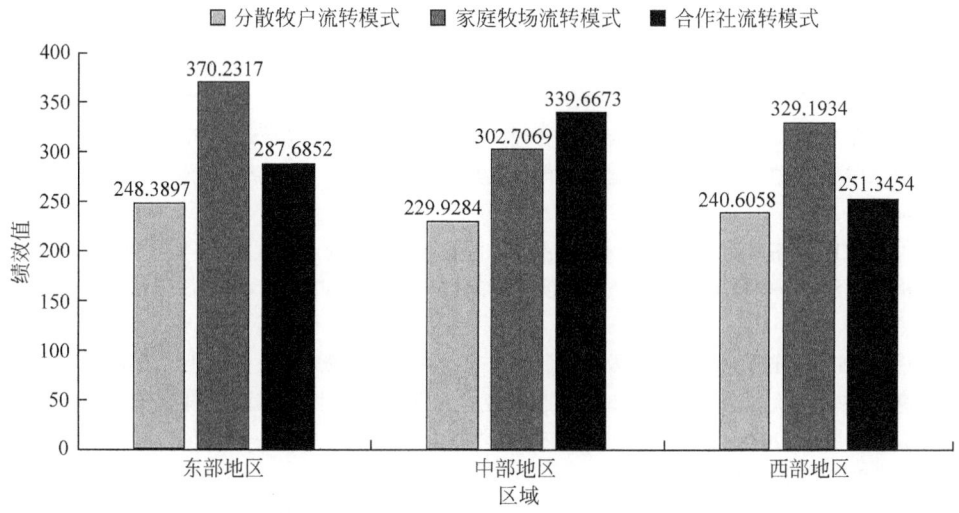

图7-6 不同地区绩效对比图

本章在分析草场流转模式特征和形成因素的基础上，评价了草场流转模式绩效，得出以下主要研究结论：

1）分散牧户流转模式结构简单，而家庭牧场流转模式和合作社流转模式形成相对复杂，对外部条件依赖性较强。三个模式之间有2个共性因子，分别是牧户经营特征因子和政策认知度特征因子；非共性因子有7个，分别是草场流转市场特征因子、劳动能力特征因子、畜牧业生产资源特征因子、外出务工能力特征因子、户主特征因子、草场自然条件特征因子和草场区位条件特征因子，说明这些因子是导致模式分化的原因。

2）从经济、生态、社会层面进行绩效评价结果得出：家庭牧场流转模式绩效（368.7897）＞合作社流转模式绩效（334.6475）＞分散牧户流转模式绩效（225.5149）＞企业流转模式绩效（152.0383）。从单一绩效看，家庭牧场流转模式的经济和生态绩效最高，合作社流转模式的社会绩效最高。这表明规模化经营是发展畜牧业的最优途径，也是改善草原细碎化经营的最有效方法，能够缓解草原生态失衡与畜牧业发展之间的矛盾。

参 考 文 献

安婧.2019.肃南县草原生态保护补助奖励政策绩效评估研究.兰州：兰州大学硕士学位论文.

陈良,张云.2009.农村土地规模经营问题探析——以苏北为例.农村经济,(3)：39-42.

杜富林,张亚茜,宋良媛.2019.草原畜牧业经营主体生产效率的比较研究——基于锡林郭勒盟入户调查数据.中央民族大学学报（哲学社会科学版）,46（4）：88-96.

杜立燕,杨琦,金曦,等.2012.绩效评价的理论方法和实践.中国妇幼保健,27：812-814.

樊胜岳,丁继.2019.基于公共价值的内蒙古地区草原禁牧政策绩效评价研究.中国草地学报,41（2）：71-79.

付亚和,许玉林.2009.绩效考核与绩效管理（第二版）.北京：电子工业出版社.

刘慧慧.2020.内蒙古牧区牧户草地流转行为及其对草地生态影响研究.兰州：兰州大学硕士学位论文.

吕卫民.2011.河南平原农区土地规模经营模式调查与思考.商业时代,(25)：138-139.

其木格.2018.草原家庭联产承包责任制实施的绩效研究.呼和浩特：内蒙古师范大学硕士学位论文.

宋倩倩.2020.山东省农地流转绩效评价研究.哈尔滨：哈尔滨师范大学硕士学位论文.

谭淑豪.2020.草地资源治理的理论与案例研究.北京：中国财经出版传媒集团.

谭仲春,谭淑豪.2018.草地流转与牧户效率："能人"效应还是"资源平衡"效应.中国人口·资源与环境,28（3）：76-85.

佟斯琴,包玉海,张巧凤等.2016.基于像元二分法和强度分析方法的内蒙古植被覆盖度时空变化规律分析.生态环境学报,25（5）：737-743.

王颖,张科利,李峰.2012.基于10年MODIS数据的锡林郭勒盟草原植被覆盖度变化检测.干旱区资源与环境,26（9）：165-169.

文新,许露元.2019.西南石漠化地区土地流转模式绩效研究——基于323份农户数据的分析.广西民族大学学报（哲学社会科学版）,(5)：138-144.

游小燕.2016.发展家庭牧场的思考与对策析.吉林畜牧兽医,37（10）：46.

曾贤刚,段存儒,虞慧怡.2019.社会资本对生态补偿绩效的影响机制研究——以锡林郭勒盟草原生态补偿为例.中国环境科学,39（2）：879-888.

张敏.2016.红原县现代草原畜牧业家庭示范牧场建设情况.中国畜牧兽医文摘,326（5）：12.

周艳青.2018.锡林郭勒盟不同草地类型地区家庭牧场生产效率比较研究.呼和浩特：内蒙古农业大学硕士学位论文.

Cao J J, Li M T, Ravinesh C D, et al. 2018. Comparison of social-ecological resilience between two grassland management patterns driven by grassland land contract policy in the Maqu, Qinghai-Tibetan Plateau. Land Use Policy, 74：88-96.

Qi X X, Wang Y R, Li J C, et al. 2018. Ensuring food security with lower environmental costs under intensive agricultural land use patterns: A case study from China. Journal of Environmental Management, 213：329-340.

8　草场规模化经营分析

党的二十大报告提出"着力推进高质量发展，推动构建新发展格局，实施供给侧结构性改革"和"巩固和完善农村基本经营制度，发展新型农村集体经济，发展新型农业经营主体和社会化服务，发展农业适度规模经营。深化农村土地制度改革，赋予农民更加充分的财产权益"。

本章将对草场规模化经营进行研究。首先，对牧草地规模经营现状进行调查，具体调查牧户人口、牧区劳动力及受教育程度等情况；其次，分析牧草地规模经营现状，通过载畜量、纯收益、投入产出等指标判定牧草地经营规模；最后，对牧草地适度经营规模进行验证和实证分析。

8.1　牧草地规模经营现状分析

2014年党的十八届三中全会《中共中央关于全面深化改革若干重大问题的决定》中提出坚持家庭经营在农业生产中的基础性地位，推进家庭经营、集体经营、合作经营、企业经营等共同发展的农业经营方式，鼓励承包经营权在公开市场上向专业大户、家庭农场、农民合作社、农业企业流转，发展多种形式规模经营，扶持发展规模化经营。2014年11月中共中央办公厅、国务院办公厅印发《关于引导农村土地经营权有序流转发展农业适度规模经营的意见》的总体要求、基本原则中更加明确了农村土地经营权有序流转、发展农业适度规模经营指导思想，成为未来农业适度规模的顶层指导思想。2015年党的第十八届五中全会公报中提出关于促进农村土地经营权流转，要求农业规模化经营，提升农业生产效率，农村剩余劳动力进一步解放。农村剩余劳动力可通过土地流转得到一定的补偿，变现的土地财富有助于农村剩余劳动力在城镇地区获得住房等基本生活保障。规模化经营带来的农村剩余劳动力释放将为我国未来的城镇化改革提供重要的劳动力供给。1999年2月发布的《内蒙古自治区草原承包经营权流转办法》中提出草原承包经营权流转遵循自愿、有偿、合法及不改变草原用途的原则，以有利于发展畜牧业生产、有利于草原的保护和建设的方式推进规模经营。2016年10月，中共中央办公厅、国务院办公厅印发的《关于完善农村土地所有权承包权经营权分置办法的意见》中提出进一步健全农村土地产权制度，推动新型工业化、信息化、城镇化、农业现代化,同步发展完善"三权分置"的要求。该意见对认真落实党中央、国务院决策部署,围绕正确处理农民和土地关系这一改革主线,科学界定"三权"内涵、权利边界及相互关系,逐步建立规范高效的"三权"运行机制,不断健全归属清晰、权能完整、流转顺畅、保护严格的农村土地产权制度,优化土地资源配置,培育新型经营主体,促进适度规模经营发展,进一步巩固和完善农村基本经营制度,为发展现代化农业、增加农民收入、建设社会主义新农村建设提供坚实保障。

内蒙古自治区位于我国北部边疆,约占我国国土面积的1/8,居全国第三位,其中草地面积占自治区土地总面积的74.58%。本章研究牧草地规模经营是为了转变传统的牧业经营方式,实现牧业专业化、现代化建设。关于牧草地规模经营的研究是当前内蒙古自治区草地规模经营研究欠缺的一部分,现阶段农用地特别是耕地的承包经营、耕地资源的流转和规模经营方面的研究成果较多,牧草地规模化经营方面的研究成果少。本章的研究内容是内蒙古自治区牧草地流转改革、牧草地规模经营和牧草地流转制度设计所面临的重要研究内容。

东乌珠穆沁旗是内蒙古自治区典型牧业旗县,牧户所经营的牧草地面积较小,且地块不连片,不利于采用现代牧业技术、实现牧业现代化和科技化;善于劳动的牧业劳动者,得不到足够的牧草地,使得牧民的专长得不到足够的发挥空间。较小规模经营与非牧业产业之间的劳动生产率差距越来越大,造成牧民的收入低于非牧业从事者;而扩大牧草地经营规模能够缩小收入差距,提高牧业生产劳动率。因此,通过规模经营推行草地承包经营权流转制度,一方面鼓励牧民参与牧草地流转,使流转土地得到一定的保障;另一方面可促进农村剩余劳动力转移到城镇,为城镇化改革提供劳动力供给。

本章以东乌珠穆沁旗为研究区域,经过实地调查获取东乌珠穆沁旗牧草地适度规模经营研究数据,通过定性与定量分析相结合的方法,在牧户经营效益最大化的条件下,计算东乌珠穆沁旗牧草地经营的适度规模。本章的研究成果为内蒙古自治区牧区乃至全国其他类似地区提供借鉴。牧草地规模经营研究既有理论意义,又有实践意义,不仅能够推动东乌珠穆沁旗的牧业现代化建设和提高劳动生产率,也有利于为牧区牧草地经营权有序流转提供坚实基础。

8.1.1 研究内容、方法

8.1.1.1 研究内容

(1) 调查东乌珠穆沁旗牧户生活基本情况

牧户生活基本情况主要包括牧区人口、劳动力、劳动力年龄结构、牧业劳动力的受教育情况、土地利用结构、劳动力转移情况，以及牧草地规模、流转情况及对牧草地适度规模经营的态度、牧户投入情况、投入类型、牧草地流转情况等规模经营现状。

(2) 主要影响因素分析

进行牧草地适度规模内涵特征分析，得出牧草地适度经营规模的主要影响因素有牧户劳动力、生产力水平、资源丰缺度、劳动力的素质和劳动力转移情况等。

(3) 分区域牧草地适度规模经营分析

对东乌珠穆沁旗东、中、西部牧草地适度规模经营情况分别进行研究。规模不是越大越好，适度规模经营才能符合社会经济发展的需求，采用载畜量指标、纯收益、劳均纯收益、投入产出等指标测算东乌珠穆沁旗东、中、西部牧草地适度经营规模。

(4) 成果验证及对策

对研究成果进行验证，并提出扩大牧草地流转规模、完善草地流转制度及引导牧区剩余劳动力的转移的对策，以实现牧区牧草地规模经营，获取最佳规模效益。

8.1.1.2 研究方法

(1) 文献综述法

通过阅读国内外文献综述，主要运用马克思主义哲学有关原理，结合政治经济学相关理论的基础上研究牧草地适度规模经营的主要制约因素，尤其是对近几年我国学者对关于农村土地规模经营研究的思考，为本书奠定充实的理论基础和研究思路。

(2) 实地调查法

根据东乌珠穆沁旗牧草地适度规模经营的需要，设计了调查问卷，共进行两次实地深入牧户调查。第一次调查是 2014 年 7 月在东乌珠穆沁旗除乌拉盖管理区外各乡镇开展了实地的牧户问卷调查；第二次调查是 2016 年 7 至 8 月对二连浩特市—东乌珠穆沁旗—锡林浩特市—阿巴嘎旗—正镶白旗等牧业旗县的牧户进行实地问卷调查，并总结调查成果，做深入分析。调查内容涉及牧户人口、劳动力、牧民受教育情况、牧草地经营投入情况、牧户经营草地规模、牧户对牧草地流转情况及对牧草地适度规模经营的态度等，通过实地问卷调查，获取牧草地适度规模经营相关研究的真实可靠数据。

(3) 定性与定量相结合的方法

通过定性分析得出牧草地规模经营与牧户投入产出的内在关系，在此基础上选取确定牧草地适度规模的不同指标判定适合东乌珠穆沁旗东、中、西部区的适度规模范围。

（4）数量分析法

在定性与定量分析的基础上，建立计量经济模型，在牧户收益最大化的角度下，验证牧草地适度经营规模，并对得出的适度规模与牧户经营的现状规模进行对比，如两者之间有差距，找出原因并提出相应的对策建议。

土地规模经营是实现农业现代化的一般趋势，如何更好地开展农村土地规模化经营是我国农业和农村下一步改革的关键所在。目前学者们多从农用地，如耕地方面的适度规模经营研究的较多，土地流转相关领域的研究也很成熟。本书通过实地调研获取一手数据，从微观角度研究牧草地适度规模经营，为牧草地的流转及相理论的完善奠定基础。

8.1.1.3 数据来源

本书在开展牧草地适度规模经营调查研究时，选择了东乌珠穆沁旗的阿拉坦合力苏木、道特淖尔镇、额吉淖尔镇、嘎达布其镇、呼热图淖尔苏木、满都胡宝拉格镇、萨麦苏木、嘎海乐苏木及乌里雅斯太镇，不包括国有林场及乌拉盖管理区。

调查区域按照东乌珠穆沁旗自然、社会经济综合状况划分：阿拉坦合力苏木、额吉淖尔镇、嘎达布其镇为西部区；萨麦苏木、乌里雅斯太镇、道特淖尔镇为中部区；呼热图淖尔苏木、满都胡宝拉格镇、嘎海乐苏木为东部区。调查主要采用入户调查方式，调查内容主要包括牧户人口、劳动力人数、雇佣人数、牧草地面积、草场投入情况、投入类型、草场产出、草地流转、牧户受教育程度等情况。在东部区、中部区、西部区共抽样调查了 150 个牧户，其中回答的数量有 172 份问卷，完全回答的问卷有 156 份，问卷较好地反映东乌珠穆沁旗草地规模利用情况。

8.1.2　牧草地规模经营现状调查与分析

为了研究牧草地规模经营与牧户家庭基本情况、草场使用情况、养殖牲畜情况、牧草地流转情况之间的内在联系，通过实地调查手段进行数据资料的收集，最后对问卷调查进行汇总，并进行分析。

8.1.2.1　牧户人口情况

为了研究牧户人口情况与牧草地经营规模之间的联系，进行了牧户年龄结构、性别比例的调查，得出如下结论：调查区域样点年龄主要集中在 18~60 岁；调查对象男女比例为 1.86∶1。其中，牧区劳动力年龄结构主要分布在 18~50 岁，平均每户劳动力人数为 1.95 人，户均人口约 4 人。

8.1.2.2　牧区劳动力情况及受教育情况

为了研究牧区劳动力及受教育情况与牧草地经营规模之间的联系，对东部区、中部区、西部区劳动力比例以及文化程度进行了调查，得出如下结论：东乌珠穆沁旗东部区户均劳动力为 1.88 人，中部区的户均劳动力为 1.74 人，西部区的户均劳动力为 2.22 人。牧户劳动力中小学及以下文化水平的占比为 39.84%，初中文化水平的占比为 42.93%，高中文化水平的占比为 11.83%，中专及以上文化水平占比为 5.4%（表 8-1）。由此可以看出，牧区劳动力文化水平相对偏低，应重视牧区受教育情况，提高牧民劳动力教育水平。

表 8-1　牧区劳动力受教育情况

牧区劳动力受教育情况	占比/%
小学及以下文化水平	39.84
初中文化水平	42.93
高中文化水平	11.83
中专及以上文化水平	5.40

8.1.2.3　牧草地规模经营现状分析

(1) 户均牧草地规模及流转比例

调查数据显示，东乌珠穆沁旗东部区牧户拥有的户均牧草地规模为 722.75hm^2，累加租赁草场的情况下牧户经营的户均牧草地规模为 984.75hm^2，其中牧草地流转规模比例为 26.60%。中部区牧户拥有户均牧草地规模为 341.83hm^2，累加租赁草场的情况下牧户经营的户均牧草地规模为 419.40hm^2，其中牧草地流转规模比例为 18.50%。西部区牧户拥有户均牧草地规模为 431.31hm^2，累加租赁草场的情况下经营的户均牧草地规模为 583.84hm^2，其中牧草地流转规模比例 26.12%。

从表 8-2 可以看出，调查区域牧户拥有牧草地规模主要分布在 500hm^2 以下，中部和西部户均牧草地规模都小于 500hm^2，牧草地经营不集中、牧业生产经营规模较小、没有形成规范的草地经营规模、牧草地小规模分散经营等现象普遍存在。经实地调查发现，东乌珠穆沁旗绝大多数牧民对当前土地制度及土地规模经营的创新模式还没有深入了解；虽然东部牧业发达地区已有规模经营的实施经验,实行牧草规模经营给牧民带来了显著经济效益,明显提高了牧户收入水平及牧业现代化水平,但其在实施过程中仍存在许多问题。

表 8-2 东乌珠穆沁旗户均牧草地经营规模情况表

区域	牧户拥有户均牧草地经营规模/hm²	牧户拥有户均牧草地加租赁草场经营规模/hm²	流转规模比例/%
东部	722.75	984.75	26.60
中部	341.83	419.40	18.50
西部	431.31	583.84	26.12

(2) 牧户对牧草地规模经营的态度

据实地问卷调查发现,许多牧民对草地适度规模经营没有一个系统的完整的理念,对牧草地规模经营认识不足,不熟悉土地制度以及规模经营对牧户未来可能带来的效益。

受调查牧民普遍认为牧草地规模经营就是无限扩大牧草地面积,不考虑人力和草地资源的有效配置。从目前的情况看,牧区的村集体组织没有组织规模经营的行为,牧民对牧草地规模经营的自发性理念少,都是自己经营自家草场,有些牧民确实有流转草场的行为但也不是以规模经营为目的。从调查情况看,东乌珠穆沁旗牧区牧户自己拥有草场的面积还达不到规模经营的程度。从调研情况看,70%以上的牧户觉得他们经营的草场规模无法满足自家牲畜所需。受访的牧户中,约有70%牧户愿意扩大牧草地经营规模对牧草地规模经营持肯定态度;65%的牧户愿意扩大牧草地经营规模,其原因是牧户除畜牧业收入外没有其他收入来源,所以期望通过扩大经营规模来提高收入;15%的牧户因家庭原因没有自己的草场,他们认为承包草场比外出打工更稳妥;另有20%的牧户选择了打工。据此可了解到,东乌珠穆沁旗牧区目前还没有实行牧草地规模经营,但是牧户有积极的规模经营意愿,这一点为东乌珠穆沁旗开展草地规模经营奠定了有利条件。牧民支持牧草地规模经营是牧业规模发展的必要前提。

(3) 牧业生产要素的投入分析

在东乌珠穆沁旗牧区,畜牧业生产投入一般是围栏、防止病害药、雇工费用、品种改良、养畜饲料、打草、运水、拖拉机、抽水机、打草机、水源等。调查结果表明,在畜牧业生产中,一年投入的资金在 2 万~22 万,其中主要的资本投入是雇工、饲料和草料费用。草场大、牲口多而劳动力少的牧户都雇人放牧,以东乌珠穆沁旗西部区阿拉坦合力苏木布力彦嘎查的某牧户为例,其自家拥有 150.27hm² 草场,租赁 600hm² 草场,养殖马 10 匹、牛 30 头、绵羊 1700 只、山羊 150 只,自家劳动力有 2 人,雇佣牧工 2 人,其中牧工费为每年 70 000 元左右。生产要素的投入随畜产品价格的上涨而上升，畜产品价格的下降而降低。2016年牧区畜产品市场价格下降，牧工费也随畜产品价格下降而降低。

牧区另一种比较大的投入是养畜饲料费。畜多牧户一般都配备养畜饲料，以东乌珠穆沁旗东部区的巴彦布日德嘎查的某牧户为例，其经营草场面积1500hm²，其中租赁草场有133.33hm²。1500hm²的草场中打草场只占200hm²，畜种结构多，按1:5、1:3、1:1.1的马、牛、山羊换算绵羊的比例，全家共有851只绵羊，经营的打草场不够供应冬季草料，因此需从异地或者相邻地方买捆草，捆草和饲料投入合起来一年的投入达到3.5万元。

资金投入中防止病害药、基础设施、水源等都是小额投入。牧区水源不足，并且没有覆盖机井，草场需通过运水来解决水源问题。运水投入主要是运水过程的运费及小部分的机械投入。以东乌珠穆沁旗中部区乌里雅斯太镇阿木古楞宝拉格嘎查某牧户为例，其拥有草场面积有634.6hm²，没有租赁草场，也没有雇佣牧工，其主要的投入是畜品种改良、养畜饲料、草料、水源、防止病害药等小额投入，共计5万元。

畜牧业生产中，东部区牧户平均资本投入最高约13.57万元/a，地均投入152.1元/hm²；中部区牧户平均资本投入约6.36万元/a，地均投入88.80元/hm²；西部区牧户平均资本投入9.20万元/a，地均投入129.30元/hm²。从区域差异看，东部区资本投入最多，其次是西部，投入最少的是中部区（表8-3）。

表8-3 东乌珠穆沁旗牧户资本投入情况表

项目	户均投资额/万元			地均投资额/(元/hm²)			资本投入比例/%		
	东部	中部	西部	东部	中部	西部	东部	中部	西部
养畜饲料	0.87	0.50	0.56	9.75	7.05	7.8	6.41	7.87	6.09
维修网栏	0.40	0.25	0.35	4.5	3.45	4.95	2.95	3.94	3.81
畜舍建设费用	0.40	0.28	0.31	4.5	3.9	4.35	2.95	4.41	3.32
牧工费用	3.00	1.50	2.60	33.6	21	36.6	22.11	23.62	28.29
防止病害药	0.30	0.12	0.30	3.3	1.65	4.2	2.21	1.89	3.27
品种改良	0.32	0.20	0.35	3.6	2.85	4.95	2.36	3.15	3.81
租赁草场	3.00	0.60	1.30	33.6	8.4	18.3	22.11	9.45	14.14
草料	3.28	2.10	2.03	36.75	29.25	28.5	24.18	33	22.03
水源	1.00	0.41	0.72	11.25	5.7	10.05	7.36	6.37	7.83
其他	1.00	0.40	0.68	11.25	5.55	9.60	7.36	6.30	7.41
合计	13.57	6.36	9.20	152.1	88.80	129.30	100	100	100

(4) 牧草地流转情况

随着土地流转变得普遍,许多人为了实现土地规模化经营,开始大量流转土地(李新仓,2016),有的甚至开始跨地域转包土地。在坚持农村家庭承包经营制度和稳定农村牧区土地承包关系的基础上,遵循平等协商、合法、自愿、有偿的原则进行土地流转,是实现我国土地规模经营的一个重要的途径(黄进才,2011)。东乌珠穆沁旗牧草地流转牧户数量情况见表8-4。

表8-4 东乌珠穆沁旗牧草地流转牧户数量情况

区域	苏木(镇)	调查牧户总数量/户	参与流转牧户数量/户	参与流转牧户比例/%
东部	呼热图淖尔苏木	11	7	63.64
	嘎海乐苏木	21	8	38.10
	满都胡宝拉格镇	20	11	55.00
中部	乌里雅斯太镇	21	10	47.62
	道特淖尔镇	18	6	33.33
	萨麦苏木	11	4	36.36
西部	阿拉坦合力苏木	14	6	42.86
	额吉淖尔镇	23	8	34.78
	嘎达布其镇	17	6	35.29
合计		156	66	42.31

由表8-4可以看出,调查的156牧户中有66户直接参与了牧草地的流转,流转比例达到42.31%,其中东部区呼热图淖尔苏木参与牧草地流转的牧户比例超过了60%。总体来看,东部区牧草地流转比较活跃,西部区和中部区的参与比例相对较低。实地调查中发现,中部区和西部区的牧户普遍反映无草场可租,其中中部区牧草地流转参与不积极的主要原因是中部区人多地少,即存在严重的牧草地供不应求现象。

以西部区为例,阿拉坦合力苏木、额吉淖尔镇、嘎达布其镇参与牧草地流转牧户比例在35%左右,比例相对较低。西部区的土地条件不好,大多为盐碱地,草地质量差、草势不好、草地利用类型相比东部区差,并且牧户反映,他们除了自己经营的草场外,可供租赁草场供给少是造成牧户之间相互牧草地流转的主要障碍因素。通过草地流转这一形式可以把分散的、细碎化的土地集中,这样不仅可以优化土地资源配置,还可以提高牧业生产效率、调整牧业产业结构,最终提高牧民收入,推动牧业经济有效发展。2008至今东乌珠穆沁旗的牧草地流转比例呈现不断增加的趋势,全旗参与牧草地流转牧户由2008年的2户增加到2015

年的22户，参与草原经营权流转的牧户有了明显的增加，这有助于牧草地规模经营（表8-5）。

表 8-5 东乌珠穆沁旗牧草地流转牧户数量

年份	流转方式	参与流转牧户/户
2008	租赁个人	2
2009	租赁个人	6
2010	租赁个人	8
2011	租赁个人	17
2012	租赁个人	20
2013	租赁个人	28
2014	租赁个人	21
2015	租赁个人	22

根据调查，虽然牧民积极参与牧草地流转行为，但多是在邻居、亲戚或同一个村的熟悉户之间进行流转，并且没有规范的合同甚至只有口头协议，显而易见，牧户对草地流转制度和政策不熟悉，同时缺乏规范的草地流转交易平台和组织。当前，牧民对牧草地的流转存在两种困难：一是牧民有牧草地流出的意向，但担心把牧草地流转出去后没有生活保障、影响个人收益、影响土地使用权等原因不敢去参与流转行为；另一种是牧民有转入牧草地扩大经营规模的想法，但不知如何去找流转市场。从东乌珠穆沁旗牧区目前存在的这两种困难来看，由于缺乏完善的流转制度，没有流转对接平台等，阻碍了牧区建设、畜牧业发展、生态安全和可持续发展，阻碍了牧草地规模经营的进度（伊力奇等，2014）。

8.2 牧草地适度规模经营的判断

8.2.1 牧草地规模经营内涵

农业土地适度经营规模，是指在一定的社会经济发展水平下，与现有的自然资源条件和农业技术水平相协调，能提高土地生产率、劳动生产率，是能取得最佳土地规模效益的农业土地经营规模（乐雅倩，2012）。对于牧业土地利用来说，牧业土地适度经营规模即能取得最佳土地规模效益的牧业土地经营规模。其所要求的面积不是固定的，随着时间、地点、条件的不同而变化，并具有地区性、动态性、适应性等特性。

(1) 地区性

根据规模经济理论,在农业生产经营中,土地经营的规模大小是影响经济效益的因素之一,土地规模的不同所产生的经济效益的差别就是土地规模效益。由于研究区东部区、中部区、西部区自然、社会经济和生态条件各不相同,草地资源的丰富程度各不相同,决定着草地规模经营的数量级不同。本章将从地域分布上分析东乌珠穆沁旗东部区、中部区、西部区的牧草地丰缺度,以牧草地的数量和质量反映草地资源的丰缺度,即人均草地规模和草地等级反映资源丰缺度。东部区人均草地规模为 131.50hm^2,中部区人均草地规模为 75.36hm^2,西部区人均草地规模为 104.19hm^2。牧草地的质量对于畜牧业非常重要,牧草地的质量决定了草场资源等级,东乌珠穆沁旗牧草地依质可划分为 8 个等,依产量可划分为 5 个级,具体如表 8-6 所示。

从东乌珠穆沁旗的牧草地资源的数量和质量看,东乌珠穆沁旗东部区和西部区资源丰富,如东部区的嘎海乐苏木、满都胡宝拉格镇和呼热图淖尔苏木等地牧草地经营规模较大,而中部区的乌里雅斯太镇、道特淖尔镇和萨麦苏木牧草地资源相对匮乏牧草地经营规模较小。

(2) 动态性

农业土地经营规模适度值是由自然、经济、技术等多种条件综合作用而确定,随着时间的推移,以上因素发生变化必将会引起适度值的改变。例如,在经济发展方面,随着工业化水平提高、牧区劳动力转移、牧业现代化的实现,都将对牧草地经营规模适度值产生影响。这就要求我们在探索牧草地规模经营时,要厘清与之相联系的特定时期的自然及社会经济条件。

随着时间推移,在各类影响因素的作用下,牧草地规模适度值将随着上述因素的变化而变化。就内蒙古自治区经济社会发展而言,解决"三牧"问题,是推进城镇化、工业化的必经之路。同其他发达地区相比,内蒙古自治区城市化进程相对缓慢,加快城市化进程已经成为经济发展的必然要求。而在这之中,土地规模经营是影响城市化速度的关键因素。东乌珠穆沁旗牧区一直以来实行以家庭经营为主的小规模经营方式,许多牧民对于牧草地经营权有很多顾虑,不愿尝试新的经营方式。这种落后的观念严重阻碍牧区牧草地流转的可能性,影响了牧区劳动力的转移,阻碍城市化进程。因此,为推动城市化、工业化进程,必须将分散的小规模经营的牧草地集中,通过牧草地集中连片形成适度规模,以适度的规模经营来提高牧区劳动生产率,促使牧区劳动力向非牧业地区转移,从而为城市化、工业化提供劳动力。

(3) 适应性

畜牧业生产力要素的特点使得我们在具体确定某一区域、某一经营单位的适

表 8-6 东乌珠穆沁旗各等级草场面积表

（单位：hm²）

等	东部 一级	东部 二级	东部 三级	东部 四级	东部 五级	中部 一级	中部 二级	中部 三级	中部 五级	西部 一级	西部 二级	西部 三级	西部 四级	西部 五级
1等	—	—	—	—	—	—	—	—	—	—	—	—	—	—
2等	—	—	—	—	—	—	—	—	—	—	—	—	—	—
3等	—	—	—	21 661.62	—	—	—	—	—	—	—	—	13 879.53	—
4等	—	15 477.03	37 443.50	—	—	—	—	—	—	—	17 340.15	—	—	—
5等	41 489.70	330 215.64	282 175.53	—	39 154.19	—	—	—	—	446 050.27	117 636.86	26 004.35	—	—
6等	282 835.8	276 918.36	87 003.96	—	—	174 081.53	471 992.84	56 305.07	—	8 090.70	425 534.74	99 173.88	2 049.92	—
7等	—	19 673.39	3 359.28	—	—	77 543.40	266 116.29	11 847.89	17 291.84	9 738.77	137 915.10	35 345.71	—	—
8等	2 732.54	—	—	—	—	251 624.93	738 109.13	68 152.96	—	—	56 014.50	—	—	10 391.82
合计	327 058.04	642 284.43	409 982.27	21 661.62	39 154.19	738 109.13	266 116.29	68 152.96	17 291.84	463 879.73	754 441.35	160 523.94	15 929.45	10 391.82

度经营值时要具体问题具体分析，在考虑与其他生产经营单位共性的同时，还要考虑畜牧业生产力的特殊性与农业经营模式的特殊性。例如，劳动力数量、质量的不同及牧区机械化程度的不同使得不同的经营单位有着不同的农业土地适度经营规模，而先进的技术模式无疑为土地适度经营规模提供强大支撑。在畜牧业生产中，有劳动能力的人被称为畜牧业劳动力，而劳动力数量指可参加畜牧业劳动的人数；劳动力质量指劳动力文化水平、职业技能、体力强弱等。由于劳动力要素是畜牧业生产要素的主要组成部分，为计算方便，本章中所提劳动力指标不包括学生、外出打工人员及无劳动能力的老人。

8.2.2 牧草地规模经营判定指标

确定牧草地适度经营规模的指标较多，有草地资源的丰缺度、牧户纯收益、劳动生产率、土地生产率、商品率、资金生产率、工业化水平、畜牧业生产中的投入产出、牧区劳动力的转移程度、牧业机械化程度、牧业劳动力的数量和牧业劳动力的文化素质等指标。各个指标反映的牧草地经营规模效益并不总是一致的，在牧区可采用土地生产率、资本生产率、劳动生产率和利润额等指标求出牧户牧草地经营规模。由于畜牧业生产要素的特殊性和牧草地在牧业生产中的重要地位，以及牧草地产量受自然社会经济等因素的影响，本章在探讨牧草地适度规模经营研究时，采用牧户牧草地经营规模作为本章的研究对象。牧区牧草地适度规模经营有利于科学技术在畜牧业生产中的广泛应用和推广，有利于当地的招商引资，增加牧民收入，提高牧草地产出率和牧草地经营效益。

本章中，牧草地适度经营规模经营选取采用因素法进行，从微观经济学的角度选取判定指标，以牧民自身利益最大化为主要原则，结合实际畜牧业生产情况，并考虑资料的可得性，选取载畜量、纯收益、劳均纯收益和投入产出率指标，作为牧草地适度规模经营的判定标准，并确定牧草地经营适度规模。

8.2.2.1 载畜量

载畜量指标的选取是以单位面积牧草地的最大载畜量为标准得出牧草地的最佳经营规模。需要说明的是，载畜量指标中的草地规模和牲畜产出量都是被调查牧户2015年度的数据，在测算中，是以实际经营牧草地的规模来计算载畜量。

实地调查中发现，研究区牧户畜种结构较多，单位面积载畜量换算中以"绵羊单位"做标准计算，即牛与绵羊比为1∶3，马与绵羊比为1∶5，山羊与绵羊比为1∶1.1。根据土地报酬递减规律，在技术条件不变的情况下，若劳动力和资本投入不变，不断增加牧草地面积的投入，起初每增加一单位牧草地面积，所增加的报酬（边际报酬）是大于它前一单位所增加的报酬。极值到某一点后，再增加草地面积投入所增得的报酬，总是小于它前一单位所得的报酬，增长和下降的转折点即是最合理的牧草地规模，此时牧户经营牧草地的载畜量最大。以东乌珠穆沁旗东部区、中部区、西部区的调查样点数据为例，基于牧草地的载畜量确定牧草地适度规模。

在工农业生产、工程技术、科学实验中常常会遇到这样一类问题：在一定的技术条件下，怎样使"产品最多""用料最省""成本最低""效率最高"等问题，这类问题在数学上被称为目标函数的极大值或最小值（于信和徐时明，2007）。

设函数在 $f(x)$ 在点 x_0 的某邻域 $U(x_0)$ 内有定义，如果对于去邻域 $\overset{\circ}{U}(x_0)$ 内的任一 x，有 $f(x) < f(x_0)$ [或者 $f(x) > f(x_0)$] 那么就称 $f(x_0)$ 是函数 $f(x)$ 的极大值（或极小值）。

从图 8-1 中可以看到，函数 $f(x)$ 有一个极大值 $f(x_2)$，有两个极小值 $f(x_1)$ 和 $f(x_4)$。以下测算是求取函数 $f(x)$ 的极大值。

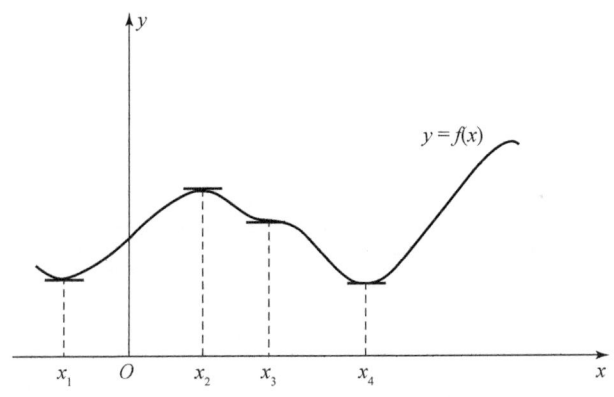

图 8-1　函数极值曲线

从表 8-7 总结的规模和单产之间的关系，即牧草地规模经营与载畜量情况，结合实际调查获取的样点中选取的有代表性的 20 户畜牧业经营户情况，可以看出，在东部区，经营规模为 85.02hm² 时，单产为 0.008 绵羊单位/hm²；继续增加规模，当增加到 835.33hm² 时，单产为 0.140 绵羊单位/hm²，之后继续增加牧草地规模单产开始下降，规模达到 2248.67hm² 时，单产下降到 0.018 绵羊单位/hm²。这说明东乌珠穆沁旗东部区草地适度经营规模为 835.33hm²。同理，中部区草地适度经营规模为 523.45hm²，西部区草地适度经营规模为 613.33hm²。

表 8-7　东乌珠穆沁旗牧草经营规模与载畜量情况

东部区		中部区		西部区	
规模/hm²	单产/ (绵羊单位/hm²)	规模/hm²	单产/ (绵羊单位/hm²)	规模/hm²	单产/ (绵羊单位/hm²)
85.02	0.008	79.33	0.010	99.53	0.020
133.33	0.015	147.60	0.021	149.87	0.030
260.00	0.029	230.51	0.032	200.00	0.042
373.33	0.054	340.00	0.045	333.33	0.060
468.20	0.062	413.33	0.063	409.33	0.080
573.33	0.075	466.67	0.092	533.33	0.112
653.33	0.086	523.45	0.110	613.33	0.134
706.80	0.090	697.33	0.093	712.67	0.085
835.33	0.140	787.60	0.090	891.67	0.072
966.67	0.100	813.33	0.085	960.00	0.058
1055.33	0.095	966.67	0.072	1120.00	0.041
1160.00	0.079	1000.00	0.068	1466.67	0.027
1233.33	0.062	1160.00	0.043	1533.33	0.017
1333.07	0.056	1260.00	0.034	1791.33	0.012
1440.00	0.042	1372.00	0.028	—	—
1856.67	0.03	1533.33	0.019	—	—
2083.33	0.021	1791.33	0.015	—	—
2248.67	0.018	1866.58	0.009	—	—

从牧草地规模和单产关系可以看出，采用载畜量指标下的东乌珠穆沁旗东部、中部、西部牧草地适度规模值分别为 835.33hm²/户、523.45hm²/户、613.33hm²/户。但是牧草地载畜量的影响因素是可变的，如畜牧业生产要素中的劳动力和资本投入量即为可变因素，不同的劳动力和资本的投入会得出不同的载畜量。因此选用牧草地载畜量为依据确定的牧草地适度规模经营是动态变化的。

8.2.2.2　纯收益

纯收益是指单位牧草地面积的畜牧业纯收入。畜牧业纯收入是牧户的生产毛收入中减去畜牧业生产过程中的所有成本得出的收入，其最大纯收益基础上的牧草地规模为适度经营规模。以东乌珠穆沁旗东部区、中部区、西部区的调查样点数据为例，具体投入情况见表 8-8，基于牧户牧业牧草地经营纯收益，确定牧草地适度规模。

表 8-8　东乌珠穆沁旗牧业经营规模与纯收益情况

东部		中部		西部	
规模/hm²	纯收益/(元/hm²)	规模/hm²	纯收益/(元/hm²)	规模/hm²	纯收益/(元/hm²)
133.33	48.60	149.87	19.20	160.00	21.45
226.67	62.25	200.00	50.40	233.33	39.30
373.33	92.85	341.67	102.75	320.00	64.95
466.67	108.45	450.00	134.25	426.67	85.35
566.67	133.35	493.98	173.55	506.67	95.25
603.33	160.80	560.21	158.85	615.67	123.30
748.13	184.05	653.33	138.45	653.33	190.50
800.00	225.00	715.66	130.50	720.78	147.60
892.53	191.25	866.67	113.10	813.33	129.75
900.00	172.35	960.00	104.10	895.53	115.20
1055.33	138.60	1092.27	102.75	966.67	102.90
1100.00	133.20	1133.33	79.65	1000.00	79.35
1200.00	120.15	1466.67	65.40	1160.23	59.25
1333.07	115.20	2133.33	33.15	1260.32	44.85
1440.00	97.50	—	—	1372.65	29.70
2020.00	87.00	—	—	—	—
2248.67	75.60	—	—	—	—
2485.87	63.75	—	—	—	—

由表 8-8 可得，在相同技术条件下，当东乌珠穆沁旗东部区牧草地经营规模为 133.33hm² 时，单位纯收益为 48.60 元/hm²，牧草地规模增加到 892.53hm² 左右时，单位纯收益达到最大，为 191.25 元/hm²，之后继续增加牧草地规模，纯收益开始下降，规模达到 2485.87hm² 时，纯收益下降到 63.75 元/hm²。这说明东乌珠穆沁旗东部区牧草地适度经营规模为 892.53hm²。同理，中部区牧草地适度经营规模为 493.98hm²，西部区牧草地适度经营规模为 653.33hm²。

以上分析可以看出采用纯收益指标下的东乌珠穆沁旗东部区、中部区、西部区牧草地适度规模值分别为 892.53hm²/户、493.98hm²/户、653.33hm²/户，此时牧户纯收益最大。

8.2.2.3 劳均纯收益

本章中的劳均纯收益指的是牧区劳动力在畜牧业经营中所创造的平均最大纯收益。为了研究牧草地经营规模与纯收益之间的内在联系，根据研究区东部区、中部区和西部区实地样点调查收集到的数据（表8-9），基于牧草地的劳均纯收益，确定牧草地适度规模。

表8-9 东乌珠穆沁旗劳均牧草地经营规模与劳均纯收益之间的关系表

东部区			中部区			西部区		
劳均牧草地规模范围/hm²	劳均牧草地规模/hm²	劳均纯收益/（万元/a）	劳均牧草地规模范围/hm²	劳均牧草地规模/hm²	劳均纯收益/（万元/a）	劳均牧草地规模范围/hm²	劳均牧草地规模/hm²	劳均纯收益/（万元/a）
1~200	176.38	3.21	1~200	133.33	4.02	1~200	182.96	4.35
200~400	375.00	5.50	200~400	230.27	8.77	200~400	321.33	8.70
400~600	401.94	9.00	400~600	455.70	7.51	400~600	527.56	7.35
600~800	776.12	8.50	600~800	730.90	6.50	600~800	723.00	6.05

确定劳均纯收益指标确定适度规模的前提条件是技术和资金的投入没有变化。东乌珠穆沁旗东部区劳均牧草地规模在1~200hm²时，劳均牧草地规模为176.38hm²、劳均纯收益为3.21万元/a。当劳均牧草地规模增加到401.94hm²时劳均纯收益为9.00万元/a，继续增加劳均牧草地规模时劳均纯收益开始下降，当劳均牧草地规模达到776.12hm²时劳均纯收益降至8.50万元/a。因此，劳均牧草地规范模范在400~600hm²，劳均牧草地规模为401.94hm²时劳均纯收益最大，即东部区劳均牧草地适度经营规模为401.94hm²。

同理，中部区劳均牧草地适度经营规模为230.27hm²，西部区劳均牧草地适度经营规模为321.33hm²。从表8-9可以看出，选用劳均纯收益指标的条件下，东乌珠穆沁旗东部区、中部区、西部区劳均牧草地规模分别为401.94hm²、230.27hm²、321.33hm²，此时劳均纯收益达到最大化效益。若以牧户为单位，根据调查东乌珠穆沁旗东部区、中部区、西部区户均劳动力分别为2.48、2.45、2.46。劳动力人数包括牧户劳动力人数和雇佣牧民人数，并参考2000年我国农村牧区户均劳动力为1.98人来换算，则对应的东乌珠穆沁旗东部区牧户家庭经营牧草地规模为996.81hm²/户，中部区牧草地适度规模为564.16hm²/户，西部区牧草地适度经营规模为790.47hm²/户。依据劳均纯收益指标简单计算得出牧草地经营规模与载畜量指标计算得出的牧草地适度经营规模有所差别。载畜量指标是劳动力数量不变，而劳均纯收益指标中投入的劳动力数量与经营规模相互关联、相互影响。

8.2.2.4 投入产出率

选用投入产出率指标是以牧户利润最大化为目标（田晓玉，2012）。为了研究牧草经营规模与投入产出之间的具体联系，需要进行投入产出率的计算，其计算公式如下：

$$牧草地投入产出率=牧草地产出总值/牧草地投入总值\times100\% \quad (8-1)$$

研究区牧草地是以天然牧草地为主，投入成本主要包括基础设施建设、养畜饲料、围栏、牧工费用、防止病害药、品种改良、机械、水源、交通费、打井、租赁草场费、购买牲畜等（表8-3）。根据调查数据整理，牧户不同经营规模的投入产出情况见表8-10。

表8-10 东乌珠穆沁旗牧户不同经营规模的投入产出情况

东部			中部			西部		
经营规模范围/hm²	投入成本/（元/hm²）	投入产出率/%	经营规模范围/hm²	投入成本/（元/hm²）	投入产出率/%	经营规模范围/hm²	投入成本/（元/hm²）	投入产出率/%
≤200	304.80	62.00	≤200	274.82	75.10	≤200	279.75	66.99
200~400	262.50	75.30	200~400	240.00	80.23	200~400	229.80	72.56
400~600	244.80	80.00	400~600	172.50	84.60	400~600	168.00	85.00
600~800	189.75	82.60	600~800	132.00	66.67	600~800	153.90	86.00
800~1000	161.55	86.98	800~1000	96.30	52.50	800~1000	138.45	74.00
1000~1200	131.70	63.48	1000~1200	82.35	66.67	1000~1200	82.50	56.32
≥1200	96.15	59.17	≥1200	52.50	43.50	≥1200	61.35	43.99

从表8-10可以看出，以投入产出指标衡量牧草地适度经营规模时，东乌珠穆沁旗东部区牧户经营规模范围为≤200hm²时，投入成本为304.8元/hm²，投入产出率为62.00%；当规模增加到800~1000hm²时，投入成本为161.55元/hm²，投入产出率为86.98%；继续增加规模，增加到≥1200hm²时，投入成本为96.15元/hm²、投入产出率为59.17%。由此说明，东部区牧草地经营适度规模在800~1000hm²时，投入产出率最高。

同理，中部区牧草地适度经营规模为400~600hm²时，西部区草地适度经营规模为600~800hm²时，其投入产出率达到最高。

通过以上分析可以看出，东乌珠穆沁旗东部区牧户投入161.55元/hm²成本时，投入产出率为最高，达到86.96%，对应的最佳牧草地经营规模在800~1000hm²。中部区牧户投入172.50元/hm²成本时，投入产出率为最高，达到

84.60%，对应的最佳经营规模在 400~600hm²。西部区牧户投入 153.90 元/hm²成本时，投入产出率为最高，达到 86.00%，对应的最佳经营规模在 600~800hm²。

采用不同指标衡量牧草地适度规模经营，得出的牧适度值不同，说明造成适度经营规模差异的影响因素很多，很难以一个标准来确定适度规模值（于信和徐时明，2007）。通过载畜量、牧业纯收益、劳均纯收益和牧草地投入产出指标分析得出东乌珠穆沁旗牧草地适度规模经营值。通过以上指标分析，结合当地的社会发展水平，笔者认为东乌珠穆沁旗东部区的适度经营规模值在 800~1000hm²/户，中部区的适度经营规模值在 400~600hm²/户，西部区的适度经营规模值在 600~800hm²/户。

8.2.3 牧草地适度经营规模验证

为了验证出牧草地适度经营规模结果是否合理，我们运用柯布-道格拉斯生产函数的测算原理，借鉴相关学者关于农地适度规模经营的计量地理学和计量经济学方法，同时结合东乌珠穆沁旗东部区、中部区和西部区当地的实际情况，构建牧户牧草地适度经营规模的测算模型。

8.2.3.1 柯布-道格拉斯生产函数的测算原理

牧区草地的适度规模经营有利于牧业现代化、商品化的提高，适度规模经营是牧业生产力提高的产物（刘娟，2014）。本书的实证分析是东乌珠穆沁旗牧户实地调查的基础上，运用柯布-道格拉斯生产函数，综合考虑牧业生产中的劳动力、资本、牧草地的投入产出，以牧民自身利益最大化为目标，以东乌珠穆沁旗东部区为例，建立了牧草地适度规模经营的测量模型。

（1）模型假设

本章研究以牧户为单位，以实现牧草地适度经营规模为目标，即把户均畜牧业收益最大化作为实现适度规模经营的决策依据。本章所研究的牧户不包括非畜牧业户，不考虑畜牧业生产技术条件、牧草地质量和自然灾害等影响因素。牧户家庭收入主要包括畜牧业生产经营收入和劳动力行业内打工收入，不包括资本储蓄收入、政策性收入和外援性收入等。

（2）牧草地适度规模经营模型

在柯布-道格拉斯生产函数的基础上，结合畜牧业生产特有的要素，即牧草地、劳动力、资本要素，对柯布-道格拉斯生产函数进行修改，得到畜牧业生产函数模型，即牧户从事畜牧业生产的效用函数：

$$U = I_1 + I_2 - E \tag{8-2}$$

$$I_1 = P_Q Q(L、K、H) \tag{8-3}$$

$$Q(L、K、H) = AL^\alpha K^\beta H^\gamma \tag{8-4}$$

$$I_2 = TP_L(L_1 - L - L_2) \tag{8-5}$$

$$E = P_L L + P_K K + P_H H \tag{8-6}$$

故，$U = P_Q AL^\alpha K^\beta H^\gamma + TP_L(L_1 - L - L_2) - (P_L L + P_K K + P_H H) \tag{8-7}$

式（8-2）中，I_1表示牧户所经营的畜牧业生产收入；I_2表示牧户家庭劳动力在畜牧业生产经营中给其他牧户打工收入；E表示畜牧业生产性支出。式（8-3）中，P_Q表示畜产品的市场价格；$Q(L, K, H)$指的是牧业生产函数。式（8-4）中，A是一种技术条件下的固定参数；L、K、H分别是畜牧业生产中的劳动力、资本和牧草地规模的投入量；α、β、γ分别表示L、K、H对应的总产量中的弹性系数。式（8-5）中，P_L表示牧业劳动力价格；T表示畜牧业劳动力被其他牧户雇佣的天数；L_1表示牧户家庭劳动力总量；L_2表示劳动力的空闲时间量。式（8-6）中，P_L表示牧业劳动力价格；P_K表示牧业生产中的市场价格；P_H表示牧草地流转价格。

对公式求一阶导数，并且导数等于零，可以得到：

$$\partial U/\partial L = P_Q \cdot \alpha AL^{\alpha-1} K^\beta H^\gamma - T \cdot P_L - P_L = 0 \tag{8-8}$$

$$\partial U/\partial K = P_Q \cdot \beta AL^\alpha K^{\beta-1} H^\gamma - P_K = 0 \tag{8-9}$$

$$\partial U/\partial H = P_Q \cdot \gamma AL^\alpha K^\beta H^{\gamma-1} - P_H = 0 \tag{8-10}$$

联合式（8-8）、式（8-9）、式（8-10）可以得到牧户效益最大化时的牧草地适度经营规模：

$$H^* = [P_Q \times A\alpha^\alpha \beta^\beta \gamma^{(1-\alpha-\beta)} + (T \times P_L + P_L)^{-\alpha} P_K^{-\beta} P_H (\alpha + \beta - 1)]/(1 - \alpha - \beta - \gamma) \tag{8-11}$$

式中，H^*是牧户效益最大化时的牧草地经营规模。

8.2.3.2 牧户牧草地经营规模的实证分析

本章实证分析的研究数据是依据锡林郭勒盟东乌珠穆沁旗实地调查数据进行整理所得到的结果。

（1）模型参数的确定

模型参数的确定是畜牧业生产中的劳动力、资本和牧草地的投入量的弹性确定，即α、β、γ的确定。

对式（8-4）取对数得到：

$$\ln Q = C + \alpha \ln L + \beta \ln K + \gamma \ln H \tag{8-12}$$

以东乌珠穆沁旗东部区为例，运用SPSS19.0统计软件对式（8-12）进行参数估算。从回归结果可以看出，R^2为0.74，说明该模型对调查数据拟合度较好，能明显地看出回归效果，即 α 是 0.266，γ 是 0.417、β 是 0.310（表 8-11）。

表 8-11　东乌珠穆沁旗东部区参数估算

模型	标准化系数 回归系数	标准化系数 标准化误差	标准系数	t 统计量	显著性
C	6.140	0.965	—	7.135	0.000
$\ln L$	0.266	0.139	0.302	1.328	0.018
$\ln H$	0.417	0.211	0.049	1.628	0.016
$\ln K$	0.310	0.094	0.028	2.962	0.015
R^2	0.74	—	—	—	—

（2）各生产要素价格的确定

根据东乌珠穆沁旗畜牧业、国土资源部门提供的数据和实地调查数据，采用牧区畜牧业劳动力的工资水平表示牧业劳动力价格 P_L，因为在实地调查中了解到东乌旗劳动力市场不发达，牧民在牧区就业机会少，因此牧区牧业劳动力价格水平确定为 150 元/天。P 用 2015 年一年期定期存款利率（1.50%）表示。

（3）其他相关参数的确定

畜产品市场价格 P_Q 采用牧户畜产品销售总量表示。畜产品以羊肉价格作为折算标准。东乌珠穆沁旗 2015 年羊肉的平均市场价格为 50 元/kg；牧区牧民劳动力的有效工作时间为 300 天/年，牧户每个劳动力全天在家经营畜牧业生产。

8.2.3.3　牧草地经营规模实证研究的结果分析

从表 8-11 统计结果可出看出，畜牧业生产中牧民所投入的劳动力数量、资本投入量、牧草地面积都通过了显著性检验，即牧户在牧业生产中效益最大化下，劳动力数量、资本投入量和牧草地面积对牧户总收益的影响程度是不同的。检验结果表明，牧草地面积对牧户牧业生产总收益的影响最大，其次是资本投入量，影响因素最小的是劳动力数量。经过对样本区牧草地经营规模验证得出东乌珠穆沁旗东部区牧草地规模的弹性是 0.417，即每增加 1 个单位的牧草地规模时，会使牧户畜牧业生产的总收益增加 0.417 个单位；资本投入量弹性是 0.310，即每增加 1 单位的资本投入量时，就会使牧户畜牧业生产的总收益增加 0.310 个单位；劳动力投入量弹性是 0.266，即每增加 1 单位的劳动力投入量情况下，会使畜牧业生产总收益增加 0.266 个单位。因此在东乌珠穆沁旗东部区当前的畜牧业生产条件下，牧户牧草地的经营处于报酬递增阶段，增加投入牧草地面积所带来的生产收益大于投入资本和劳动力所带来的牧户生产总收益。因此在东乌珠穆沁旗扩大牧草地经营规模是提高牧户畜牧业收入的有效途径之一。

经过 SPSS 软件回归分析得出东乌珠穆沁旗东部区的劳动力、资本、牧草地面积的投入量弹性系数,计算得出的 α、β、γ 及 P_L、P_H、P_Q、T、P_K 带入牧户效益最大化时的牧区草地经营规模,可得出东乌珠穆沁旗在当前的畜牧业生产水平下,东部区户均牧草地适度经营规模是 987.11hm²。同理,计算出中部区户均牧草地适度经营规模是 533.40hm²,西部区户均牧草地适度经营规模是 673.88hm²(表 8-12)。

表 8-12 东乌珠穆沁旗牧户户均牧草地现状规模与牧户户均适度牧草地规模对比

(单位:hm²)

项目	东部区	中部区	西部区
现有经营规模	722.75	341.83	431.31
适度经营规模	987.11	533.40	673.88

根据牧户问卷调查数据计算得出,2015 年东乌珠穆沁旗东部区现有牧草地经营规模为 722.75hm²/户,现有牧草地规模是牧户拥有的牧草地面积,不包括流转的牧草地面积。在牧户效益最大化的角度下,根据牧草地适度规模实证分析得出的东部区牧户适度经营规模为 987.11hm²/户。中部区现有牧草地经营规模为 341.83hm²/户,根据实证分析得出的中部区牧户牧草地适度经营规模为 533.40hm²/户。西部区现有牧草地经营规模为 431.31/户,根据实证分析得出的西部区牧户适度经营规模为 673.88hm²/户。

东乌珠穆沁旗牧户牧草地适度规模大于现有牧草地经营规模,东部区大出 264.36hm²/户、中部区大出 191.57hm²/户、西部区大出 242.57hm²/户。经过牧草地适度规模验证,验证结果处于"牧草地适度规模经营的判定"的区间内,说明所确定的适度规模经营可行,符合东乌珠穆沁旗的实际情况。

本章以锡林郭勒盟东乌珠穆沁旗牧区牧草地规模经营为研究对象,通过实地调查,依据农村土地适度规模理论,对牧草地规模经营调查数据进行定性与定量分析,得出以下结论:

1)经牧草地规模经营现状分析得出,东乌珠穆沁旗牧户均牧草地规模在 500hm² 以下,流转规模占比为 20.79%,牧草地流转比例达 42.31%。在畜牧业生产中,牧户投入情况以东部区为例,资本投入约 13.57 万元/年,地均投入约为 10.12 元/hm²。

2)牧草地适度规模的确定选择了载畜量、纯收益、劳均纯收益、投入产出率四项指标因素,综合分析后得出东部区、中部区、西部区的牧草地适度规模是 800~1000hm²/户、400~600hm²/户、600~800hm²/户。依据计量地理学原理,以牧户畜牧业收益最大化为目标,建立农业生产函数模型对样本区进行了验证,最终得出东部区、中部区、西部区牧草地适度规模分别是为 995.15hm^2/户、533.40hm^2/户和 673.88hm^2/户。验证结果处于"牧草地适度规模经营的判定"的区间内，符合东乌珠穆沁旗的实际情况。

参 考 文 献

陈良，张云.2009.农村土地规模经营问题探析——以苏北为例.农村经济，(3)：39-42.
乐雅倩.2012.农地适度规模经营研究——以武汉市江夏区为例.武汉：华中农业大学硕士学位论文.
李新仓.2016.农村土地流转与规模经营的法律对策研究——基于辽宁的实证调研.农业经济，(2)：24-25.
刘红霞.2016.从"草畜承包"看牧民碎片化生产与封禁式生态保护——内蒙古特村的实地研究.社会学评论，(5)：45-54.
刘娟.2014.新疆农村土地适度规模经营研究.杨凌：西北农林科技大学硕士学位论文.
刘钰鹏.2019.土地规模经营与农业环境效率——基于 SBM-Tobit 模型的实证分析.江苏农业科学，47（5）：306-310.
吕卫民.2011.河南平原农区土地规模经营模式调查与思考.商业时代，(25)：138-139.
萨础日娜.2017.内蒙古牧区经营方式之变革：联户、合作、家庭牧场与股份公司.干旱区资源与环境，31（12）：56-63.
萨日盖，张裕凤.2015.锡林郭勒盟东乌珠穆沁旗牧草地流转价格调查与确定.中国土地科学，29（11）：89-94.
田晓玉.2012.中原地区农村适度规模经营与土地流转研究.郑州：河南农业大学硕士学位论文.
文明，塔娜.2015.内蒙古农村牧区土地流转问题研究.内蒙古社会科学（汉文版），(2)：176-180.
严耀东.2014.我国家庭农场发展研究.杭州：浙江海洋学院硕士学位论文.
伊力奇，张裕凤，萨如拉.2014.内蒙古西乌珠穆沁旗牧草地流转影响因素分析.中国土地科学，(10)：20-24，32.
于信，徐时明.2007.高等数学（上册）.北京：北京大学出版社.
Zang L Z, Araral E, Wang Y H. 2019. Effects of land fragmentation on the governance of the commons: Theory and evidence from 284 villages and 17 provinces in China. Land Use Policy, (82)：518-527.

9 牧草地流转改革对策研究

针对土地利用和草原管理问题，内蒙古自治区要促进东部盟（市）放大和发挥绿色生态优势，推动高质量发展，把保护好大草原、大森林、大河湖、大湿地作为主要任务，高质量建设农畜产品生产基地，以生态农牧业、生态旅游业为支柱构建绿色产业体系[①]。

土地退化是内蒙古自治区最重要的可持续性问题之一，对土地财产和土地管理也有很大的影响。利益相关者已经意识到了广泛的土地退化问题，特别是草地退化和水土保持等问题。

我国已经步入生态文明建设的新时代。生态文明的核心是要善待自然。按照习近平总书记新时代建设中国特色社会主义生态文明的思想，生态文明要践行人与自然和谐共生，在科学认知自然规律的基础上把人类活动控制在资源环境可承载的范围内；要建立"绿水青山就是金山银山"的体制机制，实现美丽中国建设全过程的经济效益、生态效益和社会效益等综合效益的最大化；要推动形成绿色发展方式和生活方式，按照主体功能定位打造生活富、产业强、生态美的国土空间开发保护格局；统筹山水林田湖草系统治理，健全国土空间规划体系；实行最严格的生态环境保护制度，切实发挥具有差异化的区域政策和区域战略的作用（樊杰，2019）。

9.1 构建模式优化路径

本研究采用通径分析法进行模式优化路径研究。通径分析法是在多元回归的基础上分析自变量与因变量之间、自变量与自变量之间的相互影响程度，根据相关系数进行计算直接通径和间接通径系数。因变量 Y 为不同流转模式综合绩效值，表示草场流转模式优化方向；自变量 D 为影响综合绩效的因子。运用 SPSS19.1 软件，首先对因变量 Y 进行正态性检验，Y 服从正态分布方可进行回归分析。其次进行逐步回归分析，得出自变量 D 的标准回归系数（即通径系数）及偏回归系数的显著性检验结果，取显著性小于0.05，与因变量之间存在显著性

---

① http://fgw.nmg.gov.cn/xxgk/zzxx/qqfgwdt/202101/t20210107_156531.html.

差异的影响因子。最后计算通径系数，回归方程的标准回归系数即为直接通径系数，而直接通径系数乘以变量之间的相关系数即为间接通径系数。

9.1.1 影响因子的确定

分别对四个模式综合绩效值进行正态性检验，其中企业流转模式不服从正态分布，无法进行回归分析。其他三个模式通过回归分析，从 21 个自变量中取显著性小于 0.05 的因子，在消除其他变量之后分别得以下几个影响因子：

1) 分散牧户流转模式：D_1、D_4、D_5、D_7、D_8、D_9、D_{16}。
2) 家庭牧场流转模式：D_1、D_2、D_3、D_7、D_{12}、D_{17}、D_{18}。
3) 合作社流转模式：D_7、D_8、D_{14}、D_{18}。

9.1.2 通径系数计算

根据自变量之间的相关系数和直接通径系数，分别计算间接通径系数。假设计算 X_i 通过 X_j 对 Y 的间接通径系数，即 i 和 j 相关系数 r_{ij} 乘于直接通径系数 p_j，得出分散牧户流转、家庭牧场流转、合作社流转模式的直接通径系数和间接通径系数，具体如表 9-1 ~ 表 9-3 所示。在通径分析中可以看出，直接通径系数和间接通径系数作用强度和方向不同，本书选取作用强度的作为优化方向。

表 9-1 分散牧户流转模式通径系数

变量	直接通径系数	间接通径系数							
		通过 D_1	通过 D_4	通过 D_5	通过 D_7	通过 D_8	通过 D_9	通过 D_{16}	总计
D_1	-0.172	—	0.092	-0.105	-0.383	0.515	-1.042	-0.047	-0.970
D_4	0.385	-0.041	—	0.393	0.210	0.032	0.036	-0.038	0.592
D_5	0.415	0.044	0.365	—	0.194	0.213	0.033	-0.024	0.825
D_7	0.711	0.093	0.114	0.113	—	0.327	0.045	0.034	0.726
D_8	1.181	-0.104	0.108	0.109	0.185	—	0.151	0.037	0.486
D_9	0.76	0.102	0.099	0.105	0.228	0.274	—	0.041	0.849
D_{16}	0.351	0.060	-0.042	-0.028	0.068	0.331	0.206	—	0.595

表9-2 家庭牧场流转模式通径系数

变量	直接通径系数	间接通径系数						
		通过D_1	通过D_2	通过D_3	通过D_7	通过D_{12}	通过D_{17}	通过D_{18}	总计
D_1	0.277	—	-0.151	-0.13	-0.004	-0.216	-0.03	-0.043	-0.574
D_2	0.382	-0.11	—	-0.077	-0.038	0.207	-0.002	0.045	0.025
D_3	0.45	-0.08	-0.065	—	0.206	-0.159	0.000	-0.036	-0.134
D_7	0.396	-0.003	-0.037	0.645	—	-0.578	0.460	-0.013	0.474
D_{12}	-0.754	0.079	-0.105	0.095	0.304	—	-0.031	-0.05	0.292
D_{17}	-0.24	0.035	0.027	0.055	0.013	-0.099	—	-0.004	0.027
D_{18}	0.195	-0.062	0.087	-0.084	-0.027	0.192	0.005	—	0.111

表9-3 合作社流转模式通径系数

变量	直接通径系数	间接通径系数				
		通过D_7	通过D_8	通过D_{14}	通过D_{18}	总计
D_7	0.244	—	0.302	-0.033	0.032	0.3
D_8	0.383	0.192	—	-0.043	0.078	0.227
D_{14}	0.241	-0.034	-0.068	—	-0.019	-0.121
D_{18}	0.376	0.021	0.079	-0.012	—	0.088

9.1.3 模式优化路径分析

根据图9-1，结合各影响因子对不同模式的作用强度及方向，分析不同模式优化方向。

(1) 分散牧户流转模式

外出务工人数比例（D_4）、外出务工收入（D_5）、畜牧业固定投入（D_7）、畜牧业经营资产总额（D_8）、畜牧业补贴收入（D_9）、草场流转总面积（D_{16}）促进模式优化；户主年龄（D_1）抑制模式优化。

(2) 家庭牧场流转模式

户主文化程度（D_2）、劳动力数量（D_3）、畜牧业固定投入（D_7）、流转期限（D_{18}）促进模式优化；户主年龄（D_1）、地块数（D_{12}）、草场流转价格（D_{17}）抑制模式优化。

(3) 合作社流转模式

畜牧业固定投入（D_7）、畜牧业经营资产总额（D_8）、交通便利程度（D_{14}）、

| 牧草地流转研究 |

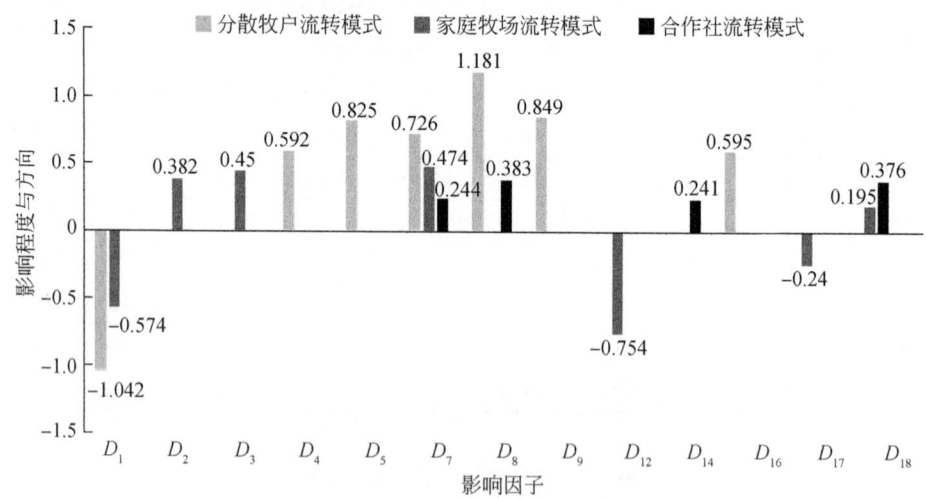

图 9-1 影响因子对不同模式的影响程度及方向

流转期限（D_{18}）促进模式优化。

9.2 牧草地流转模式优化对策

根据模式优化路径分析和牧草地流转模式的绩效评价结果，分别提出不同牧草地流转模式优化对策。

9.2.1 分散牧户流转模式优化对策

从模式绩效区域差异性评价结果看出，东部、中部、西部地区绩效并无明显差距，说明该模式在东乌珠穆沁旗非常普遍，且牧区社会、经济、环境并没有达到一定的高度，仍需要该模式来进行过渡，因此不需要政府过多干预，因而提出以下几点对策。

1）东乌珠穆沁旗地理位置偏僻且经济发展较为落后，牧民有深厚的恋土情怀，对牧草地的社会保障功能有很强的依赖，怀有牧草地流转会失去基本生活保障的后顾之忧。因此从提高社会服务，增强牧民社会满意度入手，采取措施提升牧区社会保障和养老保险参保率，拓展牧民的非牧就业渠道，补充和完善牧户的收入来源，引导牧区剩余劳动力转移。

2）东乌珠穆沁旗牧民大多为少数民族，且受教育程度偏低，对政策和法律法规的认知度不高。因此应加强政策、法律法规的宣传力度，通过网络、电视、报纸或面对面指导解读牧草地流转政策和法律法规，促进参与流转的积极性，引导牧户进行有序流转。释放适量的牧草地向规模经营主体流转，发展多种形式的适度规模经营，使分散牧户流转模式逐步进化成其他绩效更高、资源配置更合理、经营规模适度的流转模式。

3）分散牧户势单力薄，无力承担较高昂的投入，保持着传统牧业和粗放经营方式，无法达到适度经营规模，导致牧业经营效益提升、草原生态恢复程度不明显。此外，东乌珠穆沁旗东部、中部、西部地区人均承包草场面积存在差异，草原补贴分配不均匀，导致出现牧业大户与分散牧户之间的贫富分化。因此应对西部和中部地区人均承包草场面积相对较少的牧户的牧草地和畜牧业补贴方面给予重点安排和倾斜。同时，宣传牧民规模经营理念和生态保护理念，鼓励牧户加大对畜牧业和牧草地的投入，对面积较小或退化沙化严重，以及牧户无力经营、不愿经营的牧草地，可由嘎查收回，委托规范的合作社统一经营管理，牧草地收益除去必要开支外，部分返还流转户，给予小规模经营牧户更多的照顾。

9.2.2 家庭牧场流转模式优化对策

家庭牧场模式的综合绩效最高，但不同地区的绩效差异仍较明显，其中东部地区经济绩效最高，西部地区生态绩效最高，社会绩效三个区域并无明显差距，因此该模式不能分区域发展，应在保持现有的绩效水平的基础上，全旗范围内整体优化，对此提出以下几点对策。

1）畜牧业对劳动力需求量大，劳动力对经营效率的提升至关重要。东乌珠穆沁旗多数牧户在生产季选择雇佣其他劳动力帮忙经营。根据2019年数据，东乌珠穆沁旗牧区劳动力数量东部为7810人、中部8153人、西部为5730人，劳动力分布不均，导致一部分地区劳动力短缺，而另一部分劳动力剩余的现象。同时，牧民文化程度普遍低下，缺乏现代牧业"人才"，经营者生产技术、生产效率和市场意识低是制约牧业发展的重要原因。因此合理配置牧区劳动力的同时提高牧业经营者的文化科技素质尤为关键，应对中青年牧户进行集中培训，提高经营技能、提升市场经济理念和文化科学知识，全方位增强牧民素质，并通过建立城乡一体的劳动力市场，引导牧区劳动力合理流动，实现劳动力与生产要素的重新组合。

2）样点家庭牧场的面积最大为2700hm^2，最小为800hm^2，家庭牧场之间的规模差距较大，是导致收益参差不齐、区域差异大的一个重要原因。小规模经营对自然灾害和市场风险的抵抗能力不足，无法提升经营效率，但盲目地扩大规模不是最好的选择。应推进适度规模经营，适度规模经营的关键在于适度，因此政府应对家庭牧场的认定规模标准进行合理化引导,并在流转过程中进行监督,对大规模流转的牧户进行牧业经营能力和经营资产上的考察,防止牧草地面积与经营资产、经营能力不匹配。经营较好的家庭牧场在保持现有规模和经营水平的同时,可谋求规模发展。对于因扩大规模而导致资金短缺、基础设备投入不足的家庭牧场,政府应提供更多保障,并扶持提升生产经营效率。

3)东乌珠穆沁旗277个家庭牧场中被检验认定合格的有188个,占比为67%左右,现代化家庭牧场占比仅为4%。因此,应以推进畜牧业现代化为抓手,兴办家庭牧场,制定优惠政策,进行政策和财政上的扶持,形成畜牧业产业链。家庭牧场的发展必然为牧草地管理带来新的挑战,应加强牧草地流转市场的管理:一方面,制定合理的流转价格标准,避免因需求增加导致价格无序波动,进而引起经营成本的增加;另一方面,适当延长流转期限,提供长期、稳定的牧草地经营权,使牧户获取长远稳定的收益。同时,通过整理粗放经营的牧草地,建造家庭牧场,进行专业化经营和集中保护。

9.2.3 合作社流转模式优化对策

从综合绩效评价结果看,合作社流转模式绩效较高,其中从绩效区域差异性评价结果看,中部地区绩效最高,其次是西部地区,东部地区最差,地区之间差异很明显。在调研过程中发现,东乌珠穆沁旗部分合作社已解散,停止运营,对此提出以下几点对策。

1)牧业合作社运营模式是牧户自愿加入、自由退出,成员分别承担起管理、后勤和财务等工作,每个月领取工资,收入中的部分用于基础建设等支出。牧户收入情况与合作社收益情况息息相关,因此会有牧户因收益不景气或其他原因中途退出的情况,会导致合作社牧草地、资金和经营资产减少,严重的最终解散停运。处理好牧草地投资问题是很多牧业合作社能否稳定经营的关键。东乌珠穆沁旗从2019年开始陆续创办嘎查股份经济合作社,因此政府和农牧部门应结合合作社实际情况,对专业合作社和股份合作社采取不同管理方式,对牧草地是否采取托管、入股、转包和其他流转方式等问题制定详细的方案。

2)合作社经营失败的根本原因在于经营规模与经营实力失配导致,一方面是资金投入不足,另一方面是经营者实力偏低。政府应发挥监督职能,改善合作社发展环境,对合作社进行专门调查和统计,根据运行情况划分等级,对运营状况较差的合作社通过资金支持的方式进行扶持,促进其实力增长和扩张,增强行业竞争力。定期对合作社发展提供专业服务、技术指导、品牌推广及产品认证和基础设施建设提供帮助,提升整体实力。对合作社和社员素质进行严格考核,加大人力资本投入，支持和保障合作社经营者的技术培训。

3）东乌珠穆沁旗中部地区合作社经营相对较好的原因是区位优势，离城镇中心近、交通便利、信息畅通。因此，应以地区特点选择经营项目，如东部地区可以根据草场自然条件优势，多发展旅游文化、饲草料加工等产业。

9.2.4 企业流转模式优化对策

东乌珠穆沁旗畜牧业企业处于发展初期阶段，企业规模小，扩大牧草地规模是顺利运营的第一步。以提升企业和牧户效益为前提，对企业流转模式提出以下几点对策。

1）在牧草地流转方面，企业牧草地流转价格虽然是按照高于市场价格签订的，但由于流转期限长，部分牧户表示利益受损。因此，从企业层面，可对转出草场的牧户提供合适的职位以弥补牧业收入的损失；从政府层面，可将集体牧草地长期租赁给企业，提供企业长期稳定发展的环境，并通过宣传和指导，多方面鼓励牧户向规模经营主体流转牧草地。

2）在企业经营方面，应与普通牧户、家庭牧场、合作社形成合作关系。一方面给牧户提供销售渠道和技术指导，另一方面通过在牧户牧草地上建立生产基地等方式来获取生产上的帮助，通过利益联系牧民进入市场，促进自身的发展，使牧户、市场和畜牧业社会化服务体系有机结合，促进畜牧业经营方式从经营主体角度的转变，形成新的牧业经营管理体制。

9.2.5 草场利用和保护职责落实

在草场"三权分置"改革背景下，推动牧草地流转市场有序发展，形成多种形式的适度规模经营模式是实现草原生态恢复、畜牧业发展的必由之路。促进东乌珠穆沁旗草场流转市场健康有序发展，对不同流转模式采取精细化管理以外，应建立以政府为主导的全方位的管理体系。

（1）建立健全牧草地流转服务体系

目前，东乌珠穆沁旗建立了旗级牧草地流转综合服务室，指导流转双方合同签订、登记和变更。在此基础上，应在各苏木（镇）建立服务室，各嘎查建立服务点，形成旗、苏木（镇）、嘎查三位一体的牧草地流转服务管理体系及流转中介服务组织，为牧民提供政策宣传、流转信息、法规咨询、价格评估、合同签订、纠纷调处等服务，保证牧草地依法自愿、畅通有序流转，维护流转双方的合法权益，促进牧区经济发展和社会稳定，健全牧区社会保障机制，解除流转进城牧民后顾之忧。

（2）规范牧草地流转价格

牧草地流转价格对于转入方来说是经营成本，而对于转出方来说是财产性收入，直接关系到流转双方的利益。提供合理的牧草地流转价格标准是规范管理流转市场的关键。当前，东乌珠穆沁旗牧草地流转价格地域差异性较大，并且没有统一的流转价格标准。因此，林业和草原管理部门应考虑草原类型、用途、等级、区位等因素，评估牧草地流转价格，制定合理的价格标准；并建立牧草地流转风险保障金，防止牧草地被过度利用，破坏草原生态环境及损害承包方利益。

（3）加强流转草场监管

草原被过度利用是草原生态破坏的主要原因。草原监管部门应加强对流转牧草地的跟踪监管，监督过牧滥牧，改变草场用途，违规开垦草场，毁坏草场建设保护设施，擅自钻井提取工业用水，违反环境保护法律法规倾倒排放固体、液体、气体废物等破坏草原的行为，及时发现、制止和纠正破坏草原的行为，坚决防止以牧草地流转为名实施违法行为。以此加强草原生态保护，提升草原生态服务功能，构建集草原、森林、河流、湖泊、湿地、沙漠、沙地于一体的全域生态安全格局。

（4）明确牧民、集体组织关于牧民社会保障、草地生态保护的责任

双重保障型牧草地流转市场的本质是要建立草地流转的社会保障金和草地生态基金，从长期视角保障牧民的生存发展和草原的生态保护。集体组织按照2∶1比例给牧民配套资金，建立"三金"：①牧草地社会保障金，主要考虑牧民可持续的生存发展需要；②牧草地公积金，作为牧民重新转入牧草地的资金保障，能给牧民提供资金重新转入牧草地；③牧草地生态基金，出于牧草地生态脆弱性的考虑，建立专用于牧草地生态保护、公益事业发展的基金，确保经济发展与生态环境和谐共进。较之以往的土地制度改革，这一改革更强调牧草地流转牧民可持续生计的质量和草原生态保护的公益性，一方面强化牧民在远期生存发展的自我保障应承担的责任，另一方面也强化集体组织在保障集体成员生存发展、维护社会稳定方面的职责（李先东等，2019）。

9.2.6 培育新型经营主体对策

（1）培育新型职业牧民和产业工人是核心

培育牧区新型经营主体的核心在于培育新型职业牧民。所谓新型职业牧民，一方面具有较高科学文化素养、掌握现代牧业生产技能、具备先进的畜牧业经营管理能力的新型牧民；另一方面以牧业生产、经营或服务为主要劳动对象，以农牧业家庭经营收入为主要收入来源的专业牧民，有别于兼顾牧业生产与其他产业以非牧业收入为主要收入来源的牧民。

培育新型职业牧民，一要强调牧民转型问题，即提高现有牧民自身素质，使其主动接受新的生产技术、新的管理模式，主动适应牧业生产及牧区环境变化的新常态。具体实施中，牧民精英的重点培养与牧民职业教育并举，既要对养殖大户、家庭牧场主、科技示范户、专业合作负责人等牧民精英进行重点培养，也要对普通牧民进行多形式常态化的普及性职业教育培训，普及阳光培训工程。二要强调新牧民的培育问题，即提供更完善的社会化服务体系，使用已接受现代科学文化教育的年轻人成为新一代职业牧民；要将向职业牧民提供鼓励性政策与完善牧区社会化服务并行，对符合条件的中高等院校毕业生、返乡农牧民及其他可能加入牧业生产的年轻人提供倾斜性鼓励政策，包括资金支持、信贷优惠、最低工资保障等，使其安心从事牧业生产经营；要通过建立健全牧区社会保障体系，为新牧民提供与城镇就业相同的社会环境，使其工作和生活更加便利。同时，将牧民职业培训纳入中高等免费职业教育范围，为不断提升职业牧民科技文化程度提供智力支持（文明，2016）。

积极发展第二、第三产业，加强牧民技能培训工作。牧户是牧草地经营权流转的主要供给者，牧户将牧草地经营权流转出去之后，将面临问题是如何在第二、第三产业再就业。东乌珠穆沁旗产业主要以第一产业的畜牧业为主，第二、第三产业的基础薄弱，推进第二、第三产业发展，为牧民提供便利的就业机会是促进牧区牧草地经营权流转的重要举措。

（2）规范牧草地流转，营造持续稳定的畜牧业发展环境是基础

相比农业生产，牧区畜牧业发展的自然环境和政策环境的稳定性、持续性略显不足。为此，稳定的宏观政策和强有力的自然风险防范机制对培育发展牧区新型经营主体而言显得尤为重要。一要坚持家庭承包经营制度给予牧民牧草地永久性承包经营权，为成为新兴职业牧民提供制度保障。二要规范牧草地经营权流转机制，方便对流转牧草地使用情况及生态状况进行监督。三要建立草原生态补偿长效机制，树立生态效应为公共物品的观念，逐步做到"谁利用、谁保护""谁保护、谁受益"的补偿机制，为新型经营主体适度利用牧草地提供激励机制。四要建立畜产品最低保护价格制度，降低非正常的国内市场供求关系导致的畜产品价格异常下跌对牧户造成的不利影响，为新型经营主体提供稳定的市场价格预期和投资预期。五要建立健全防灾减灾机制，加强畜牧业生产基础设施建设的同时启动和完善灾后重建补助和保险机制，对因无法抵御的自然灾害而造成的生产损失提供适当补助，提高新型经营主体的非人为灾害抵御能力。六要建立健全牧区公共服务体系，进一步强化道路、通信、教育、医

疗等公共物品及准公共物品的供给能力，为新型经营主体的生产生活提供便利和保障（文明，2016）。

(3) 建立牧草地流转中介机构，完善牧草地流转市场

在牧户牧草地流转行为分析中发现，一些牧户的流转意愿因不知道谁转出牧草地导致不能流转牧草地。这说明信息不流通、缺乏引导机制不利于牧草地有效流转。如果任由牧户自己漫无目标地寻找流转牧户来完成牧草地流转，不仅可供选择的流转牧户数量较少，而且效率低下，从而影响牧草地流转市场的发展程度。因此，牧草地流转顺利实现的关键是及时地获取流转信息，建立连接牧草地供给主体与需求主体之间的中介服务组织。政府要积极组建牧草地流转中介服务组织，一方面，建立牧草地流转中介服务体系，为需要流转牧草地的供求双方提供信息登记与发布、法律咨询、牧草地评估、纠纷处理等服务；另一方面，建立牧区牧草地流转交易信息网络，通过各种渠道及时了解，然后登记、汇总可供流转牧草地的面积、具体区位、租用价格等信息资料，定期公开发布，使牧草地流转供需双方能及时准确地获得信息，降低牧户获取信息的成本，提高牧草地流转交易的成功率。这样的话，不仅减轻由政府主导负责牧草地流转的负担，而且实现了依靠市场调节机制来完善牧草地流转，使牧草地流转健康发展（包乌日乐，2012）。

牧草地资源的有序流转离不开政府的适当干预与引导，政府在管理的同时，更重要的是要做好相关的工作服务，其中很重要的一项就是要引导构建牧草地流转交易平台，为流转双方实时发布交易信息。目前牧草地流转不畅的一个重要原因就是流转双方无法获得流转信息，牧草地流转在很大程度上被限制在小范围内，减弱了牧草地流转的有效供给与需求。牧草地流转交易平台的建立，将解决以上问题，同时政府要做好流转前后的监管与服务，为牧草地流转提供通畅、有序服务。

建议利用已建成的网站，增设土地信息模块，并在此模块下设置牧草地流转信息专栏，从流转信息、市场信息、政策法规入手，发布牧草地流转信息；增设政民互动专栏，方便牧民对牧草地流转问题进行咨询。充分发挥基层牧草地流转服务站的作用，将流转站组织收集的牧草地流转信息纳入到数据库中，并统计出成交平均价格等相关可供流转双方参考的数据，同时向社会公布。相关网站要实现互式访问，像购物网站那样可以使转出方和转入方在网上沟通，并对牧草地情况进行询问了解，减少流转的盲目性。同时，要选出牧草地流转成功的网络案例，进行宣传教育，帮助牧民更好地了解牧草地流转（张悦，2017）。

9.2.7 对牧草地流转市场的对策建议

9.2.7.1 降低贫困牧户新型主体标准，探索抵押贷款新模式

以西乌珠穆沁旗为例，西乌珠穆沁旗出台了相关政策，鼓励牧草地向牧民专业合作社、家庭牧场、专业大户等新型经营主体流转，发展多种形式的适度规模经营。但调研发现，西乌珠穆沁旗当前新型组织形式占比较小，且合作社规模发展缓慢。广大较贫困牧户很难达到合作社/家庭牧场的标准，因此，政府在培育新型合作社/家庭牧场的同时，应针对较贫困牧户制定专门的成立标准，如减少基础母羊数、机械设备条件等，使其有机会加入合作社或成立家庭牧场。其次，成立新型经营主体所需资金多，且风险大，因此可以在"三权分置"改革中，探索牧户牧草地经营权抵押贷款机制，解决牧民资金短缺问题。政府可以在牧草地承包经营权确权基础上，依据草场类型、等级、利用现状、面积、产草量、饲养牲畜价值、流转价格、承包经营期限等综合因素，按照牧草地经营权抵押登记、审核、评估流程，探索性办理牧草地承包经营权抵押贷款他项权证。这样有利于缓解牧民贷款难的问题，促进牧区草原生态保护，进一步夯实草原产权制度。同时，继续加大"增牛减羊"政策，支持牧民以牧草地经营权入股或以出租草场的方式与企业进行合作，并鼓励企业吸纳流转牧草地的牧民为企业职工，增加工资性收入。

9.2.7.2 加强政策普及率，提高牧户政策认知度

在"三权分置"改革中，如何实行牧草地有效流转，转变牧民的思想是基础工作。只有牧户树立了现代畜牧业意识，才能加快"三权"的分置进程，牧草地经营权流转才能顺利实现。政府工作应加强政策普及速度，推进实施"互联网+智慧牧区（城市）"，将城市与苏木（镇）、嘎查（村）、居民小组延伸连接。同时还要克服牧户年龄老龄化、文化水平偏低的现实问题。牧民对于牧草地流转的认知度、接受度是影响流转的重要因素，牧户对牧草地流转相关政策的认识程度越深、理解越全面，流转意愿与行为越强烈。因此，要加强牧区的教育投入，提高牧户政策认知度，同时提高牧民非牧就业技能，抵御非牧就业中失业风险。高度重视经济资本对牧户牧草地流转行为的影响，在牧草地流转政策推行中优先考虑发展畜牧业生产意愿强的非资源紧缺型牧户。顺应牧户家庭对牧草地功能的合理转化要求，鼓励牧户根据自身实际情况自主选择转入或转出牧草地，活跃牧草地流转市场，促进牧区牧草地顺利流转的有效途径。探索有效地将牧草地流转

与生态保护和牧户生产发展联系起来的方法。

9.2.7.3 完善牧草地流转市场及相关法律政策

(1) 中央和地方政府尽快出台完善牧草地流转的法律法规和配套政策

目前，国家虽对土地流转有着丰富的政策，但针对牧草地流转的政策数量较少且针对性不足。牧草地的流转关系到众多边疆地区牧户的生存条件的改善和生活质量的提高，在乡村振兴的过程中，适度规模的牧草地流转，微观上会对牧民生活产生积极作用，宏观上也是实现牧区乡村振兴的手段之一。

以西乌珠穆沁旗为例，首先西乌珠穆沁旗虽然建立了"旗、苏木（镇）、嘎查三级草牧场流转服务平台"，但利用效率不高，调研发现牧户通过平台进行流转的不多。对此，政府应完善牧草地流转机制，提高牧草地流转服务平台的利用效率，及时准确地向牧民发布牧草地流转供需信息，确保流转双方信息接收的实时准确，使有流转意愿的牧户顺利流转。其次，西乌珠穆沁旗落实牧草地流转相关法律政策方面存在一定的滞后性，不能进行及时、合理的调整和规范，同时旗（县）层面对法律条文细化不足，不能有效解决实践中存在的问题，不能充分发挥法律法规及政策应有的价值和调控作用。如前所述，2020年1月1日起实施的《中华人民共和国土地管理法》规定草地承包期从过去30年变为30~50年，西乌珠穆沁旗牧草地流转期限应适当延长，流转最低期限可以规定至少5年，流转最高期限可在10年以上，加大承租方对草场的预期投资，避免过度放牧行为。

(2) 建立健全牧草地流转程序，加大草原监管力度

要使牧草地承包经营权的流转程序规范、健康、有序进行，则必须加强监督管理，建立一套完善的管理制度。据调研得知，西乌珠穆沁旗牧草地承包经营权存在私下流转情况，且存在流转给非牧户行为，导致口头协议虽然存在，因缺乏双方权利义务的具体规定，使转入方在草原的保护、利用上短期行为较多，导致草原生态恶化。因此，政府应理顺管理体制，从嘎查一级建立健全监管措施和办法，进一步明确审批权限，合理规范流转程序和流转行为，维护流转双方合法权益。同时，针对牧草地流转价格较低的情况，应在政府的引导下培育牧草地流转专业评估机构和中介组织，根据牧草地自身情况和流转双方的需求制定合理的交易价格，降低牧草地交易成本。

加大草原监管力度，首先，牧民是草原保护的直接力量，应保障牧民的合法权益，认真落实草原生态补奖机制，调动牧民积极性，激发保护草原的本能。其次，创新"线上线下"草原监管方式，借助"3S"监测技术跟踪流转草场经营管理情况，依据评估的结果进行督察，严格保障草畜平衡政策的实施。发生流转后，对因管理不善、掠夺性经营等种种不合理、不合法行为造成的草场退化、沙化和破坏化等情形,应严格按照法律法规加以处罚,并依法终止流转合同。

(3) 提高牧区牧户的人力资本

牧区多为地广人稀的地方,人力资本较低,由研究结果可知,人力资本的提升可促进牧民家庭收入的增加和生计的改善,随之增加收入满意度。当前我国人口生育率逐渐下降,人口红利也将耗尽。在国家鼓励生育政策背景下,在牧区,政府可以加大鼓励生育三孩政策,一方面可以缓解地区人口老龄化;另一方面可以增加牧区人力资本,提高牧民收入,增加收入满意度(孟梅和洪振家,2022)。

(4) 做好牧区的社会保障工作

医疗支付能力是影响牧民收入满意度的重要因素,说明牧民对身体健康越来越重视。做好医疗保险在内的社会保障工作,一方面可以降低牧民的医疗支出费用、提升医疗支付能力从而提升收入满意度;另一方面社会保障功能的完善可以使牧民对牧草地流转无后顾之忧,加速牧草地流转。

总之,牧草地流转在未来发展的目标是"全球化",即强化本土区域联系以避免"全球-区域"联系造成的国内市场分割,将畜牧业产业放在全球化的背景之下,将全球与地方产业相联系,实现全球价值链将各个地方和区域的活动分布、产业结构升级、集群演化与创新相联系(贺灿飞,2022)。

参 考 文 献

包乌日乐.2012.牧户草原流转行为研究——以锡林浩特市为例.呼和浩特:内蒙古大学硕士学位论文.

陈文学,高圣平.2010.土地承包经营权流转视野下的土地承包经营权登记制度——困境与出路.学术探索,(3):19-24.

樊杰.2019.中国人文地理学70年创新发展与学术特色.中国科学:地球科学,49(11):1697-1719.

贺灿飞.2022.高级经济地理学.北京:商务印书馆.

李先东,米巧,李录堂,等.2019.增收与生态保护——双重保障型草地市场化流转机制探析.生态经济,35(9):128-132.

李兆利.2013.论土地承包经营权变动制度的完善——以承包方式类型化为视角.内蒙古农业大学学报(社会科学版),(2):72-75.

刘红威.2014.论我国农村土地承包经营权流转的法律问题.合肥:安徽大学硕士学位论文.

孟梅,洪振家.2022.牧草地流转对牧户生计结果的影响——基于对新疆牧区566户牧民的调查研究.中国农机化学报,43(3):205-212.

文明.2016.牧区草牧场制度改革之草牧场流转问题研究.呼和浩特:内蒙古出版集团,内蒙古教育出版社.

杨光.2013.我国农村土地承包经营权流转法律问题研究.长春:吉林大学硕士学位论文.

张旭.2020.对"三权分置"背景下泽库县草原承包经营权实施情况的调查.法治与社会,

（12）：127-128.

张悦．2017．牧区草地流转意愿及影响因素研究．武汉：华中师范大学硕士学位论文．

郑尚元．2012．地上生存权之解读——农村土地承包经营权之权利性质分析．清华法学，（3）：80-95.